W0381186

abriele Kokott-Weidenfeld,
Alexandra-Isabel Reidel

Rechts-grundlagen für soziale Berufe

WOCHEN
SCHAU
STUDIUM

Bibliografische Information der Deutschen Nationalbibliothek

Die Deutsche Nationalbibliothek verzeichnet diese Publikation in der Deutschen Nationalbibliografie; detaillierte bibliografische Daten sind im Internet über http://dnb.d-nb.de abrufbar.

© by WOCHENSCHAU Verlag
Schwalbach/Ts. 2013

www.wochenschau-verlag.de

Alle Rechte vorbehalten. Kein Teil dieses Buches darf in irgendeiner Form (Druck, Fotokopie oder einem anderen Verfahren) ohne schriftliche Genehmigung des Verlages reproduziert oder unter Verwendung elektronischer Systeme verarbeitet werden.

Titelgestaltung: Ohl Design
Gedruckt auf chlorfreiem Papier
Gesamtherstellung: Wochenschau Verlag
ISBN 978-3-89974316-6

Inhalt

1

1. Einleitung: Recht als Handlungsrahmen der Sozialen Arbeit

Recht ist der Handlungsrahmen, der in allen Lebensbereichen einen bestimmenden Einfluss ausübt. In modernen Gesellschaften gibt es so gut wie keinen rechtsfreien Raum mehr. Dies ist im Alltag nicht allen Menschen bewusst. In einigen Berufsgruppen und bei bestimmten Professionen gehört die Auseinandersetzung mit dem Recht zum Grundbestand des beruflichen Handelns. Fachkräfte der Sozialen Arbeit sind insofern im Hinblick auf erfolgreiches berufliches Handeln darauf angewiesen, sich mit dem Recht auseinander zu setzen. Sie werden mit einer stetig wachsenden Zahl von Gesetzen, Rechtsverordnungen, Satzungen, Richtlinien in beispielsweise familienrechtlichen, betreuungsrechtlichen, strafrechtlichen und sozialrechtlichen Bereichen konfrontiert. Wir haben die Erfahrung gemacht, dass Studierende der Sozialen Arbeit insbesondere zu Beginn ihres Studiums das Recht als unüberschaubar, überflüssig und insbesondere als enorme Einschränkung für ein professionelles Handeln im Interesse des Klienten empfinden. Doch genau das Gegenteil ist der Fall!

Welche konkreten Ansprüche auf Hilfe haben denn der arme, obdachlose, drogenabhängige oder der behinderte Klient und seine Familie? Wie kann sich dieser gegen vermeintlich erlittenes Unrecht wehren? In der Sozialen Arbeit geht es häufig nicht nur um das Beantworten einer einzelnen Rechtsfrage, sondern vielmehr um das Lösen sehr komplexer Lebenssituationen. Diese Problemlagen sind sehr vielfältig. Genauso vielfältig ist das Recht für Soziale Arbeit, da es Antworten für alle auftretenden Fragen bieten muss. Soziale Hilfe stellt daher auch qualifizierte Rechtsberatung dar. Seit dem im Jahre 2008 in Kraft getretenen Rechtsdienstleistungsgesetz (RDG) ist Rechtsberatung auch den Trägern der Sozialen Arbeit, also den Verbänden der freien Wohlfahrtspflege, den anerkannten Trägern der freien Jugendhilfe und den anerkannten Verbänden zur Förderung der Belange behinderter Menschen, erlaubt. Das bedeutet, dass auch die Fachkräfte in der Sozialen Arbeit im außergerichtlichen Bereich eine Beratung in sozialrechtlicher Hinsicht durchführen dürfen.

Leere Haushaltskassen führen dazu, dass Sozialleistungen immer mehr zurückgefahren bzw. die Hürden, um staatliche Hilfeleistungen in Anspruch nehmen zu können, tendenziell höher werden. Die Anforderungen an die Berufsgruppen der Sozialen Arbeit nehmen daher immer weiter zu, denn seit den „Hartz-Reformen" ist das Risiko, in Armut abzurutschen, bis in mittlere Einkommensschichten hinein gegeben. Um ihrer Verantwortung gegenüber den Klienten gerecht zu werden, müssen Fachkräfte der Sozialen Arbeit daher fundierte Rechtskenntnisse besitzen, damit sämtliche in Betracht kommende Hilfemöglichkeiten, Teilhaberechte und Teilhabechancen im Sinne der Klienten bestmöglich ausgeschöpft werden können.

Um auf die Anliegen, die Probleme der Klienten richtig einzugehen, um ihnen „in Augenhöhe" zu begegnen, benötigt der Handelnde nicht nur psychologische Kenntnisse, sondern er muss gleichermaßen mit dem sozialen und rechtlichen Lebensumfeld des Klienten vertraut sein. Qualifiziertes Handeln in der Sozialen Arbeit ist nicht möglich, ohne den Klienten in seinen gesamten sozialen Beziehungen zu sehen. Die Kenntnis von der Binnenstruktur seiner Familie ist ein Kernbereich sozialen Handelns, denn jeder Einzelne von uns befindet sich in seinem speziellem sozialen Umfeld. Vor diesem Hintergrund ist es geboten, grundlegende Fragen des Familienrechts bereits in dieser Einführung in das Recht zu behandeln, da das Familienrecht insoweit für die Soziale Arbeit zu den Basics gehört. Es geht quasi um die „Verrechtlichung" des Klienten, da er nur in seiner Gesamtheit richtig eingeordnet werden kann. Ob Kind oder Erwachsener, ob Mann oder Frau, jeder von uns ist immer irgendwie Teil einer Familie – jeder Mensch hat eine Mutter und einen Vater, auch wenn er sie vielleicht nie kennengelernt hat. Wir wissen, dass wir für unser Zusammenleben in einer Gemeinschaft, in der Gesellschaft genauso wie in unserer Familie, gewisse Regeln benötigen, um im Alltag sinnvoll miteinander leben zu können. Solange wir in Harmonie miteinander leben, denken wir nicht an Regeln, wir bemerken sie gar nicht. Im Konfliktfall sieht alles anders aus: Wir rufen nach Hilfe, nach Unterstützung von außen. Insofern hat das Recht, unser gesamtes Rechtsystem, auch eine grundlegende Bedeutung für die Familie.

Diese Tatsache besteht unabhängig von der Stellung des Einzelnen in der Gesellschaft und unabhängig von seinen persönlichen Prägungen. Sie ist unabhängig von den verschiedenen Lebensphasen, von beruflichen Positionen, vom finanziellen Hintergrund. Die Menschen sind immer auch von familienbezogenen Rechtsregelungen betroffen, insofern haben familienrechtliche Fragen für die Soziale Arbeit eine besonderer Relevanz.

Mit diesem Buch wird der Einstieg in relevante Rechtsbereiche für Soziale Arbeit erleichtert. Es dient Studierenden insbesondere zu Beginn des Studiums der Sozialen Arbeit als Orientierungshilfe, um sich einen schnellen Überblick über ausgesuchte relevante rechtliche Bereiche der Sozialen Arbeit zu verschaffen und um rechtliche Zusammenhänge schnell zu begreifen. Es werden ausgesuchte, teilweise sehr komplexe rechtliche Dimensionen Sozialer Arbeit verständlich und möglichst einfach dargestellt. Abbildungen geben hierbei einen guten und schnellen Überblick und dienen zudem der Wiederholung.

In einem ersten Schritt wird die Systematik der Rechtsordnung dargestellt. Das ist insbesondere deshalb von Bedeutung, da für das inhaltliche Verstehen von Gesetzen ihre rechtliche Einbettung in das Normengefüge und das Erkennen ihrer Struktur notwendig ist.

Anschließend widmen wir uns dem Verfassungsrecht, da hier die Grundlagen des sozialstaatlichen Handelns zu finden sind. Das Grundgesetz schafft mit seinen verfassungsrechtlichen Grundentscheidungen u.a. zum Recht- und Sozialstaat sowie seinem Grundrechtskatalog wesentliche Rahmenbedingungen für die Soziale Arbeit.

Im 4. Kapitel geht es um zivilrechtliche Grundlagen, denn auch die Fachkräfte der Sozialen Arbeit sind in den Wirtschaftskreislauf eingebunden und benötigen daher grundlegende vertragsrechtliche Kenntnisse. Zudem wird in diesem Kapitel auch auf haftungsrechtliche Grundlagen, wie z.B. die Aufsichtspflicht eingegangen, da die Berufsgruppen der Sozialen Arbeit oft für Minderjährige und geistig behinderte Menschen verantwortlich sind und sich daraus Aufsichtspflichten ergeben, die gegebenenfalls zu Schadensersatzforderungen führen können.

Im 5. Kapitel geht es um das persönliche Rechtsumfeld des Klienten, also um seine Familie. Dem Familienrecht kommt insofern eine erhebliche Bedeutung für die Soziale Arbeit zu.

Wir haben den Text ganz bewusst ohne Zitate und ohne Hinweise auf weitere Literatur gestaltet, weil die Sache, nämlich das Recht, selbst zur Sprache kommen soll. Dieses kompakte Grundlagenbuch kann und will keinesfalls die in großem Umfang auf dem Markt vorhandene Spezialliteratur zu den einzelnen Rechtsgebieten ersetzen.

Aus Gründen der besseren Lesbarkeit wird die männliche Form verwendet, wobei selbstverständlich immer auch die weibliche Form gemeint ist.

2

2. Systematik der Rechtsordnung

2.1 Rechtsquellen und deren Rangordnung

Das Recht unterliegt einem permanenten Wandel, da auch unser gesellschaftliches Zusammenleben und unsere Wertevorstellungen im Laufe der Zeit Änderungen erfahren. Da Recht die Funktion hat, unser Zusammenleben zu regeln, darf es nicht statisch sein. Was noch vor Jahren verboten war, ist in der heutigen Zeit erlaubt. Während beispielsweise die Homosexualität in Deutschland lange Zeit unter Strafe gestellt war, herrscht heute eine weitgehende rechtliche Gleichstellung von Homosexuellen, was insbesondere das im Jahre 2001 in Deutschland in Kraft getretene Lebenspartnerschaftsgesetz verdeutlicht. Mit diesem Gesetz wird gleichgeschlechtlich orientierten Paaren die Möglichkeit der „Quasi-Ehe" eingeräumt, so dass sie ihrem Zusammenleben einen gesicherten rechtlichen Rahmen geben können. Umgekehrt können Verhaltensweisen heute verboten sein, die früher erlaubt waren. So wurde beispielsweise das früher anerkannte „Züchtigungsrecht“ von Eltern und Lehrern durch *§ 1631 Abs. 2 BGB* und die Schulgesetze aufgehoben.

Es existieren **unterschiedliche Arten von Rechtsnormen**, durch die ein verbindliches Recht entsteht. In einem Rechtsstaat müssen sich nicht nur die Bürger an Rechtsnormen halten, sondern alle staatliche Gewalt ist ebenfalls an diese gebunden. Entscheidungen der Verwaltungen und Gerichte sind daher nur rechtmäßig, wenn diese auf konkreten Rechtsnormen/Gesetzen beruhen und das Recht zudem richtig angewendet wird.

Rechtsnormen/Gesetze werden von unterschiedlichen Quellen gespeist. Das deutsche Recht lässt sich hierarchisch folgendermaßen ordnen:

Verfassung (Grundgesetz)

Die grundlegende Rechtsquelle stellt in Deutschland das Grundgesetz *(GG)* dar. Es ist die Verfassung der Bundesrepublik. Daneben existieren aufgrund des Föderalismus die Landesverfassungen der einzelnen Bundesländer, denen allerdings im Vergleich zum Grundgesetz keine entscheidende Bedeutung zukommt. Im Grundgesetz finden sich Regelungen zu den Grundrechten (z.B. die Religionsfreiheit, *Art. 4 GG*), unsere Staatsprinzipien (z.B. Rechtstaatsprinzip, *Art. 20 GG*) und Regelungen zur Organisation unseres Staates (z.B. Gesetzgebungszuständigkeiten des Bundes und der Länder gem. *Art. 70 ff. GG*). Insbesondere die Grundrechte sowie das Rechtsstaatsprinzip sind für das Handeln der Sozialverwaltungen von enormer Bedeutung, vgl. hierzu untenstehende Ausführungen unter Gliederungspunkt 3.

Gesetze

Die Parlamentsgesetze bilden die wesentliche Rechtsgrundlage für die Soziale Arbeit. Sie sind der Prototyp eines Gesetzes. Es handelt sich hierbei um eine Rechtsnorm, die vom durch die Verfassung vorgegebenen Gesetzgebungsorgan, dem deutschen Bundestag (Parlament) in Zusammenarbeit mit dem Bundesrat erlassen wurde. Die so erlassenen Gesetze müssen verfassungskonform sein, d.h. sie müssen mit den Regelungen unseres Grundgesetzes vereinbar sein. Das sehr formelle und unter Umständen langwierige Gesetzgebungsverfahren des Bundes ist in den *Art. 76 ff. GG* im Detail geregelt. In welchen Fällen der Bund oder das Land letztlich Gesetze erlassen dürfen, die sog. Gesetzgebungskompetenz, ist in den *Art. 70 ff. GG* geregelt.

Der deutsche Gesetzgeber erlässt teilweise auch Gesetze, die mit dem GG nicht in Einklang stehen, d.h. verfassungswidrig sind. Über die Vereinbarkeit von Bundes- und Landesgesetzen mit dem Grundgesetz entscheidet dann das Bundesverfassungsgericht. So muss sich das Bundesverfassungsgericht beispielsweise immer wieder mit der Verfassungsmäßigkeit der Hartz IV-Gesetze, die im *SGB II* geregelt sind, beschäftigen. Das Gericht stellte beispielsweise Anfang 2010 fest, dass die seit dem Jahre 2005 geltenden Hartz-IV-Regelsätze für Erwachsene und Kinder mit dem Grundgesetz unvereinbar sind, da sie gegen das Sozialstaatsprinzip des *Art. 20 Abs. 1 GG* und gegen das Grundrecht des *Art. 1 GG*, das ein menschenwürdiges Existenzminimum garantieren soll, verstoßen würden *(BVerfG, 1 BvL 1/09 vom 9.2.2010)*. Daraufhin war der parlamentarische Gesetzgeber verpflichtet, die Regelsätze des SGB II in verfassungskonformer Weise nachzubessern. In der Bundesrepublik ist das Bundesverfassungsgericht als „Hüter der Verfassung" das einzige Gericht, dem das sog. Normverwerfungsmonopol zusteht.

Parlamentsgesetze nennt man auch **formelle Gesetze**, da sie nach dem streng formalisierten Gesetzgebungsverfahren (für Bundesgesetze nach dem Grundgesetz und für Landesgesetze nach der jeweiligen Landesverfassung) vom Gesetzgeber – der sog. Legislative – erlassen wurden. Von den formellen Gesetzen sind hingegen die **materiellen Gesetze** (Rechtsverordnungen und Satzungen) zu unterscheiden, diese werden nämlich nicht von der Legislative, sondern der Verwaltung als vollziehende Gewalt (sog. Exekutive) erlassen. **Den formellen und materiellen Gesetzen ist gemeinsam**, dass sie verbindliche Regelungen für Bürger und Verwaltung enthalten, die abstrakt-generell formuliert sind. Das bedeutet, dass sie eine unbestimmte Vielzahl von Fällen (abstrakt) für eine unbestimmte Vielzahl von Menschen (generell) regeln.

Rechtsverordnungen

Rechtsverordnungen stellen (materielle) Gesetze dar und sind wie die Parlamentsgesetze zwingend zu beachten. Rechtsverordnungen konkretisieren Parlamentsgesetze, d.h. es werden damit Detailregelungen zur Durchführung von Parlamentsgesetzen erlassen. Damit die Verwaltung als Exekutivorgan eine Rechtsverordnung zulässigerweise erlassen darf, muss sie von der Legislative hierzu ermächtigt worden sein durch eine sog. Ermächtigungsgrundlage *(Art. 80 Abs. 1 GG)*. Das bedeutet, dass jeder Rechtsverordnung eine Ermächtigungsgrundlage in Form eines Parlamentsgesetzes vorliegen muss, das die Verwaltung ermächtigt, in bestimmten Rechtsbereichen Durchführungsregelungen zu erlassen. Für die soziale Arbeit sind u.a. folgende Ermächtigungsgrundlagen relevant: *§§ 13, 27, 51c SGB II; §§ 10 Abs. 2, 87, 151, 182 SGB III; §§ 17, 28c SGB IV; § 35a SGB V; § 69 SGB VI, § 78g Abs. 4 SGB VIII; §§ 28 Abs. 2, 40, 60, 69, 96 SGB XII; § 1558 Abs. 2, 1600 Abs. 6 BGB.* Die Rechtsverordnungen müssen mit den Parlamentsgesetzen und der Verfassung in Einklang stehen, dazu folgendes Beispiel:

Beispiel: Die Sozialhilfe, die im *SGB XII* geregelt ist, umfasst als Leistung u.a. die Hilfe zur Überwindung besonderer sozialer Schwierigkeiten gem. *§§ 67 ff. SGB XII*. Der Wortlaut des *§ 67 SGB XII* besagt, dass *„Personen, bei denen besondere Lebensverhältnisse mit sozialen Schwierigkeiten verbunden sind, sind Leistungen zur Überwindung dieser Schwierigkeiten zu erbringen ...“* Der anspruchsberechtigte Personenkreis wurde vom parlamentarischen Gesetzgeber allerdings nur grob umrissen, es handelt sich hier um einen unbestimmten Rechtsbegriff. In der Praxis stellt sich nun die Frage, wann das (formelle) Gesetz vom Vorliegen solcher besonderen Lebensverhältnisse ausgeht. Dies wird nun durch eine Rechtsverordnung, nämlich der Verordnung zur Durchführung der Hilfe zur Überwindung besonderer sozialer Schwierigkeiten konkretisiert *(BGBl. 2003 I, S. 3060)*. *§ 1 Abs. 2* dieser Verordnung beschreibt nun näher den unbestimmten Rechtsbegriff der besonderen Lebensverhältnisse. Danach haben Personen Anspruch auf diese Sozialhilfeleistung, bei fehlender Wohnung (z.B. Obdachlose), bei gewaltgeprägten Lebensumständen (z.B. bei Misshandlungen in der Familie oder Partnerschaft), bei Entlassung aus einer geschlossenen Anstalt (z.B. bei Haftentlassung) usw. Die Verwaltung war befugt zum Erlass dieser das Parlamentsgesetz konkretisierenden Rechtsverordnung, da in *§ 69 SGB XII* eine Ermächtigungsgrundlage (Verordnungsermächtigung) vorhanden ist.

Satzungen

Öffentlich-rechtliche Satzungen sind Rechtsnormen (materielle Gesetze), die Selbstverwaltungskörperschaften (Körperschaften, Anstalten und Stiftungen des Öffentlichen Rechts) zur Regelung ihrer eigenen Angelegenheiten erlassen können. Die Körperschaften des öffentlichen Rechts, wie z.B. Kommunen, Sozialversicherungsträger, Universitäten und Fachhochschulen können im Rahmen des ihnen vom Gesetzgeber eingeräumten Satzungsrechts das Verhältnis zwischen ihnen und ihren Mitgliedern verbindlich regeln. So haben die Kommunen durch ihre Satzungsautonomie, die ihnen ausdrücklich durch die Selbstverwaltungsgarantie des *Art. 28 Abs. 3 GG* verfassungsrechtlich zuerkannt wird, weitreichende Regelungsbefugnisse im Hinblick auf ihre eigenen Angelegenheiten. Die Gemeinden können z.B. die Benutzung von Einrichtungen der Daseinsvorsorge, wie Schwimmbädern, Friedhöfen, Sportplätzen, Bibliotheken Gemeindesälen usw., durch Satzungen regeln. Für die Sozialversicherungsträger sind die Satzungen ebenfalls von besonderer Bedeutung. Aufgrund ihrer Satzungsautonomie *(vgl. § 372 SGB III, § 34 SGB IV, § 194 SGB V, § 138 Abs. 4 SGB VI, § 118 SGB VII)* können beispielsweise Beitragssatzungen erlassen werden.

Von den eben dargestellten öffentlich-rechtlichen Satzungen sind die privat-rechtlichen Satzungen, wie z.B. von rechtsfähigen Vereinen gem. *§ 25 BGB* zu unterscheiden. Diese stellen gerade keine Rechtsnormen dar, da ihnen der Gesetzescharakter einer abstrakt-generellen Regelung fehlt.

Richterrecht

Gerichtsurteile stellen keine Rechtsquellen dar, da durch sie nur einzelne Rechtsstreitigkeiten auf der Grundlage von formellen und materiellen Gesetzen entschieden werden. Den Urteilen fehlt grundsätzlich der für eine Rechtsnorm erforderliche abstrakt-generelle Charakter. Gerichtsurteile beziehen sich nämlich auf einen einzelnen Fall (konkrete Regelung) und betreffen einen individuell gergelten Personenkreis, indem sie gerade die am Gerichtsverfahren beteiligten Personen (sog. Parteien) an den Inhalt des Urteils binden. Die Allgemeinheit wird durch Gerichtsurteile hingegen nicht gebunden.

Die **höchstrichterliche Rechtsprechung**, d.h. die Urteile der obersten Bundesgerichte (Bundesgerichtshof, Bundesverwaltungsgericht, Bundessozialgericht, Bundesarbeitsgericht und Bundesfinanzhof) besitzen allerdings eine über den Einzelfall hinausgehende Bedeutung, da sich die jeweils unteren Gerichte in vergleichbaren Fällen an dieser Rechtsprechung orientieren. Insofern herrscht Uneinigkeit, ob die höchstrichterliche Rechtsprechung Rechtsnormcharakter zukommt. Man wird im Ergebnis – trotz einer gewissen Bindungswirkung – eine Allgemeinverbindlichkeit der höchstrichterlichen Rechtsprechung ablehnen müssen, da diese weniger verbindlich ist, als dies bei den übrigen Rechtsquellen der Fall ist, denn die unteren Gerichte sind gem. *Art. 97 Abs. 1 GG* unabhängig und einzig und allein dem Gesetz unterworfen.

Eine **Ausnahme** besteht allerdings im Hinblick auf **Urteile des Bundesverfassungsgerichts**, dem als Hüter unserer Verfassung eine herausragende Position in unserem Staate und innerhalb der Gerichtsbarkeit zukommt. Die Entscheidungen des Bundesverfassungsgerichts binden die Verfassungsorgane des Bundes und der Länder sowie alle Gerichte und Behörden *(§ 31 Abs. 1 BVerfGG)*. In manchen Fällen, z.B. wenn es um die Vereinbarkeit von Bundesrecht oder Landesrecht mit dem Grundgesetz geht, hat die Entscheidung des Bundesverfassungsgerichts nach dem ausdrücklichen Willen des Gesetzgebers sogar Gesetzeskraft *(§ 31 Abs. 2 BVerfGG)*.

Gewohnheitsrecht

Unter dem Gewohnheitsrecht versteht man ungeschriebenes Recht, das sich durch eine lang andauernde, gleichmäßige Übung entwickelt hat bei gleichzeitiger Überzeugung der Gemeinschaft, dass durch die Einhaltung der Übung bestehendes Recht befolgt wird, z.B. dem Wegerecht. Dem ungeschriebenen Recht kommt heute nur noch wenig Bedeutung zu.

Rangordnung der Rechtsnormen

Zwischen den Rechtnormen herrscht eine Rangordnung. Das bedeutet, dass ein in der Hierarchie höher stehendes Recht im Kollisionsfall dem rangniedrigeren Recht vorgeht. Der Kollisionsfall ist gegeben, wenn die Rechtsnormen nicht miteinander in Einklang stehen. Dies bedeutet, dass rangniedrigere Vorschriften stets (verfassungs)-konform ausgelegt werden müssen. Verstößt eine rangniedrigere Norm gegen höherrangiges Recht, so ist diese nichtig. So muss ein (Parlaments-)Gesetz in Einklang mit der Verfassung stehen. Widerspricht das Gesetz z.B. dem Gleichheitsgrundsatz des Art. 3 GG, so ist es nicht mit der Verfassung vereinbar und damit nichtig. Hingegen muss eine Rechtsverordnung sowohl mit den (Parlaments-)Gesetzen, also auch mit dem Grundgesetz, vereinbar sein usw.

Sofern sich zwei Rechtsnormen der gleichen Stufe widersprechen, geht das jüngere Gesetz dem älteren vor und das speziellere Gesetz setzt sich gegen das allgemeinere durch.

Eine Sonderrolle besitzt das **Recht der Europäischen Gemeinschaft** (EG), bei dem es sich um sog. supranationales Recht handelt. Das EU-Recht genießt einen Anwendungsvorrang vor dem nationalen Recht (nur) insoweit, als die einzelnen Mitgliedsstaaten der EU die Rechte dazu übertragen haben *(Art. 4 Abs. 1, Art. 5 Abs. 2 EUV)*. Der Kernbereich der Sozialpolitik und des Sozialrechts bleibt allerdings nach wie vor im Kompetenzbereich der Mitgliedsstaaten. Auch das europäische Recht besitzt seine Rechtsquellen, wobei hier zwischen primärem und sekundärem Gemeinschaftsrecht unterschieden wird. Die EG (EWG-)Gründungsverträge und ihre Änderungen stellen das primäre EG-Recht dar, während die zum Zwecke der Rechtsangleichung von den Organen der EG erlassenen Verordnungen und Richtlinien das sekundäre EG-Recht darstellen. Europäische Verordnungen beanspruchen in den einzelnen Mitgliedsstaaten unmittelbare Geltung, während Richtlinien von den einzelnen Mitgliedsstaaten zuerst in nationale Gesetze umgesetzt werden müssen, damit sie auch auf der jeweiligen nationalen Ebene beachtlich sind.

2.2 Abgrenzung der Rechtsnormen zu anderen Rechtsinstituten

Verwaltungsakte

Wenn die Verwaltung in den Handlungsfeldern der Sozialen Arbeit dem Bürger gegenüber in Erscheinung tritt, dann geschieht dies meist durch Erlass eines Verwaltungsaktes. Verwaltungsakte werden auch als „Bescheide“ bezeichnet, z.B Bewilligungs- oder Ablehnungsbescheid. Nach der Gesetzesdefinition versteht man unter einem Verwaltungsakt die Maßnahme einer Behörde, die auf dem Gebiet des öffentlichen Rechts getroffen wird, um einen Einzelfall zu regeln, der auf die Veränderung der Rechtsposition des Bürgers (des sog. Adressaten) abzielt *(vgl. § 31 SGB X bzw. § 35 VwVfG).* Verwaltungsakte stellen keine Rechtsnormen dar, da ihnen der abstrakt-generelle Charakter einer Rechtsnorm gerade fehlt. Sozialrechtliche Verwaltungsakte haben immer einen **konkret-individuellen Charakter**.

Beispiel: Die 19-jährige Studentin Susi Sonnenschein (S) beantragt Ausbildungsförderung *(BaföG)* für ihr Studium der Sozialen Arbeit an der HS Koblenz beim zuständigen Bafög-Amt. Ob sie nun tatsächlich Leistungen der Ausbildungsförderung erhält, hängt davon ab, ob sie die Voraussetzungen zum Erhalt der Ausbildungsförderung, die im *BaföG* geregelt sind, erfüllt. Das Bafög-Amt prüft nun den konkreten Sachverhalt von S, also u.a. ob es sich bei S um eine Erstausbildung gem. *§ 7 BAföG* handelt, S die Altersvoraussetzungen des *§ 10 BAföG* erfüllt, individuelle Einkommens- und Vermögensverhältnisse usw. Auf Grundlage von Gesetzen – hier dem *BaföG* – wird im konkreten Fall der S geprüft, ob sie die Tatbestandsvoraussetzungen des *BaföG* zum Erhalt von *BaföG*-Leistungen erfüllt. Nach Beendigung der Prüfung kommt das Bafög-Amt zu einer Entscheidung, dem Verwaltungsakt, der entweder zu Gunsten der S ausfällt (Bewilligungsbescheid) – sofern sie alle Voraussetzungen des *BaföG* erfüllen sollte – oder der Verwaltungsakt lehnt zu Lasten der S die beantragten Leistungen ab (Ablehnungsbescheid), z.B. auf Grund eines zu hohen Arbeitseinkommens der Eltern *(vgl. §§ 11,21 ff. BaföG).* Unabhängig davon, ob die Entscheidung positiv oder negativ für S ausfällt, erhält sie in jedem Fall eine konkret-individuelle Entscheidung der Behörde (Verwaltungsakt), die auf Grundlage von Gesetzen gefällt wurde.

Verwaltungsakte sind Massenentscheidungen der Behörde: Die Bewilligung oder Ablehnung von Sozialleistungen wie z.B. Ausbildungsförderung, Arbeitslosengeld I und II, Sozialhilfe, die Duldung und die Ausweisung eines Ausländers, die Feststellung des Grades der Behinderung bis hin zur Zulassung einer kommunalen Einrichtung, wie z.B. eines Jugendtreffs, all diese Entscheidungen der Verwaltung ergehen in Form von Verwaltungsakten gegenüber dem einzelnen Bürger.

Da sich die öffentliche Hilfegewährung in der Regel als Verwaltungsentscheidung äußert, ist die öffentlich getragene Soziale Arbeit sehr stark durch ein streng formalisiertes, normorientierten Verfahren – dem (Sozial-)Verwaltungsrecht – gekennzeichnet. Das Handeln der Sozialverwaltungen muss mit den sozialverwaltungsrechtlichen Grundsätzen des *SGB I und X*, das das Sozialverwaltungsverfahren normiert, in Einklang stehen. Trotz gesetzlicher Verpflichtungen klären Sozialleistungsträger die Bürger über ihre Rechte/Ansprüche teilweise nicht richtig bzw. unvollständig auf *(vgl. § 14 SGB I)*. Durch Umstrukturierungen von Behörden wollen Verwaltungen ihre Dienstleistungsfunktion zwar betonen und Bürgernähe demonstrieren, allerdings sieht die Realität häufig anders aus. Das für die soziale Arbeit ausgebildete, fachlich qualifizierte Personal wird aus Kostengründen oftmals nicht eingestellt, stattdessen müssen sich unzureichend qualifizierte, geringfügig oder befristet eingestellte Mitarbeiter mit einer für sie unbekannten und unüberschaubaren Sozialrechtsmaterie beschäftigen. Dies hat zur Folge, dass nicht selten Verwaltungsentscheidungen formal und/oder inhaltlich fehlerhaft sind, d.h. geltendes Recht wurde falsch angewendet, so dass die Verwaltungsakte rechtswidrig oder sogar nichtig sind.

Rechtsunkundige Bürger sind häufig unsicher und nutzen mögliche Rechtsbehelfe gegen belastende Verwaltungsakte, wie z.B. das sozialrechtliche Widerspruchsverfahren *(§§ 78ff. SGG)*, nicht. Im Widerspruchsverfahren überprüft die Verwaltung nochmals den Verwaltungsakt und – falls sie Fehler feststellt – wird der Verwaltungsakt korrigiert (sog. Abhilfeentscheidung). Beispielsweise mussten im Jahre 2009 mehr als jeder dritte Hartz-IV-Bescheid, gegen den der betroffene Bürger Widerspruch eingelegt hat, zu Gunsten des Bürgers korrigiert werden.

Unkenntnis und Angst vor unkalkulierbaren Kosten hindern den Bürger oftmals seine Rechte gegenüber der Verwaltung geltend zu machen. Nicht nur Fachkräfte der Sozialen Arbeit, die in den öffentlichen Verwaltungsapparaten wie den Jugend- oder Sozialämtern arbeiten, müssen das Sozialverwaltungsverfahren beherrschen, sondern auch gerade diejenigen Fachkräfte, die außerhalb von Behörden tätig sind, um ihren Klienten gegenüber den Verwaltungsbehörden zu ihren Rechten verhelfen zu können. Auf Grund der enormen Relevanz des (Sozial-)Verwaltungsverfahrensrechts in der sozialen Praxis wird den Studierenden der Sozialen Arbeit dringend empfohlen sich mit dieser Rechtsmaterie nach dem Erwerb der rechtlichen Grundkenntnisse bereits im Studium ausführlich zu beschäftigen.

VERWALTUNGSVORSCHRIFTEN

Verwaltungsvorschriften sind ebenfalls keine Rechtsnormen, sondern lediglich **verwaltungsinterne** Anweisungen innerhalb einer Verwaltungsbehörde. Sie erfolgen von einem Dienstvorgesetzten an die ihm unterstellten Bediensteten oder von einer übergeordneten Behörde an die ihr hierarchisch nachgeordneten Behörde. Verwaltungsvorschriften gelten nur innerhalb der beteiligten Verwaltungen bzw. deren Mitarbeitern und beschränken sich auf das Innenrecht der Verwaltung. Durch die Verwaltungsvorschriften soll innerhalb der Behörde eine einheitliche Rechtsanwendung bewirkt werden. Es existieren Verwaltungsvorschriften zur Organisation des Dienstbetriebes (z.B. wenn es um die Art und Weise der Aktenführung einer Behörde geht), es gibt norminterpretierende Verwaltungsvorschriften im Hinblick auf die Auslegung von unbestimmten Rechtsbegriffen sowie Verwaltungsvorschriften in Form von Ermessensrichtlinien zur Konkretisierung eines Ermessensspielraums (vgl. zum Ermessen Gliederungspunkt 2.4). Der Verwaltungsvorschrift kommt gegenüber dem Bürger, der außerhalb der Verwaltung steht, keine unmittelbare Wirkung zu, d.h. der einzelne Bürger kann aus einer Verwaltungsvorschrift direkt weder Rechte noch Pflichten für sich herleiten. Verwaltungsvorschriften werden in der Praxis nicht immer als solche bezeichnet, sondern es existieren hier die unterschiedlichsten Bezeichnungen wie z.B. Dienstanweisung, Durchführungsbestimmung, Ausführungsvorschrift, Technische Anleitung (TA), Richtlinie, (Rund-) Erlass, Verfügung, Verwaltungsverordnung usw.

Sehr bedeutende Verwaltungsvorschriften stellen beispielsweise die *Richtlinien für das Strafverfahren und das Bußgeldverfahren (RiStBV)* dar. Diese Verwaltungsvorschriften richten sich hauptsächlich an die Staatsanwaltschaften und geben zudem auch Hinweise für die nicht weisungsgebundenen Richter im Hinblick auf eine länderübergreifende, möglichst bundeseinheitliche Behandlung der Straf- und Bußgeldverfahren. Verstöße gegen die Richtlinien können nur dienstrechtlich geahndet werden gegenüber den weisungsgebundenen Mitarbeitern der Justizverwaltungen. Gegenüber dem Bürger beanspruchen diese Richtlinien keine Geltung.

In der Praxis der Sozialen Arbeit kommt den Verwaltungsvorschriften eine erhebliche Bedeutung zu. Einzelne Behördenmitarbeiter verkennen leider allzu oft die im Vergleich zu einer Rechtsnorm nachrangige Bedeutung der Verwaltungsvorschrift. Wenn die Behörde gegenüber dem Bürger handelt, dann ist sie auf Grund des Rechtsstaatsprinzips *(Art. 20 Abs. 3 GG)* immer an das Gesetz gebunden und nicht an die internen Verwaltungsvorschriften, da diese gerade keine Gesetze darstellen. Maßstab für ein rechtmäßiges Handeln der Behörde sind die Rechtsnormen (*GG*, Parlamentsgesetze, Rechtsverordnungen sowie Satzungen!) und nicht die Verwaltungsvorschriften. Dienstbeflissen haben Behördenmitarbeiter teilweise ausschließlich die Verwaltungsvorschriften und nicht die eigentliche Gesetzesgrundlage vor Augen. Regelungen der Verwaltung gegenüber dem Bürger müssen aber immer auf unter Beachtung der für den jeweiligen Fall einschlägigen konkreten Gesetzesgrundlage entschieden werden – was in der sozialen Praxis i.d.R. durch die behördliche Handlungsform des Verwaltungsaktes geschehen wird *(§ 31 SGB X)*. Ein Verwaltungsakt, der die konkrete Rechtsgrundlage außer Acht lässt und ausschließlich auf Grundlage der internen Verwaltungsvorschriften erlassen wird, ist rechtswidrig!

Empfehlungen

In der Praxis der Sozialen Arbeit werden häufig Arbeitshilfen von Arbeitsgemeinschaften, Arbeitskreisen, Fachvereinigungen o.Ä. erarbeitet. Z.B. existiert eine Empfehlung der Bundesarbeitsgemeinschaft der Jugendämter zu flexiblen Angebotsformen der Kindertagesbetreuung, mit der u.a. durch Darstellung flexibler Angebotsformen den Verwaltungseinheiten in den Ämtern auf unterschiedlichen Handlungsebenen Arbeitshilfen angeboten werden.

Diesen Empfehlungen kommt ebenfalls keine Rechtsnormqualität zu, da diese weder für die Sozialverwaltungen noch für die Bürger verbindlich sind. Lediglich eine Beachtlichkeit - aber keine Rechtsverbindlichkeit! - kann innerhalb einer Verwaltungsbehörde erzielt werden, indem z.B. Behördenleiter ihre Mitarbeiter anweisen, die jeweilige Empfehlung bei der Ausübung ihres Dienstes zu beachten.

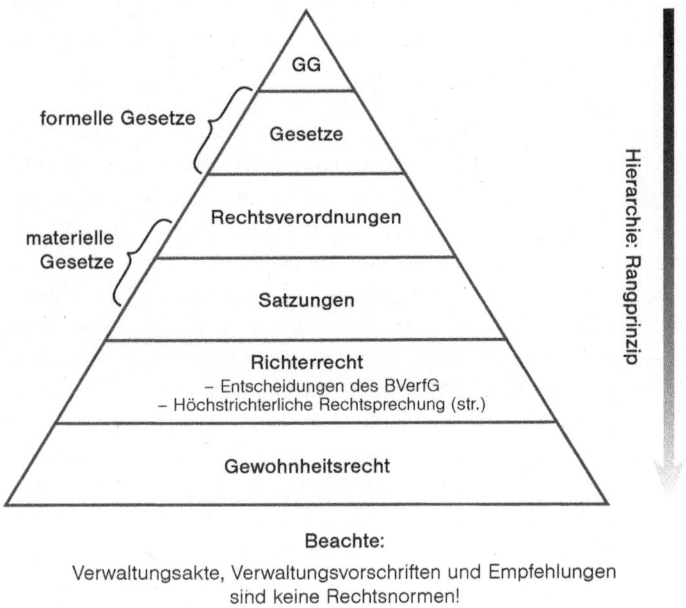

Abbildung 1: Normenpyramide

2.3 Die Gegenstandsbereiche des Rechts

Das deutsche Recht kennt eine Fülle der unterschiedlichsten Rechtsgebiete. Da sich das menschliche Zusammenleben mitunter sehr facettenreich und komplex gestaltet, spiegelt sich dies auch in der Komplexität unserer Rechtsordnung wider. Unsere Rechtsordnung unterscheidet hierbei zwischen dem **Privatrecht** und dem **Öffentlichen Recht**.

Unterscheide: Privatrecht – Öffentliches Recht

Das Privatrecht regelt die Rechtsbeziehungen der Bürger untereinander. Hingegen regelt das Öffentliche Recht das Verhältnis des einzelnen Bürgers zum Staat sowie die Rechtsbeziehungen der staatlichen Organe/Verwaltungen untereinander. Daher umfasst das Öffentliche Recht auch alle Rechtsnormen, die Regelungen zur Organisation und Funktion des Staates beinhalten. So zählt beispielsweise auch das Strafrecht zum Öffentlichen Recht, da einzig und allein der Staat – für die Rechtsgemeinschaft – dem Beschuldigten den Prozess macht!

Die Unterscheidung zwischen dem Privaten und dem Öffentlichen Recht ist in der Praxis im Hinblick auf die **Rechtswege** von erheblicher Bedeutung. Wenn die Bürger miteinander privatrechtliche Streitigkeiten vor Gericht austragen, dann sind die Zivilgerichte dafür zuständig *(§ 13 GVG)*, während für öffentlich-rechtliche Streitigkeiten die allgemeinen bzw. die besonderen Verwaltungsgerichte zuständig sind *(§ 40 VwGO)*, zur Gerichtsorganisation vgl. Gliederungspunkt 2.4. Zudem herrscht im Öffentlichen Recht der **Amtsermittlungsgrundsatz**, der auch Untersuchungsgrundsatz genannt wird *(vgl. § 20 SGB X)*. Dieser besagt, dass die Behörde sämtliche relevanten Tatsachen, die für und gegen die Bewilligung eines Antrags des Bürgers sprechen, neutral ermitteln und würdigen muss. Zudem muss sie die der Entscheidung zugrunde liegenden Vorschriften kennen und richtig anwenden. Hingegen herrscht im Zivilrecht die sog. Parteimaxime. Dies bedeutet, dass jede Partei grundsätzlich all das im Prozess selbst beweisen muss, was für ihn bzw. seinen streitigen Anspruch spricht. Dies muss ihm mit den für Gerichtsverfahren anerkannten Beweismitteln gelingen. Im Prozess sind als Beweismittel nur Zeugen, Sachverständige, Urkunden, der Augenschein und die Partei selbst zugelassen. Kann der Bürger im Zivilprozess etwas nicht beweisen, geht er seiner Rechtsposition verlustig, er verliert damit den Prozess. Im Zivilprozess zählt letztlich nur die sog. „formale Wahrheit“, also die Tatsachen, die auch tatsächlich mit den zur Verfügung stehenden Beweismitteln vor Gericht nachgewiesen werden können. Prozesse vor den Zivilgerichten bergen zudem häufig ein hohes Kostenrisiko, das vor den Sozialgerichten normalerweise überschaubar ist. Die Verfahren vor den Sozialgerichten sind für den Bürger sogar gerichtskostenfrei *(§ 183 SGG)*.

Rechtsgebiete des privaten und öffentlichen Rechts

Das Privatrecht untergliedert sich in das Bürgerliche Recht, das auch als allgemeines Privatrecht bezeichnet wird, und in das Sonderprivatrecht, welches die Rechtsbeziehungen besonderer Berufsgruppen oder Lebensbereiche regelt, wie z.B. das Recht der Kaufleute, das im Handelsgesetzbuch *(HGB)* zu finden ist. Das *BGB* als wesentlicher Teil des Privatrechts enthält u.a. Regelungen zum Vertragsrecht (sog. Schuldrecht), Familienrecht, Betreuungsrecht und Erbrecht.

Zum Öffentlichen Recht zählen die Rechtsgebiete des Verfassungsrechts, des Strafrechts, des Verwaltungsrechts und des Prozessrechts. Insbesondere im verwaltungsrechtlichen Bereich herrscht eine enorme Komplexität der unterschiedlichsten Rechtsgebiete, angefangen vom Kommunalrecht über das Bau- und Polizeirecht, die als besonderes Verwaltungsrecht bezeichnet werden, über das Sozialrecht, zu dem insbesondere die zwölf Bücher des Sozialgesetzbuchs *(SGB)* zählen bis hin zum Prozessrecht, das die Verfahrensordnungen der einzelnen Gerichtszweige enthält, vgl. hierzu untenstehende Übersicht. Daneben existiert eine Vielzahl weiterer Einzelbereiche, die ebenfalls dem Verwaltungsrecht zuzuordnen sind, wie z.B. Datenschutzgesetze.

Die schier unzählig erscheinenden Rechtsgebiete des privaten und öffentlichen Rechts stehen selten ganz isoliert für sich. Häufig ergänzen sie sich bzw. greifen ineinander. So lassen sich beispielsweise sozialrechtliche Regelungen nicht nur im „klassischen Sozialrecht" des Sozialgesetzbuchs *(SGB)* finden, das dem Öffentlichen Recht zuzuordnen ist, sondern auch im Privatrecht. Beispielsweise hat das Arbeitsrecht die Aufgabe, den Arbeitnehmer, der im Verhältnis zum Arbeitgeber die wirtschaftlich und sozial schwächere Person ist, zu schützen. Daher wird das Arbeitsrecht als Schutzrecht für den Arbeitnehmer bezeichnet. Es dient der Herstellung sozialer Sicherheit und Gerechtigkeit unter gleichzeitiger freiheitlicher Gestaltung der jeweiligen Arbeitsbedingungen. Wenn es um die Kündigung des Arbeitsverhältnisses geht, ist die konkrete arbeitsvertragliche Rechtsbeziehung zwischen Arbeitgeber und Arbeitnehmer betroffen. Hier sind dann u.a. privatrechtliche Regelungen des Arbeitsvertrages gem. *§§ 620 ff. BGB* relevant (z.B. Kündigungsfristen). Aber auch Regelungen aus dem öffentlich-rechtlichen Bereich, nämlich dem Sozialrecht, werden im Falle der Kündigung relevant. Meldet sich nämlich der gekündigte Arbeitnehmer nicht innerhalb einer bestimmten Frist bei der Agentur für Arbeit, so wirkt sich das auf seinen späteren Arbeitslosengeldanspruch aus (Verhängung einer Sperrzeit gem. *§ 144 SGB III*).

Bei der **Überschneidung der beiden Bereiche** ist auch das sog. **„fiskalische Handeln"** der Behörde zu beachten. Im Rahmen des fiskalischen Handelns kann die Behörde entscheiden, ob das Öffentliche Recht oder das Privatrecht zur Anwendung kommt. So kann beispielsweise das Jugendamt bei der Einstellung seiner Mitarbeiter entscheiden, ob neue Mitarbeiter verbeamtet werden (Öffentliches Recht) oder ob sie einen Arbeitsvertrag gem. *§ 611 BGB* (Privatrecht) bekommen und diese dann im Angestelltenverhältnis für die Behörde tätig werden. Allerdings sind Behörden in ihrer Entscheidung nicht immer frei, ob sie nach öffentlich-rechtlichen oder privatrechtlichen Grundsätzen handeln. Hier müssen sie auf den Zusammenhang und die Natur des Rechtsverhältnisses abstellen. In der Funktion als Hoheitsträger, d.h. wenn sie staatliche Aufgaben erfüllen, wie z.B. das Sozialamt bei der Gewährung von Sozialhilfe nach dem *SGB XII* oder das Jugendamt im Rahmen der Kinder- und Jugendhilfe gemäß dem *SGB VIII*, müssen sie zwingend öffentlich-rechtlich handeln.

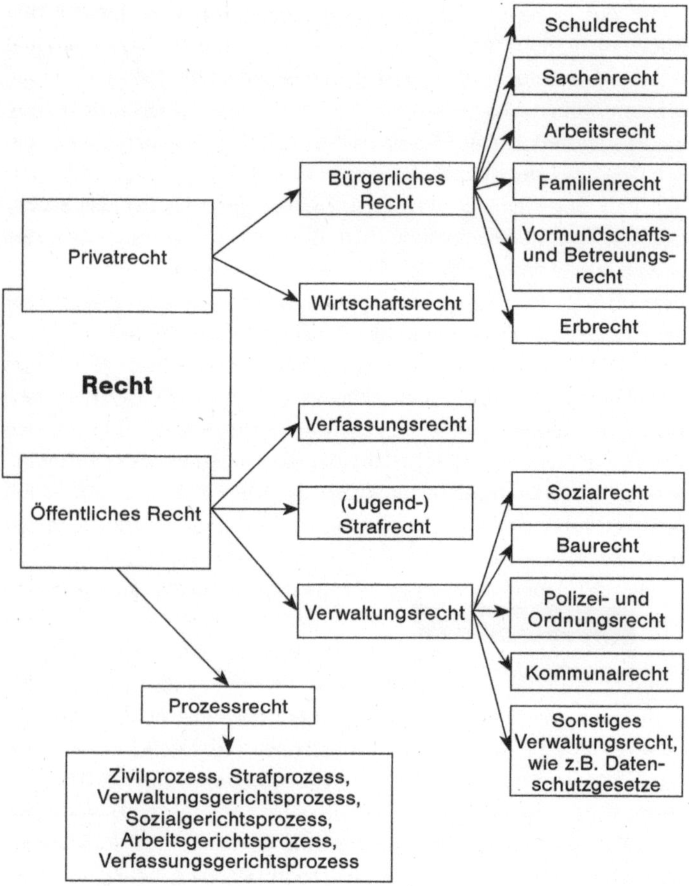

Abbildung 2: Rechtsgebiete
(in Anlehnung an Falterbaum S. 17)

Formelles und materielles Recht

Die Rechtsnormen des Öffentlichen Rechts und des Privatrechts lassen sich in formelles und materielles Recht unterteilen.

Materielles Recht bezieht sich auf die **inhaltliche Gestaltung** eines Rechts, indem sie Rechte verleihen oder Pflichten begründen.

Formelles Recht sind **Verfahrensvorschriften,** durch die das materielle Recht umgesetzt wird. Mit dem formellen Recht werden Rechtspositionen, die sich aus dem materiellen Recht ergeben, durchgesetzt. Dies wird z.B. sehr deutlich in den Verfahrensordnungen der einzelnen Gerichtszweige (z.B. *ZPO, StPO, VwGO*), die formelles Recht darstellen.

Wenn beispielsweise ein Kaufvertrag abgeschlossen wird, so haben Käufer und Verkäufer daraus verschiedene Rechte und Pflichten. Nach *§ 433 Abs. 1 BGB* muss der Verkäufer dem Käufer die Sache übergeben und das Eigentum daran verschaffen, während *§ 433 Abs. 2 BGB* die Pflicht des Käufers normiert, den Kaufpreis zu bezahlen. Diese Vorschrift begründet also vertragliche Rechte und Pflichten von Käufer und Verkäufer. Da es um die Gestaltung von Rechtspositionen geht, zählt der *§ 433 BGB* zum materiellen Recht. Streiten sich die Kaufvertragsparteien dann über ihre Rechte und Pflichten aus dem Kaufvertrag, z.B. weil sich der Käufer weigert, den Kaufpreis zu bezahlen, dann muss der Verkäufer seinen Anspruch gerichtlich durchsetzen. Das Verfahren vor Gericht wird durch die Zivilprozessordnung *(ZPO)* – dem formellen Recht – im Detail geregelt.

Objektives und subjektives Recht

Weiterhin wird zwischen objektivem und subjektivem Recht unterschieden. Unter dem **objektiven Recht** versteht man die **Gesamtheit der geltenden Rechtsnormen,** die im gesetzmäßigen Verfahren zustande gekommen sind, also die Bestimmungen in der Verfassung und den formellen sowie materiellen Gesetzen. Dem objektiven Recht – unserer Gesamtrechtsordnung – entspringt das subjektive Recht. **Subjektive Rechte** sind **Rechtsansprüche,** die eine bestimmte Person oder Personengruppe (sog. Rechtssubjekt) berechtigen. Dabei kann es sich um eine natürliche Person (jeder Mensch) als auch um juristische Personen (z.B. eingetragener Verein, GmbH) handeln, zur Rechtsfähigkeit (vgl. Gliederungspunkt 4.2). So kann der Verkäufer einer Sache vom Käufer den Kaufpreis verlangen gemäß *§ 433 Abs. 2 BGB* (subjektives Recht). Rechtsnormen, die subjektive Rechte beinhalten, werden auch als **Anspruchsgrundlagen** bezeichnet.

Im öffentlichen Recht, also im Verwaltungs- und Sozialverwaltungsrecht, entspricht dem subjektiven Recht das sog. **subjektiv-öffentliche Recht**. Darunter versteht man das Recht des Bürgers vom Verwaltungsträger bestimmte Handlungen zu verlangen. Beispiel: *§ 5 Abs. 1 SGB VIII „Die Leistungsberechtigten haben das Recht, zwischen Einrichtungen und Diensten verschiedener Träger zu wählen und Wünsche hinsichtlich der Gestaltung der Hilfe zu äußern ...“*.

Es können sich nur diejenigen gegen Unrecht wehren, die in ihren subjektiven bzw. subjektiv-öffentlichen Rechten verletzt worden sind. Das bedeutet, dass sich eine Person nicht als Sachwalter der Allgemeinheit hervortun kann. In Deutschland muss jede Person ihre Rechte selbst wahrnehmen und sie kann Rechte nur einklagen, wenn sie von einer (vermeintlichen) Rechtsverletzung selbst betroffen ist. Kauft z.B. jemand ein mangelhaftes Auto, so kann nur der Käufer selbst gegen den Verkäufer rechtlich vorgehen, indem er z.B. den zu zahlenden Kaufpreis mindert oder womöglich sogar vom Kaufvertrag zurücktritt bzw. Schadensersatz verlangt. Diese Rechte des Käufers gegen den Verkäufer finden sich in den *§§ 434 ff. BGB* (sog. Sachmängelgewährleistungsrecht). Nur der Käufer als Vertragspartner des Verkäufers kann gegenüber dem Verkäufer diese Rechte geltend machen. Eine altruistisch handelnde, am Vertrag nicht beteiligte Person (z.B. der Nachbar, Arbeitskollege) kann für den Käufer dessen Rechte nicht geltend machen. So würde eine Klage des Nachbarn oder Arbeitskollegen für den Käufer vom Gericht sofort als unzulässig abgewiesen werden, auch wenn die Klage in der Sache selbst begründet wäre.

2.4 Rechtsanwendung und Rechtsverwirklichung

Die Rechtsanwendung, also der Umgang mit den Rechtsnormen, ist nicht immer einfach und bedarf der Übung. Die abstrakt-generellen Gesetzesformulierungen sind sprachlich gewöhnungsbedürftig und somit stellt es sich manchmal als schwierig dar, diese auf konkrete Lebenssachverhalte anzuwenden. Bei der Rechtsanwendung geht es nicht um die Beurteilung, ob eine gesetzliche Regelung vom

Rechtsanwender für sinnvoll oder gut befunden wird (das ist die Aufgabe der Legislative!), sondern es geht um das Auffinden und die konkrete Prüfung von Rechtsnormen bezogen auf den konkreten Lebenssachverhalt.

Der Aufbau von Rechtsnormen

Rechtsnormen, die dem Bürger einen Anspruch gegen die Verwaltung oder Privatpersonen geben, sind in der Regel zweigliedrig strukturiert, d.h. sie bestehen aus einem **Tatbestand** und einer **Rechtsfolge**. Der Tatbestand beschreibt kein konkret-historisches Geschehen, sondern er enthält abstrakte Merkmale. Da Rechtsnormen gerade nicht den konkreten Einzelfall regeln, sondern für eine unbestimmte Vielzahl von Fällen Geltung beanspruchen, werden oftmals sog. **unbestimmte Rechtsbegriffe** vom Gesetzgeber verwendet. Je umfassender eine Rechtsnorm sein soll, desto höher wird ihr Abstraktionsgrad. Durch die spezifische juristische Sprache verlieren Gesetze an realer Anschaulichkeit, die Sprache wirkt oftmals altertümlich und ist für den Laien unverständlich. Doch selbst wenn Rechtsnormen teilweise komplizierte Verschachtelungen mehrerer Tatbestandsmerkmale besitzen, so sind sie dennoch nach einem **„Wenn-dann-Prinzip"** aufgebaut, d.h. wenn der Tatbestand gegeben ist, dann ergibt sich hieraus eine bestimmte Rechtsfolge.

Beispiel: *§ 832 Abs. 1 BGB „Wer kraft Gesetzes zur Führung der Aufsicht über eine Person verpflichtet ist, die wegen Minderjährigkeit oder wegen ihres geistigen oder körperlichen Zustands der Beaufsichtigung bedarf, ist zum Ersatz des Schadens verpflichtet, den diese Person einem Dritten widerrechtlich zufügt ..."*

Wenn demnach die Tatbestandsmerkmale des § 832 Abs. 1 BGB erfüllt sind (d.h. wenn die zu beaufsichtigende Person wegen mangelnder Aufsichtsführung einen Schaden verursacht), **dann** muss der Aufsichtspflichtige dem Geschädigten Schadensersatz leisten.

Im Hinblick auf die Verbindlichkeit von Rechtsfolgen bei Verwaltungsentscheidungen kennt das Recht – je nach Gesetzesformulierung – unterschiedliche Qualitäten. Es gibt sog. „Muss-Vorschriften", „Kann-Vorschriften" und „Soll-Vorschriften".

geschenkt. Aber ist es eigentlich normal, sich morgens auf der Bürotoilette kleine Steinchen aus einer großflächigen Schürfwunde am Oberschenkel zu waschen, weil man sich beim Umweg über den Boxberg in der Abfahrt bei Reifglätte mit hohem Tempo auf den Arsch legen musste?

Neuerdings lese ich das *Fahrstil*-Magazin, in dem das Lebensgefühl von Radsportlern so schön dargestellt wird. Dort sehe ich, wie viele Gleichgesinnte es gibt. Man muss aber auch in Würde altern. Will ich ewig wie ein kleiner Junge mit dem Rad umherfahren? Das führt doch unweigerlich zum nächsten Sturz. Ich will so etwas nie wieder erleben! Ich muss mit dem Radsport aufhören und mir ein anderes Hobby suchen. Ist nicht der Ruderklub nur 200 Meter von meiner Wohnung entfernt? Was soll beim Rudern schon passieren? Ertrinken vielleicht. Aber es gibt ja Schwimmwesten. Ich könnte bis zur Neckarquelle rudern. Oder in die andere Richtung bis zum Bodensee. Nein, den Rhein abwärts bis zur Nordsee. Ich könnte die Weltmeere berudern. Das hat bestimmt noch keiner gemacht. Ach nee, nicht schon wieder so extreme Sachen. Dann muss ich ja navigieren lernen, und mit präzisen Wetterbeobachtungen tue ich mich doch auch so schwer.

Da bleibe ich doch besser beim vertrauten Radfahren. Ich muss nur vorsichtiger fahren. Sind 70 Stundenkilometer in der Abfahrt vom Königstuhl schnell oder noch langsam? Und 75? Was ist mit 85 Stundenkilometern? Vorsichtig zu fahren ist gar nicht so einfach, wie man denkt.

Mein linker Arm ist auf doppelte Größe angeschwollen und tut höllisch weh. Ich kann außer den Fingern nichts bewegen. Aber das wird schon wieder. Ich habe gute Gene. Gibt es da nicht diese alte Geschichte über meinen Vater, der in den Nachkriegsjahren mit seinem Fahrrad bis nach Marienheide gefahren ist? In einer der vielen Varianten dieser Erzählung heißt es, die Bauern hätten ihn für einen Motorradfahrer gehalten. Jetzt weiß ich, woher ich meine Leidenschaft für den Radsport habe. Die Tradition muss ich doch weiter fortführen!

Im Moment kann ich allerdings nicht mal aus dem Bett aussteigen. Wenigstens habe ich dank moderner Medizin keinen Gipsverband. Zum Pinkeln muss ich eine Flasche benutzen, die in keinen gängigen Flaschenhalter am Rad passt.

Wenn ich im Training war, bin ich nie krank geworden. Nicht mal eine Erkältung konnte sich bei mir festsetzen. Ich habe keinen Arbeitstag gefehlt. Und jetzt mache ich mir gerade die ganze Quote kaputt.

Andererseits könnten meine Ischiasschmerzen auch vom vielen Radfahren kommen. Die krumme Haltung ist doch total ungesund. Nein, wenn ich gesund bleiben will, muss ich mit dem Radsport aufhören.

Ich habe in meiner linken Seite das Gefühl, von einem Löwen gebissen worden zu sein. Und dieser Löwe hängt noch immer an meinem Arm. Ich bin so unglücklich. Mir kommen die Tränen. Dieser unsinnige Unfall. Warum hat das

Bei den **„Muss-Vorschriften“** besteht keinerlei Entscheidungsspielraum. Wenn die Tatbestandsvoraussetzungen erfüllt sind, dann ergibt sich daraus zwingend die Rechtsfolge. Die Formulierungen „hat“ bzw. „haben“, „ist“, „sind“ usw. stehen dem gleich. Z.B *§ 27 Abs. 1 SGB VIII „Ein Personensorgeberechtigter hat bei der Erziehung eines Kindes oder eines Jugendlichen Anspruch auf Hilfe (Hilfe zur Erziehung), wenn ...“* Das bedeutet für die Verwaltung, hier das Jugendamt, dass es aufgrund der zwingend vorgegebenen Rechtsfolge **keinerlei Entscheidungsspielraum** hat. Daher spricht man in solchen Fällen auch von einer gebundenen (Verwaltungs-) Entscheidung.

„Soll-Vorschriften“ binden den Adressaten im **Regelfall** an eine Rechtsfolge. Allerdings sind bei atypischen Fallkonstellationen Ausnahmen möglich. Z.B. *§ 19 Abs. 1 SGB VIII „Mütter oder Väter, die allein für ein Kind unter sechs Jahren zu sorgen haben oder tatsächlich sorgen, sollen gemeinsam mit dem Kind in einer geeigneten Wohnform betreut werden, wenn ...“*

„Kann-Vorschriften“ geben der Verwaltung in einem bestimmten Rahmen einen Handlungsspielraum, d.h. die Verwaltung ist nicht an ein bestimmtes Handeln gebunden, sie kann möglichst flexibel auf Lebensverhältnisse reagieren. Dieser Spielraum der Behörde wird als „Ermessen“ bezeichnet. Hier ist zwischen einem Entschließungsermessen („ob“) und einem Auswahlermessen („wie“) zu unterscheiden. Dies bedeutet, dass es im Ermessen der Behörde stehen kann, **ob** sie überhaupt eine Handlung vornimmt bzw. **wie** sie im konkreten Fall vorgeht, welche von mehreren Handlungsoptionen sie also letztlich wahrnimmt. Das der Behörde zustehende Ermessen wird an Gesetzesformulierungen wie „die Behörde kann ...“, „darf ...“, „ist befugt ...“ usw. deutlich (z.B. *§ 16a SGB II*). Die Verwaltung darf bei ihrer Ermessensausübung allerdings nicht willkürlich handeln, sie muss ein sog. pflichtgemäßes Ermessen ausüben, d.h. die Verwaltung muss im konkreten Einzelfall die zweckmäßigste Rechtsfolge wählen *(vgl. § 39 Abs. 1 SGB I)*. Sofern ihr Ermessensfehler unterlaufen, beispielsweise überschreitet die Behörde das ihr zustehende Ermessen, wenn in einer Rechtsnorm eine Gebühr bis 80,– € zulässig ist, die Verwaltung im konkreten Fall im Gebührenbescheid allerdings 120,- € festsetzt. Damit ist der Bescheid der Behörde rechtswidrig und angreifbar. Ermessensfehler sind gerichtlich voll überprüfbar!

Die juristische Fallprüfung: Die Subsumtion

Der entscheidende Bezugspunkt für Ansprüche des Bürgers gegenüber der Verwaltung (z.B. auf Arbeitslosengeld) und der Bürger untereinander (z.B. der Anspruch auf Kaufpreiszahlung gem. *§ 433 Abs. 2 BGB*) sind die Anspruchsnormen. Jede Lösung eines Rechtsfalles hat daher zielorientiert von der Anspruchsgrundlage auszugehen! Ausgangspunkt bei der juristischen Falllösung ist die Beantwortung der W-Fragen: WER will WAS von WEM WORAUS? D.h. es muss zunächst eine Anspruchsgrundlage mit der gewünschten Rechtsfolge gefunden werden („Woraus"). Danach wird im Detail geprüft, ob die einzelnen Tatbestandsmerkmale der Vorschrift im konkreten Fall erfüllt sind. Bei der Prüfung muss akribisch genau vorgegangen werden. Die Anwendung des Tatbestands auf den konkreten Lebenssachverhalt nennt man Subsumtion. Dies bedeutet, dass der konkrete Lebenssachverhalt unter die einschlägige Rechtsnorm eingeordnet wird, um dann zu einer Schlussfolgerung zu kommen. Teilweise ergibt sich erst aus dem Gesetzeszusammenhang oder Definitionsnormen die Bedeutung einer bestimmten Vorschrift.

So legt beispielsweise *§ 7 SGB II* (bitte lesen!) als ganz zentrale Vorschrift den Kreis der möglichen Leistungsberechtigten für Hartz-IV-Leistungen fest. Diese Schlüsselnorm des SGB II enthält sowohl leistungsbegründende Tatbestände *(vgl. § 7 Abs. 1 Satz 1, Abs. 2 bis 3a)* als auch leistungsausschließende Tatbestände *(§ 7 Abs. 1 Satz 2 und 3, Abs. 4 bis 6)* in einem sehr komplexen Geflecht von Regeln, Ausnahmen und Gegen-Ausnahmen. Die in *§ 7 Abs. 1 SGB II* enthaltenen Tatbestandsmerkmale der Erwerbsfähigkeit, Hilfebedürftigkeit sowie das Höchstalter für Leistungsberechtigte werden dann in den folgenden Paragraphen näher definiert. So ist gemäß *§ 8 SGB II* erwerbsfähig, *„wer nicht wegen Krankheit oder Behinderung auf absehbare Zeit außerstande ist, unter den üblichen Bedingungen des Arbeitsmarktes mindestens 3 Stunden erwerbstätig zu sein."* Um die steuerfinanzierten Hartz-IV-Leistungen zu erhalten, muss der

Antragsteller gemäß § *7 Abs. 1 Nr. SGB II* zudem hilfebedürftig sein. Wann von einer Hilfebedürftigkeit auszugehen ist, ist in *§ 9 SGB II* näher bestimmt, nämlich wenn der Antragsteller *„seinen Lebensunterhalt nicht oder nicht ausreichend aus dem zu berücksichtigenden Einkommen oder Vermögen sichern kann ..."* Was in diesem Zusammenhang unter dem berücksichtigungsfähigen Einkommen und Vermögen zu verstehen ist, wird vom Gesetzgeber in *§§ 11, 12 SGB II* sodann näher definiert.

Die Subsumtion gestaltet sich teilweise auf Grund der abstrakten Rechtssprache und einer Vielzahl von unbestimmten Rechtsbegriffen als schwierig und muss geübt werden. Eine korrekte Rechtsanwendung ist allerdings niemals willkürlich! Unbestimmte Rechtsbegriffe bedürfen einer rechtswissenschaftlichen Auslegung, teilweise existieren auch Gesetzeslücken, die von der Rechtsprechung geschlossen werden müssen. Um solche Probleme zu lösen, gibt es insgesamt vier anerkannte und in der Praxis gängige Auslegungsmethoden, die entweder nebeneinander oder in Kombination angewendet werden (philologische, grammatische, systematische, historische und teleologische Auslegung).

Für das Studium und die spätere Praxis erleichtern **Gesetzeskommentare** ganz erheblich die Rechtsfindung. In einem Gesetzeskommentar werden die einzelnen Paragraphen eines Gesetzes sowohl abstrakt als auch durch Beispiele näher erläutert und ihr rechtliches Zusammenspiel mit anderen Vorschriften aufgezeigt. Zudem enthalten sie entsprechende Entscheidungen der Gerichte (Urteile, Beschlüsse) und rechtswissenschaftliche Publikationen. Nicht nur in der Praxis der Sozialen Arbeit – hier wird die Bedeutung und der praktische Nutzen von Kommentarliteratur oft unterschätzt! –, sondern auch in der juristischen Praxis sind solche Gesetzeskommentare nicht wegzudenken. Auch Richter setzen sich häufig in ihren Urteilen mit der Kommentarliteratur auseinander und zitieren diese!

Rechtsverwirklichung

Gerichtszweige

Aus Konflikten können Rechtsstreitigkeiten entstehen. Um zu entscheiden, wer „Recht" hat, werden vom Staat Gerichte als streitentscheidende Instanzen zur Verfügung gestellt. Dabei sind die Richter unabhängig und nur dem Gesetz unterworfen *(Art. 97 Abs. 1 GG)*. Welches Gericht im Einzelfall zuständig ist, hängt davon ab, welchem Rechtsgebiet der streitige Fall zuzuordnen ist. Es wird hierbei zwischen der ordentlichen Gerichtsbarkeit, der Arbeitsgerichtsbarkeit, Verwaltungsgerichtsbarkeit, Sozialgerichtsbarkeit, Finanzgerichtsbarkeit und dem Bundesverfassungsgericht unterschieden.

Die **ordentliche Gerichtsbarkeit** ist für Streitigkeiten aus dem bürgerlichen Recht und dem Strafrecht zuständig *(§§ 12 f. GVG)*. Sie wird durch verschiedene Instanzen, nämlich die Amtsgerichte, Landgerichte, Oberlandesgerichte und dem Bundesgerichtshof als oberste Instanz mit Sitz in Karlsruhe ausgeübt.

Die **Arbeitsgerichtsbarkeit** regelt arbeitsgerichtliche Streitigkeiten. Sie besitzt drei Instanzen, nämlich die Arbeitsgerichte, Landesarbeitsgerichte und das Bundesarbeitsgericht, welches seinen Sitz in Erfurt hat *(§ 1 ArbGG)*.

Die **Verwaltungsgerichtsbarkeit** ist für öffentlich-rechtliche Streitigkeiten nichtverfassungsrechtlicher Art zuständig *(§ 40 VwGO)*. Sie wird durch die Verwaltungsgerichte, Oberverwaltungsgerichte (in Baden-Württemberg wird das Oberverwaltungsgericht Verwaltungsgerichtshof genannt) und das Bundesverwaltungsgericht, das seinen Sitz in Leipzig hat, ausgeübt.

Für sozialrechtliche Streitigkeiten ist die **Sozialgerichtsbarkeit** *(§ 51 SGG)* zuständig, die durch die Sozialgerichte, Landessozialgerichte und das Bundessozialgericht mit Sitz in Kassel ausgeübt wird.

Im Hinblick auf steuerrechtliche Streitigkeiten ist die **Finanzgerichtsbarkeit** zuständig, die durch die Finanzgerichte und den Bundesfinanzhof, der seinen Sitz in München hat, ausgeübt wird.

Das **Bundesverfassungsgericht**, das in Karlsruhe seinen Sitz hat, nimmt hierbei eine Sonderstellung ein. Als Hüter unserer Verfassung steht es gleichsam über den verschiedenen Gerichtsbarkeiten. Es entscheidet u.a. über die Vereinbarkeit von Gesetzen mit unserer Verfassung. Der Bürger hat die Möglichkeit, vor dem Bundesverfassungsgericht eine Verfassungsbeschwerde einzulegen, wenn er sich durch die Verwaltung in seinen Grundrechten verletzt fühlt. Eine Verfassungsbeschwerde ist allerdings erst dann möglich, wenn der Bürger den kompletten Instanzenzug eines der oben dargestellten Gerichtsbarkeiten voll ausgeschöpft hat.

Jedes Bundesland verfügt zudem über einen Staatsgerichtshof bzw. Verfassungsgerichtshof, der über die Einhaltung der jeweiligen Landesverfassung wacht.

Beispiel: Auf der der Fahrt zur Arbeit wird A an einem verschneiten Wintermorgen mit seinem Kfz in einen Verkehrsunfall mit B verwickelt. An der Kreuzung zweier Gemeindestraßen kollidiert er mit B, der die zulässige Höchstgeschwindigkeit weit überschritten hat. Die Gemeindestraßen waren spiegelglatt, weil die Gemeinde ihrer winterlichen Räumpflicht nicht nachgekommen war. A wird durch den Zusammenprall verletzt und muss ins Krankenhaus. Er ist für einige Wochen nicht in der Lage, seiner Arbeit nachzugehen. Der Arbeitgeber weigert sich, den Lohn des A auch weiterhin fortzuzahlen und kündigt A sogar, die Ortskrankenkasse (AOK) möchte die Behandlungskosten nicht übernehmen, das Finanzamt will die besonderen Aufwendungen As, die im Zusammenhang mit dem Unfall entstanden sind, nicht anerkennen. Zudem will B den Schaden am Kfz des A nicht bezahlen. Wo muss A klagen?

Der Schadensersatzanspruch gegen B zählt zum Privatrecht und muss vor dem Amts- oder Landgericht eingeklagt werden. Bezüglich seines Arbeitsentgeldes muss A vor das Arbeitsgericht ziehen und den Arbeitgeber auf Lohnfortzahlung verklagen. Bezüglich der Kündigung ist das Arbeitsgericht ebenfalls zuständig, A muss eine Kündigungsschutzklage erheben. Möglicherweise hat A gegen die Gemeinde einen Amtshaftungsanspruch *(Art. 34 GG i.V.m. § 839 BGB)*, da diese ihrer winterlichen Räumpflicht nicht nachkam. Aus historischen Gründen ist eine Amtshaftungsklage vor den Zivilgerichten geltend zu machen. Die Krankenkasse muss vor dem Sozialgericht verklagt werden auf Übernahme der Behandlungskosten. Bezüglich der Anerkennung der besonderen finanziellen Aufwendungen muss beim Finanzgericht Klage eingereicht werden.

Rechtsdurchsetzung

Die Rechtsdurchsetzung ist mit einem Kostenrisiko verbunden, das viele Bürger scheuen. Damit jeder staatliche Rechtschutzmöglichkeiten unabhängig von seinen individuellen finanziellen Möglichkeiten wahrnehmen kann, wird auch einkommensschwachen bzw. bedürftigen Bürgern, die sich in ihren Rechten verletzt fühlen, staatlicher Rechtschutz gewährt.

Prozesskostenhilfe

Die **Prozesskostenhilfe** *(PKH)* kann gemäß *§§ 114 ff. ZPO* in den Verfahren vor den Zivil-, Arbeits-, Verwaltungs- und Sozialgerichten einkommensschwachen Personen im Hinblick auf die eigenen Rechtsanwalts- und Gerichtskosten bewilligt werden. Die Staatskasse trägt die zur Rechtsdurchsetzung anfallenden Kosten, sofern der Antrag von dem für das konkrete Gerichtsverfahren zuständige Gericht bewilligt wurde. Die Bewilligung der Prozesskostenhilfe ist im Wesentlichen von zwei Voraussetzungen abhängig: Der Antragsteller darf wirtschaftlich nicht in der Lage sein, die Kosten für die Rechtsverfolgung aufzubringen und die Rechtsverfolgung muss hinreichende Aussicht auf Erfolg bieten. Für Familiensachen und in Angelegenheiten der freiwilligen Gerichtsbarkeit gilt das *FamFG*, die *PKH* wird in diesem Gesetz als Verfahrenskostenhilfe bezeichnet. In Strafverfahren können nur die Opfer von Straftaten, die zur Nebenklage berechtigt sind, einen entsprechenden Antrag stellen. Dem vermeintlichen Täter ist dies hingegen nicht möglich. In Verfahren vor den Strafgerichten wird dem Beschuldigten bzw. Angeklagten im Falle einer notwendigen Verteidigung stattdessen ein Pflichtverteidiger zur Seite gestellt.

Beratungshilfe

Außerhalb eines gerichtlichen Verfahrens besteht die Möglichkeit der **Beratungshilfe** nach dem Beratungshilfegesetz *(BerHG)*. Das Beratungshilfegesetz ermöglicht wirtschaftlich schwachen Menschen eine Rechtsberatung und Rechtsvertretung außerhalb eines gerichtlichen Verfahrens. Zuständig für die Ausstellung eines Beratungshilfescheines ist das für den Antragsteller jeweils zuständige Amtsgericht an seinem Wohnort. Damit übernimmt die Staatskasse die Vergütung des Rechtsanwalts für eine Beratung oder sonstige außergerichtliche Tätigkeit (z.B. Verfassen eines Schreibens), wobei von dem Ratsuchenden ein geringer Unkostenbeitrag an den aufgesuchten Rechtsanwalt zu bezahlen ist. Von Gesetzes wegen sind Rechtsanwälte verpflichtet, Personen mit Beratungshilfeschein als Mandanten außergerichtlich zu vertreten.

Rechtsdienstleistungen

Zudem existiert die Möglichkeit der **Rechtsberatung nach dem Rechtsdienstleistungsgesetz** *(RDG)*. Unter einer Rechtsdienstleistung wird hierbei jede Tätigkeit in fremden Angelegenheiten verstanden, sobald sie eine besondere rechtliche Prüfung des Einzelfalles erfordert *(§ 2 Abs. 1 RDG)*. Es erlaubt die Erbringung unentgeltlicher Rechtsdienstleistungen im außergerichtlichen Bereich. Daher dürfen auch die Träger der sozialen Arbeit rechtsberatend tätig werden. Sämtliche Verbände der freien Wohlfahrtspflege gemäß *§ 5 SGB XII*, die Verbände zur Förderung der Belange behinderter Menschen gem. *§ 13 Abs. 3* Behindertengleichstellungsgesetz sowie die Träger der freien Jugendhilfe gemäß *§ 75 SGB VIII* dürfen daher Rechtsdienstleistungen als Nebenleistungen erbringen. Das Gesetz stellt allerdings selbst bei kostenloser Rechtsberatung Mindeststandards auf, um den Bürger vor unqualifizierten Rechtsauskünften zu schützen. Alle Personen und Organisationen, die außerhalb des Familien- und Freundeskreises unentgeltlich rechtsberatend tätig werden, müssen entweder selbst Volljuristen sein oder eine qualifizierte juristische Anleitung ihrer Beschäftigten garantieren können.

Verbände

Verbände gewähren ihren Mitgliedern kostenlose Beratung und Vertretung vor Gericht bezogen auf ihren jeweiligen Bereich. So erhält beispielsweise ein DGB-Gewerkschaftsmitglied eine kostenlose Rechtsberatung und gegebenenfalls eine Vertretung im gerichtlichen Verfahren durch einen Verbandsvertreter bzw. Anwalt bezüglich arbeitsrechtlicher und sozialrechtlicher Fragen.

3

3. Verfassungsrecht

Als oberstes Wertgefüge und Grundordnung beeinflusst das GG in erheblichem Maße sowohl das private als auch das öffentliche Recht. Das im Jahre 1949 in Kraft getretene Grundgesetz sollte in der Nachkriegszeit lediglich als eine Übergangsordnung für die westlichen Besatzungszonen dienen. Es war zunächst als Provisorium bis zur Wiedervereinigung Deutschlands gedacht, daher wurde die Terminologie „Grundgesetz" statt „Verfassung" ausgewählt. Nach der Wiedervereinigung im Jahre 1990 wurde der Begriff des Grundgesetzes jedoch beibehalten, da sich der Begriff mittlerweile etabliert hatte. Neben den Grundrechten, die in *Art. 1-19 GG* zu finden sind, kommen dem Rechtstaats- und Sozialstaatsprinzip für Tätigkeiten in den Feldern der Sozialen Arbeit ein besonderer Stellenwert zu.

3.1 Rechtsstaat

Gemäß *Art. 20 GG* ist die Bundesrepublik Deutschland ein demokratischer, rechtsstaatlicher und sozialer Bundesstaat. In *Art. 20 Abs. 2 GG* ist das Prinzip der **Gewaltenteilung** verfassungsrechtlich verankert. Der Gewaltenteilungsgrundsatz unterscheidet drei Teilbereiche staatlicher Aufgaben, nämlich die Gesetzgebung (Legislative), die

Verwaltung als ausführende Gewalt (Exekutive) und die Rechtsprechung (Judikative). Die Legislative erlässt die Gesetze, die Exekutive führt diese aus und die Judikative überwacht die Einhaltung der Gesetze. Das Gewaltenteilungsprinzip hat laut Bundesverfassungsgericht die Funktion, dass „die Staatsmacht gemäßigt und die Freiheit des Einzelnen geschützt wird" *(BVerfGE 9, 268, 279 f.; 67, 100,130)*, indem sich die drei Gewalten letztlich gegenseitig kontrollieren.

Das **Rechtsstaatsprinzip**, das als eines der elementarsten Prinzipien des Grundgesetzes gilt, erfährt in zahlreichen Vorschriften unserer Verfassung seine Ausprägung. Gemäß *Art. 20 Abs. 3 GG*, als eine der wichtigsten Regelungen zum Rechtstaatsprinzip, ist die Gesetzgebung an die verfassungsmäßige Ordnung, die vollziehende Gewalt und die Rechtsprechung sind an Gesetz und Recht gebunden. Dies bedeutet, dass der Staat selbst nicht allmächtig ist und sich über die Gesetze stellen darf. Damit soll für den Bürger Rechtssicherheit und Rechtsklarheit gewährleistet werden. Kernelement des Rechtsstaatsprinzips ist die **Gesetzmäßigkeit der Verwaltung**, die auf den Vorrang des Gesetzes und auf den Vorbehalt des Gesetzes abzielt, sowie die **Garantie des gerichtlichen Rechtschutzes** (Art. 19 *Abs. 4 , Art. 103 f. GG)*.

Gesetzesvorrang

Unter dem Gesetzesvorrang versteht man, dass alle drei Gewalten an die Rechtsordnung gebunden sind. Für die Verwaltung als die Gesetze vollziehende Gewalt bedeutet dies, dass ihr Handeln mit allen Rechtsnormen in Einklang zu stehen hat. Wenn eine Verwaltungsmaßnahme gegen geltendes Recht verstößt, so ist das Handeln rechtswidrig. Fachkräfte der Sozialen Arbeit müssen daher das Grundgesetz sowie die formellen und materiellen Gesetze kennen und dürfen dagegen nicht verstoßen.

So müssen beispielsweise im Fall der Kindeswohlgefährdung sowohl die Personensorgeberechtigten sowie das Kind/der Jugendliche bei der Abschätzung des Gefährdungsrisikos mit einbezogen werden, soweit der wirksame Schutz des Kindes bzw. Jugendlichen hierdurch nicht gefährdet wird *(§ 8a Abs. 1 SGB VIII)*. Sind die Personensorgeberechtigten hierzu nicht bereit oder nicht in der Lage, so muss das Familiengericht diesbezüglich eingeschaltet werden *(vgl. § 8a Abs. 3 SGB VIII)*. Eine Inobhutnahme des Kindes/Jugendlichen durch das Jugendamt ohne Einschätzung des Gefährdungsrisikos durch die Personensorgeberechtigten bzw. das Familiengericht ist grundsätzlich rechtswidrig (Ausnahme: bei Gefahr in Verzug), da ein Verstoß gegen *§§ 8a, 42 SGB VIII* und *Art. 6 GG*, der die Familie unter einen besonderen verfassungsrechtlichen Schutz stellt, vorliegt.

Die Gesetze binden nicht nur den Staat, sondern auch die Bürger, d.h. Gesetze sind von jedermann zu beachten und gelten gerade auch im privaten Rechtsverkehr unter den Bürgern. So ergeben sich beispielsweise aus einem Mietvertrag gem. *§ 535 BGB* für die Vertragsparteien verschiedene Rechte und Pflichten, nämlich die Pflicht für den Vermieter, die vermieteten Räumlichkeiten dem Mieter zum Gebrauch zu überlassen, während der Mieter den vereinbarten Mietzins zu entrichten hat. Sofern gesetzliche Regelungen nicht vorhanden sind, besteht für den Bürger eine Handlungsfreiheit, die im bürgerlichen Recht auch als **Privatautonomie** bezeichnet wird. Diese allgemeine Handlungsfreiheit, also das Recht, zu tun und zu lassen, was man möchte, solange nicht gegen geltendes Recht verstoßen wird, steht allerdings nur den Privatpersonen und gerade nicht staatlichen Organen zu. Der Staat ist dem Grundsatz des Vorbehaltes des Gesetzes verpflichtet.

Gesetzesvorbehalt

Der Vorbehalt des Gesetzes bedeutet, dass das staatliche Handeln, insbesondere Eingriffe des Staates in die Rechtspositionen ihrer Bürger, durch ein förmliches Gesetz legitimiert sein muss. Das Handeln des Staates und anderer öffentlicher Träger wird für den Bürger damit vorhersehbar und berechenbar. So dürfen beispielsweise polizeiliche Maßnahmen, wie das Durchsuchen von Wohnraum gegen den Willen des Bürgers nur durchgeführt werden, soweit dies mit den einschlägigen Rechtsgrundlagen, nämlich dem (landesrechtlichen) Polizeigesetz und den Grundrechten – hier insbesondere *Art. 13 GG* – vereinbar ist. Das für die Soziale Arbeit relevante Sozialleistungsrecht unterliegt immer einem Gesetzesvorbehalt, was die Regelung des *§ 31 SGB I* explizit regelt: *„Rechte und Pflichten aus den Sozialleistungsbereichen dieses Gesetzbuchs dürfen nur begründet, festgestellt, geändert oder aufgehoben werden, soweit ein Gesetz es vorschreibt oder zulässt."*

VERHÄLTNISMÄSSIGKEIT

Wenn der Staat in Rechtspositionen des Bürgers eingreift, muss er den Grundsatz der Verhältnismäßigkeit, der sich ebenfalls aus dem Rechtsstaatsprinzip ableitet, beachten. Der Verhältnismäßigkeitsgrundsatz besteht aus drei Teilgeboten, nämlich aus dem Gebot der **Geeignetheit**, dem Gebot der **Erforderlichkeit** und dem Gebot der **Angemessenheit**. Bei allen diesen Teilgeboten spielt der verfolgte Zweck eines staatlichen Handelns eine wichtige Rolle. Eine staatliche Maßnahme erfüllt das Gebot der Geeignetheit, wenn es ein für das Erreichen des beabsichtigten Zwecks taugliches Mittel darstellt. Das Gebot der Erforderlichkeit besagt, dass das angewandte Mittel unter mehreren geeigneten Mitteln dasjenige sein muss, welches am wenigsten in die Rechtssphäre des Bürgers eingreift. Das Gebot der Angemessenheit ist erfüllt, wenn die staatliche Maßnahme nicht zu solch einem Nachteil für den Einzelnen führt, der zu dem beabsichtigten Zweck erkennbar in keinem Verhältnis steht (sog. Verhältnismäßigkeit im engeren Sinne). Der Grundsatz der Verhältnismäßigkeit wird auch als **Übermaßverbot** bezeichnet.

So dürfen z.B. Polizeibeamte eine abendliche Feier von Jugendlichen in einem Jugendtreff nicht sofort wegen Lärmbelästigung unterbinden, wenn es zur Vermeidung der Lärmbelästigung der Umgebung und zum Schutze der Nachbarschaft schon ausreicht, die Fenster und Türen des Partyraumes zu schließen und die Musiklautstärke etwas zu drosseln. Eine polizeiliche Anordnung, die Feier sofort zu beenden, wäre zwar geeignet, um für eine ruhige Umgebung zu sorgen und die Nachbarschaft vor nächtlichen Lärmbelästigungen zu schützen, allerdings wäre die Maßnahme nicht erforderlich und angemessen, da das Schließen der Fenster und Drosseln der Lautstärke ein wesentlich milderes Mittel im Vergleich zum Abbruch der Party darstellt. Um verhältnismäßig zu handeln, muss die Polizei folglich die Vor- und Nachteile verschiedener zur Verfügung stehender geeigneter Möglichkeiten genau abwägen und anschließend das den Bürger am wenigsten belastende Mittel wählen.

Justizgewährungsanspruch und Rechtschutzgarantie

Dieses rechtsstaatliche Prinzip gibt dem Bürger das Recht auf ein rechtsstaatlich faires Verfahren. Der Anspruch umfasst das Recht auf Zugang zu den Gerichten und eine grundsätzlich umfassende tatsächliche und rechtliche Prüfung des Falles sowie eine verbindliche Entscheidung durch die Gerichte. Dies gilt nicht nur für privatrechtliche Streitigkeiten der Bürger untereinander. Für öffentlich-rechtliche Streitigkeiten enthält *Art. 19 Abs. 4 GG* eine Spezialregelung. Danach steht jedem Bürger der Rechtsweg zu einem Gericht offen, wenn er durch die öffentliche Gewalt in seinen Rechten verletzt wird (sog. Rechtswegegarantie).

3.2 Sozialstaat

Das Sozialstaatsprinzip taucht im Gesetzestext des Grundgesetzes durch das Adjektiv „sozial" nur am Rande auf. Es wird im Grundgesetz lediglich an zwei Stellen sichtbar, nämlich in *Art. 20 Abs. 1 GG*, wonach die Bundesrepublik Deutschland ein „sozialer Bundesstaat" ist, und in *Art. 28 Abs. 1 GG*, wo von den Grundsätzen des „sozialen Rechtsstaates" gesprochen wird. Das Sozialstaatsprinzip wird – im Gegensatz zum Rechtsstaatsprinzip – im Grundgesetz nicht weiter konkretisiert. Wegen seiner hohen Unbestimmtheit muss das Sozialstaatsprinzip durch die drei Gewalten (Legislative, Exekutive, Judikative), die für die Herstellung und Erhaltung sozialer Gerechtigkeit und sozialer Sicherheit Verantwortung tragen, näher ausgestaltet werden.

Ein wesentlicher Gesichtspunkt stellt hierbei die **Fürsorge für Hilfebedürftige** dar, d.h. für Menschen, die wegen ihrer persönlichen Lebensumstände oder Benachteiligungen durch die Gesellschaft an ihrer persönlichen bzw. sozialen Entfaltung gehindert werden. Die zu gewährende Hilfe muss laut Rechtsprechung des Bundesverfassungsgerichts die „Mindestvoraussetzungen für ein menschenwürdiges Dasein" gewährleisten *(BVerfGE 40, 121, 133; 82, 60, 80)*.

Zudem enthält das Sozialstaatsprinzip den Auftrag zur Schaffung

sozialer Vorsorgesysteme, um den Bürger vor den Lebensrisiken wie z.B. Alter, Krankheit, Unfall zu schützen. Daher gründen im Sozialstaatsprinzip auch unsere Sozialversicherungssysteme, nämlich die Kranken-, Renten-, Unfall-, Arbeitslosen- sowie die Pflegeversicherung. Allerdings lässt sich aus dem *GG* für den Bürger gerade nicht auch das künftige Bestehen dieser Vorsorgesysteme garantieren!

Mit **sozialen Fördersystemen**, wird eine **Chancengleichheit** bezweckt, die sich ebenfalls aus dem Sozialstaatsprinzip herleiten lässt.

Das Sozialstaatsprinzip beinhaltet auch, dass zur **Entschädigung** bzw. zum Ausgleich von Schäden, Gelder bezahlt werden, da *„die staatliche Gemeinschaft in der Regel Lasten mitträgt, die aus einem von der Gesamtheit zu tragenden Schicksal entstanden sind und mehr oder weniger zufällig nur einzelne Bürger oder bestimmte Gruppen von ihnen getroffen haben" (BVerfGE 102,254,298).*

Das Sozialstaatsprinzip verpflichtet alle drei Staatsgewalten, nach den Gesichtspunkten der sozialen Gerechtigkeit und sozialen Sicherheit zu handeln. Vor allem ist die Legislative gefordert, gesetzliche Regelungen zur konkreten Ausgestaltung des Sozialstaates zu erlassen, wobei dem Gesetzgeber hierbei ein sehr weiter Gestaltungsspielraum obliegt. Diesem Handlungsauftrag ist der Gesetzgeber durch den Erlass einer Vielzahl von Gesetzen zum Ausbau des Sozialstaates auch nachgekommen, z.B. durch Regelungen im Sozialgesetzbuch wie z.B. der Sozialhilfe im *SGB XII*, Krankenversicherung im *SGB V*, Pflegeversicherung im *SGB XI*.

Durch die einfachen Gesetze wird die soziale Wirklichkeit für den Bürger erst verbindlich gestaltet. Denn subjektive Rechte (Ansprüche) ergeben sich alleine aus dem Sozialstaatsprinzip für den einzelnen Bürger nicht, d.h. der Bürger kann daraus unmittelbar keine Ansprüche auf bestimmte Sozialleistungen herleiten. Subjektive Rechte ergeben sich für den Einzelnen erst aus konkreten Gesetzen, die der Gesetzgeber auf Grund des Sozialstaatsprinzips zum Ausbau des sozialen Netzes erlassen hat, wie z.B. der eben erwähnten Sozialhilfe des *SGB XII*.

Recht der sozialen Gerechtigkeit und der sozialen Sicherheit

soziale

Vorsorgesysteme	Förderungssysteme	Hilfesysteme	Entschädigungssysteme
• Rentenversicherung (SGB VI) • Krankenversicherung (SGB V) • Unfallversicherung (SGB VII) • Pflegeversicherung (SGB XI) • Arbeitslosenversicherung (SGB III)	• Kinder- und Jugendförderung • Arbeitsförderung • Bildungsförderung • Familienförderung • Wohnungsförderung • Rehabilitation und Teilhabe behinderter Menschen	• Grundsicherung für Arbeitssuchende (SGB II) • Sozialhilfe (SGB XII) • Kinderzuschlag (§ 6 a BKGG) • Unterhaltsvorschussgesetz • Asylbewerbergesetz	• Kriegsopferfürsorge (BVG) • Soldatenversorgung und Zivildienstversorgung • Opferentschädigung (OEG) • Infektionsschutzgesetz • DDR-Unrechtsopferentschädigung

Abbildung 3: Das System der sozialen Sicherung in Deutschland (vgl. Kievel/Knösel/Marx, S. 242)

3.3 Grundrechte

Grundrechte spielen in der täglichen Praxis der sozialen Arbeit eine sehr wichtige Rolle. Das Grundgesetz beinhaltet in seinen Artikeln 1-19 die Grundrechte (sog. Grundrechtskatalog). Diese beinhalten Rechte, die der Bürger gegenüber dem Staat beanspruchen kann. Dabei differenziert das GG zwischen Grundrechten, die allen Menschen zustehen (sog. Menschenrechte oder Jedermannsrechte), und solchen Grundrechten, die nur Deutschen zustehen (sog. Bürgerrechte oder Deutschenrechte). Wer als Deutscher im Sinne des *GG* gilt, wird in *Art. 116 GG* definiert. Die Menschenrechte sind durch die im Grundgesetz verwendeten Begrifflichkeiten wie „jeder", „jedermann", „alle Menschen", „niemand" zu erkennen, wie z.B. das in *Art. 2 Abs. 1 GG* geschützte Allgemeine Persönlichkeitsrecht („Jeder hat das Recht auf die freie Entfaltung seiner Persönlichkeit, ..."). Die Deutschen- bzw. Bürgerrechte lassen sich an der Formulierung „alle Deutschen" erkennen, wie z.B. die in *Art. 8 Abs. 1 GG* geregelte Versammlungsfreiheit („Alle Deutschen haben das Recht, sich ohne Anmeldung oder Erlaubnis friedlich und ohne Waffen zu versammeln."). Entsprechend ihrer unterschiedlichen Wirkungsweise kann zwischen drei Grundrechtsarten unterschieden werden, nämlich **Freiheitsgrundrechten**, **Leistungsgrundrechten** und den **Gleichheitsgrundrechten**.

Daneben existieren auch außerhalb des Grundrechtskatalogs **grundrechtsgleiche Rechte**, wie z.B. die sog. Justizgrundrechte gemäß *Art. 101, 103 und 104 GG*. Ihre Verletzung kann, wie die der Grundrechte, mit der Verfassungsbeschwerde geltend gemacht werden.

Funktionen der Grundrechte

Die meisten Grundrechte sind Freiheitsgrundrechte. Sie stellen in erster Linie **Abwehrrechte des Bürgers gegen den Staat** dar, d.h. die Freiheitssphäre des einzelnen Bürgers soll vor Eingriffen der öffentlichen Gewalt geschützt werden (z.B. *Art. 2, 4, 5, 12, 14 GG*).

Zudem stellen Grundrechte eine **objektive Werteordnung** dar, die für alle Bereiche der Rechtsordnung Geltung beanspruchen und für die Legislative, Exekutive und Judikative richtungsweisend sind. Dies bedeutet, dass die in den Grundrechten geschützten Güter wie z.B. Leben und körperliche Unversehrtheit (vgl. *Art. 2 Abs. 2 GG*) besonders beachtet werden müssen. Der Staat hat auch dafür Sorge zu tragen, dass diese Rechtsgüter im gesellschaftlichen Miteinander seiner Bürger besonders beachtet werden. Dies wird durch die formellen und materiellen Gesetze erreicht, die von den Bürgern beachtet werden müssen (Ausstrahlungswirkung der Grundrechte auch im Privatrecht). So existieren im Strafgesetzbuch zahlreiche Paragraphen, die zum Schutz des Lebens und der körperlichen Unversehrtheit erlassen wurden, z.B. *§§ 223 ff. StGB*, die die Körperverletzung unter Strafe stellen, und *§§ 211,212 StGB*, die Mord und Totschlag sanktionieren. In zivilrechtlicher Hinsicht werden diese Rechtsgüter

Ausnahmsweise wird auch das ungeborene Leben (sog. **„nasciturus“**) im Rahmen des *Art. 1 Abs. 1 und des Art. 2 Abs. 2 S. 1 GG* geschützt. Selbstverständlich kann der ungeborene Mensch noch nicht Träger sämtlicher Grundrechte sein, er kann sich z.B. nicht auf das Recht zur freien Meinungsäußerung beziehen, allerdings besitzt er Grundrechtsfähigkeit im Hinblick auf Leben und seine körperliche Unversehrtheit. So stellt sich der Staat schützend und fördernd auch vor das ungeborene Leben, indem er z.B. den Schwangerschaftsabbruch mit *§ 218 StGB* grundsätzlich unter Strafe stellt (Straffreiheit besteht nur bei bestimmten Indikationslagen der Schwangeren). Eine zweite Ausnahme gilt für den sog. **„postmortalen Persönlichkeitsschutz“**, d.h. es ist mit der Unverletzlichkeit der Menschenwürde *(Art. 1 Abs. 1 GG)* unvereinbar, wenn der Wertachtungsanspruch einer Person nach ihrem Tod erlischt. Vielmehr besteht dieser auch über deren Tod hinaus, so dass Verstorbene nicht herabgewürdigt oder erniedrigt werden dürfen (sog. Mephisto-Urteil des *BVerfG, BVerfGE 30, 173, 196*).

Von der Grundrechtsberechtigung natürlicher Personen ist ihre **Grundrechtsmündigkeit** zu unterscheiden. Darunter versteht man die Fähigkeit, Grundrechte in eigener Person selbstständig geltend zu machen. Die Grundrechtsmündigkeit liegt unproblematisch ab der Volljährigkeit eines Menschen vor, teilweise gibt es speziell geregelte Sonderfälle bezüglich der Grundrechtsmündigkeit, wie z.B. dem Asylrecht, das mit Erreichen des 16. Lebensjahres vom Jugendlichen eigenständig geltend gemacht werden kann. Sofern keine Sonderregelungen vorliegen, ist bei Kindern und Jugendlichen bei der Beurteilung, der Grundrechtsmündigkeit im Einzelfall auf deren Einsichtsfähigkeit, geistige Reife und das Urteilsvermögen bezüglich der Tragweite der jeweiligen Entscheidung abzustellen. Sofern Kinder bzw. Jugendliche nicht grundrechtsmündig sind, müssen die gesetzlichen Vertreter für diese handeln.

Wie weit Grundrechte auf Organisationen, d.h. auf **juristische Personen** des Privatrechts, anwendbar sind, wird in *Art. 19 Abs. 3 GG* explizit geregelt. Danach gelten Grundrechte auch für inländische juristische Personen, soweit sie ihrem Wesen nach auf diese anwendbar sind. Nicht anwendbar sind Grundrechte demnach auf juristische Personen, wenn sie ganz unmittelbar mit dem Menschen als solchem, also dem Individuum verbunden sind. Beispielsweise kann sich eine GmbH als eine inländische juristische Person nicht auf das Grundrecht der Versammlungsfreiheit *(Art. 8 GG)* oder auf das Asylrecht *(Art. 16a GG)* berufen, hingegen kann sie die Verletzung ihres Eigentums *(Art. 14 GG)* geltend machen.

Von der Frage der Grundrechtsberechtigung ist die Frage der Grundrechtsverpflichtung zu unterscheiden, also wer durch die Grundrechte verpflichtet wird, somit ihr Adressat ist. Diese Frage wird von der Verfassung durch *Art. 1 Abs. 3 GG* beantwortet. Danach müssen alle drei Staatsgewalten (Legislative, Exekutive, Legislative) die Grundrechte, die den Bürgern als subjektiv-öffentliche Rechte gegenüber dem Staat zustehen, zwingend beachten. Die **Grundrechte gelten nur im Verhältnis des Bürgers zum Staat**, d.h. die Bürger können sich auf Grundrechtsverletzungen durch die Staatsmacht berufen, während dies der Staat umgekehrt nicht kann. Da der Staat über *Art. 1 Abs. 3* grundrechtsverpflichtet ist, kann er nicht gleichzeitig grundrechtsberechtigt sein, dies würde zu einer Interessenkollision führen. Grundrechte schützen vor allem die Freiheitssphäre des Einzelnen gegen Eingriffe der staatlichen Gewalt, der Staat ist Verpflichteter der Grundrechte, nicht Berechtigter.

Juristische Personen des öffentlichen Rechts sind damit nicht fähig, Träger von Grundrechten zu sein. Eine Ausnahme von diesem Grundsatz gilt lediglich für solche juristische Personen des öffentlichen Rechts, die als eigenständige, vom Staat unabhängige oder zumindest distanzierte Einrichtungen existieren. Danach sind Rundfunkanstalten partiell grundrechtsfähig im Hinblick auf *Art. 5 Abs. 1 GG* und Hochschulen bezüglich *Art. 5 Abs. 3 GG*. Kirchen-, Religion- und Weltanschauungsgemeinschaften, die als Körperschaften des öffentlichen Rechts organisiert sind, sind ebenfalls grundrechtsfähig, da sie nicht im staatlichen Bereich angesiedelt sind.

Grundrechte gelten grundsätzlich nur im Verhältnis des Bürgers zum Staat, auch die Bürger untereinander können sich nicht unmittelbar auf Grundrechte berufen. Bei Rechtsstreitigkeiten der Bürger untereinander beinhaltet das einfache Recht genügend Rechtsgrundlagen, um deren Rechte zu schützen.

Nur ausnahmsweise entfalten Grundrechte auch eine Wirkung zwischen den Bürgern im Privatrecht, nämlich im Fall der sog. **mittelbaren Drittwirkung**. Da die Grundrechte nicht nur Abwehrrechte des Bürgers gegen den Staat sind, sondern auch die Funktion als objektive Wertentscheidungen bzw. Grundsatznormen des Verfassungsgebers haben, spielen sie bei der Auslegung unbestimmter Rechtsbegriffe durch die Gerichte eine wichtige Rolle. Unbestimmte zivilrechtliche Rechtsbegriffe stellen Einbruchsstellen für die Grundrechte ins Privatrecht dar, die Grundrechte strahlen quasi in das Privatrecht aus und finden somit auch im Verhältnis der Bürger untereinander Anwendung. Solche unbestimmten Rechtsbegriffe sind z.B. die „Sittenwidrigkeit" gemäß *§ 138 BGB* und die Formulierung „Treu und Glauben" in *§ 242 BGB*.

Einschränkung von Grundrechten

In einem Staat müssen die unterschiedlichsten Interessen der Bürger untereinander und des Einzelnen gegenüber dem Interesse der Allgemeinheit reguliert und in einen Interessenausgleich gebracht werden. Daher wird kein Grundrecht uneingeschränkt gewährleistet. Was für einen Menschen die Betätigung seiner Rechte ist, stellt gleichzeitig für eine andere Person eine Beschränkung seiner Rechte dar.

Wenn also Nachbar N sein Grundstück mit einem mehrstöckigen Haus bebauen möchte, beruft er sich auf seine Eigentumsfreiheit *(Art. 14 GG)*, wobei dies den angrenzenden Nachbarn A erheblich in seinen eigenen Belangen beeinträchtigen kann, z.B. weil nun der schöne Ausblick vom Grundstück des A verbaut wird, sein Grundstück eine Wertminderung erfährt usw. Dies bedeutet, dass der Nachbar N sein Grundstück nicht immer nach eigenem Gutdünken bebauen kann (z.B. mit einem 20-stöckigen Hochhaus), sondern die Bebauung muss mit geltenden Rechtsvorschriften, wie z.B. dem Baugesetzbuch *(BauGB)* und den Bauordnungen der Länder in Einklang stehen, die einen gerechten Interessenausgleich zwischen dem Bauherren, den Nachbarn und der Allgemeinheit herstellen. Sofern dies gewährleistet ist, bekommt N von der Baurechtsbehörde eine Baugenehmigung für sein Bauvorhaben.

Daher unterliegen die Grundrechte Schranken, was aus dem Wortlaut vieler Grundrechte bereits ersichtlich ist. Beispielsweise lautet *Art. 2 Abs. 1 „Jeder hat das Recht auf die freie Entfaltung seiner Persönlichkeit,* ***soweit*** *er nicht die Rechte anderer verletzt und nicht gegen die verfassungsmäßige Ordnung oder das Sittengesetz verstößt"*. Man bezeichnet dies als **Gesetzesvorbehalt**. *Art. 5 Abs. 1* schützt die freie Meinungsäußerung, wobei in *Absatz 2* die Schranken dieses Freiheitsrechts zu finden sind, wenn es heißt *„Diese Rechte finden ihre Schranken in den Vorschriften der allgemeinen Gesetze, den gesetzlichen Bestimmungen zum Schutze der Jugend und in dem Recht der persönlichen Ehre"*. Dies bedeutet, dass ein Grundrecht durch ein einfaches Gesetz eingeschränkt werden kann, so stellen beispielsweise die *§§ 185 StGB* Beleidigung, üble Nachrede und Verleumdung von Personen unter Strafe.

Selbst wenn ein Grundrecht keine explizite Schranke enthält, wie z.B. die Versammlungsfreiheit gem. *Art. 8 GG*, unterliegt dieses dennoch den sog. **verfassungsimmanenten Schranken**. Dies bedeutet, dass jede Grundrechtsausübung immer unter dem Vorbehalt der Gemeinverträglichkeit steht. Der einzelne Bürger kann von seinem Grundrecht nur so lange Gebrauch machen, wie er dadurch nicht die Grundrechtssphäre anderer Menschen beeinträchtigt, d.h. die Grundrechte Dritter und andere mit Verfassungsrang ausgestattete elementare Rechtswerte sind geeignet, Grundrechte einzuschränken. So kann beispielsweise bei einer Seuchengefahr eine Versammlung unter freiem Himmel verboten werden, um die Demonstranten vor erheblichen Gefahren für Leib und Leben zu schützen.

Beim Erlass grundrechtseinschränkender Gesetze muss der Gesetzgeber allerdings die Grenzen des *Art. 19 Abs. 1* und *2 GG* beachten. Es muss sich bei dem das Grundrecht einschränkenden Gesetz um ein allgemeines Gesetz handeln (Verbot von Einzelfallgesetzen), das Grundrecht muss unter Angabe des Artikels genannt werden (Zitiergebot) und das Grundrecht darf nicht in seinem Wesensgehalt angetastet werden (Wesensgehaltsgarantie). Zudem muss der Gesetzgeber den Verhältnismäßigkeitsgrundsatz beachten.

Sachlicher Schutzbereich	Grundrechtsnorm (bitte im GG nachlesen!)
Schutz des Einzelnen und seiner Privatsphäre	Art. 1 Abs. 1 Art. 2 Abs. 1 i.V.m. Art. 1 Abs. 1 Art. 2 Abs. 2 Art. 10 Art. 13 Art. 104
Allgemeine Handlungsfreiheit	Art. 2 Abs. 1
Gleichheitsrechte	Art. 3 Art. 6 Abs. 5 Art. 33 Abs. 2
Schutz diverser kommunikativer Handlungen	Art. 4 Art. 5 Art. 8 Art. 9 Abs. 1 und 2 Art. 17
Schutz des Eigentums und der Erwerbstätigkeit	Art. 14 Art. 9 Abs. 3 Art. 11 Art. 12
Schutz von Ehe & Familie und Kindererziehung Schulwesen	Art. 6 Art. 7
Justizgewährungsansprüche	Art. 19 Abs. 4 Art. 101 Art. 103
Staatsangehörigkeitsschutz, Auslieferungsverbot Asylrecht	Art. 16 Art. 16 a

Abbildung 4: Systematisierung der Grundrechte nach der zu schützenden Sphäre des Grundrechtsinhabers

(in Anlehnung an Trenczek/Tammen/Behlert, S. 103)

4

4. Zivilrechtliche Grundlagen

Die bedeutendste Quelle des Zivilrechts stellt das *BGB* dar. Es regelt die wichtigsten Rechtsbeziehungen zwischen den Privatpersonen. Hierbei kommt dem Vertragsrecht eine besondere Bedeutung zu, denn die eigenverantwortliche Gestaltung der Lebensverhältnisse im privaten sowie geschäftlich-beruflichen Bereich geschieht in unserer Gesellschaft im Wesentlichen durch Verträge. Ein wichtiges Prinzip, das sich durch das ganze *BGB* zieht, ist die Vertragsfreiheit, sog. „Privatautonomie“. Die Privatautonomie wird dem Bürger durch das Grundgesetz garantiert, nämlich durch die Freiheit des Eigentums und die Gewährleistung des Erbrechts in *Art. 14 GG* und durch die allgemeine Handlungsfreiheit, die durch *Art. 2 Abs. 1 GG* verfassungsrechtlich geschützt wird. Unter der Privatautonomie versteht man, dass jeder innerhalb der Grenzen der verfassungsmäßigen Rechtsordnung frei darüber entscheiden kann, ob er Verträge eingehen möchte (Abschlussfreiheit) und welche Inhalte die zu schließenden Verträge aufweisen sollen (Gestaltungsfreiheit).

Allerdings gilt die Privatautonomie nicht uneingeschränkt. Vielmehr müssen auch im Rahmen der Vertragsfreiheit die grundlegenden Wertentscheidungen des Grundgesetzes berücksichtigt werden (vgl. oben zur mittelbaren Drittwirkung von Grundrechten unter Gliederungspunkt 3.3). So dürfen Verträge beispielsweise nicht gegen die „guten Sitten“ gem. *§ 138 BGB* verstoßen. Sofern sie das dennoch tun, sind solche Verträge nichtig *(§ 142 BGB)* und müssen im Rechtsverkehr nicht beachtet werden. Die Privatautonomie stößt auch dann an ihre Grenzen bzw. wird durch gesetzliche Regelungen begrenzt, wenn sich die Vertragsparteien nicht „auf Augenhöhe“ gegenüberstehen. Die den Vertragsinhalt beeinflussenden Regelungen sind umso restriktiver, je höher der Gesetzgeber die Schutzbedürftigkeit eines Vertragspartners einschätzt. Der Gesetzgeber nimmt hier vor dem Hintergrund des Sozialstaatsprinzips des *Art. 20 GG* und der Sozialpflichtigkeit des Eigentums gem. *Art. 14 Abs. 2 GG* zum Schutze des Schwächeren einen sozialen Ausgleich der Privatautonomie vor. So existieren beispielsweise im Miet- und Arbeitsrecht zu Gunsten der (wirtschaftlich) schwächeren Partei des Mieters bzw. Arbeitnehmers zahlreiche zwingende Rechtsnormen zu deren Schutz, die die Inhaltsfreiheit bei diesen Verträgen teilweise erheblich einschränken.

4.1 Aufbau und Inhalt des BGB

Das *BGB* ist in insgesamt fünf Bücher unterteilt. Im Folgenden werden zum besseren Verständnis die Inhalte der einzelnen Bücher im Überblick kurz dargestellt.

Allgemeiner Teil des BGB (§§1-240 BGB)

Das erste Buch regelt den sog. Allgemeinen Teil. Ihm kommt eine besondere Bedeutung zu, denn es finden sich hier Regelungen, die für das gesamte Zivilrecht gelten. Der Gesetzgeber zieht im Allgemeinen Teil gesetzliche Regelungen „vor die Klammer“, was den Vorteil hat, dass innerhalb des Besonderen Teils Wiederholungen vermieden werden. So werden in diesem Teil u.a. die Rechts- und Geschäftsfähigkeit, das Zustandekommen von Verträgen, die Stellvertretung oder auch die Verjährung von Ansprüchen geregelt.

Schuldrecht (§§241-853 BGB)

Das dem *BGB* zugrundeliegende Prinzip, dem Besonderen das Allgemeine voranzustellen findet sich auch im zweiten Buch des *BGB*, das das Recht der Schuldverhältnisse regelt, wieder. So werden die allgemeinen schuldrechtlichen Vorschriften den besonderen schuldrechtlichen Vorschriften vorangestellt. Die *§§ 241 bis § 432 BGB* enthalten allgemeine schuldrechtliche Vorschriften, die alle Schuldverhältnisse betreffen (z.B. Rücktrittsregelungen, Verzug), während der besondere Teil *(§§ 433 bis 853 BGB)* konkrete vertragliche (z.B. Kauf-, Miet-, Werkvertrag) und gesetzliche Schuldverhältnisse regelt (z.B. unerlaubte Handlungen gemäß *§§ 823 ff. BGB*, ungerechtfertigte Bereicherung gemäß *§§ 812 ff. BGB*).

Unter einem **Schuldverhältnis** versteht man ein Rechtsverhältnis, das die eine Vertragsseite zu einer bestimmten Leistung verpflichtet (sog. Schuldner), während die Gegenseite das Recht besitzt, die geschuldete Leistung einzufordern (sog. Gläubiger). Der Schuldner ist die Person, die zu einer Leistung verpflichtet ist, während der Gläubiger die Leistung fordern kann. Es können auch mehrere Personen gleichzeitig Gläubiger bzw. Schuldner einer Leistung sein (Gesamtschuldnerschaft bzw. Gesamtgläubigerschaft). Es sind die **rechtsgeschäftlichen Schuldverhältnisse** von den **gesetzlichen Schuldverhältnissen** zu unterscheiden. Die rechtsgeschäftlichen Schuldverhältnisse werden durch ein Rechtsgeschäft, also durch Vertrag, abgeschlossen. In der Praxis sind hier überwiegend die gegenseitigen Verträge relevant, bei denen beide Vertragspartner sich gegenseitig Leistungen schulden (z.B. Kaufvertrag, Mietvertrag, Werkvertrag, Dienstvertrag, Darlehensvertrag). Die Vertragspartner stehen in einem Austauschverhältnis und sind gleichzeitig Schuldner und Gläubiger einer Leistung. Vertragliche Ansprüche werden auch Forderungen oder Verbindlichkeiten genannt, je nachdem ob der Anspruch aus der Perspektive des Schuldners oder des Gläubigers betrachtet wird. Aus Gläubigersicht handelt es sich um eine Forderung gegen den Schuldner, während derselbe Anspruch aus der Schuldnerperspektive eine Verbindlichkeit darstellt, die gegenüber dem Gläubiger beglichen werden muss.

Hingegen entstehen die gesetzlichen Schuldverhältnisse kraft gesetzlicher Anordnung, wenn ein bestimmter Lebenssachverhalt vorliegt, der die einzelnen Tatbestandsvoraussetzungen eines gesetzlichen Schuldverhältnisses erfüllt.

Beispiel: A kauft sich beim Optiker B eine neue Brille. Als Käufer der Sache schuldet A B die Bezahlung des Kaufpreises (vgl. *§ 433 Abs. 1 BGB*), während er als Gläubiger die Übergabe und Übereignung der Brille fordern kann. Es handelt sich hier um ein vertragliches Schuldverhältnis, weil die gegenseitigen Rechte und Pflichten von A und B im geschlossenen Kaufvertrag wurzeln.

Nachdem A seine neue Brille vom Optiker abgeholt hat, trifft er sich mit seiner Freundin C, um ihr stolz seine neue Brille zu präsentieren. Aus Unachtsamkeit reißt sie ihm die Brille von der Nase, diese fällt zu Boden und ein Brillenglas geht zu Bruch. Dieser Sachverhalt erfüllt den Tatbestand des *§ 823 BGB*, da C widerrechtlich das Eigentum (Brille) ihres Freundes A verletzt hat. Als Rechtsfolge kann er von seiner Freundin Schadensersatz – z.B. anfallende Reparaturkosten für die Brille – verlangen. Obwohl A und C in keinem konkreten Vertragsverhältnis stehen, kann der geschädigte A dennoch von der C Schadensersatz fordern, denn bei gesetzlichen Schuldverhältnissen entstehen Ansprüche gerade nicht auf Grund von Verträgen, sondern auf Grund gesetzlicher Anordnung.

Sachenrecht (§§ 854-1296 BGB)

Das Sachenrecht, das im dritten Buch des *BGB* zu finden ist, beinhaltet die Rechtsbeziehungen einer Person zu einer Sache. Hervorzuheben sind in diesem Buch die Regelungen über den Besitz *(§§ 854 ff. BGB)* und das Eigentum *(§§ 903 ff. BGB)* an Sachen.

Der Besitz definiert sich als **tatsächliche Herrschaftsbeziehung** zu einer Sache, während man unter dem Eigentum die **rechtliche Herrschaftsbeziehung** zu einer Sache versteht. Der Eigentümer einer Sache besitzt damit das absolute Herrschaftsverhältnis über diese. Besitzer und Eigentümer einer Sache müssen nicht dieselbe Person sein, was im Alltag häufig der Fall ist. Der Eigentümer kann selbst dann über seine Sache verfügen, selbst wenn er die Sache nicht im Besitz hat, da es sich beim Eigentumsrecht um ein absolutes Recht handelt. Auf Grund der umfassenden Verfügungsbefugnis kann der Eigentümer seine Sache mit Rechten, wie z.B. einer Grundschuld oder Hypothek belasten oder das Eigentum an andere Personen übertragen.

So kann beispielsweise der Eigentümer einer Wohnung diese an eine andere Person vermieten. Durch die Wohnungsübergabe erlangt der Mieter die tatsächliche Verfügungsgewalt über die Wohnung, er wird zu deren Besitzer ohne gleichzeitig Eigentümer zu sein, während der Vermieter nach wie vor Eigentümer der Wohnung bleibt. Auf Grund der umfassenden Herrschaftsbeziehung des Eigentümers zu seiner Sache kann der Vermieter nun während des bestehenden Mietverhältnisses die Wohnung an einen Dritten verkaufen, da der Mieter lediglich Besitz - und gerade kein Eigentum - an der Wohnung hat. Nach dem Verkauf der Wohnung tritt nun der neue Eigentümer (Wohnungskäufer) in die Rechtsposition des ursprünglichen Eigentümers, also dem Vermieter, ein.

Familienrecht (§§1297-1921)

Im vierten Buch des *BGB* sind die familienrechtlichen Regelungen zu finden. Im ersten Abschnitt dieses Buches finden sich Regelungen vom Verlöbnis über die Ehe bis hin zur Scheidung. Im zweiten Abschnitt wird das Verhältnis zwischen Eltern und Kind sowie die Adoption geregelt. Der letzte Abschnitt des familienrechtlichen Buches enthält Regelungen bezüglich der Vormundschaft, rechtlicher Betreuung und Pflegschaft.

Das vierte Buch enthält für viele Tätigkeitsfelder der Sozialen Arbeit sehr praxisrelevante Regelungen, auf die im zweiten Teil dieses Grundlagenbuches näher eingegangen wird.

Erbrecht (§§1922-2385)

Im letzten Buch des *BGB* finden sich erbrechtliche Regelungen, die zum Ziel haben, das Privateigentum nach dem Tode des Eigentümers (sog. Erblasser) im Wege der Rechtsnachfolge weiterhin fortbestehen zu lassen. Der Erblasser hat es weitestgehend selbst in der Hand, die Erbfolge durch Testament oder Erbvertrag zu regeln (sog. Testierfreiheit). Die **Testierfreiheit**, die eine Ausprägung der

Privatautonomie darstellt, wird allerdings durch das Pflichtteilsrecht *(§§ 2303 ff. BGB)* eingeschränkt, d.h. unmittelbare Angehörige des Erblassers können selbst bei Enterbung ihren Pflichtteil einfordern. Der Pflichtteil stellt die Hälfte des gesetzlichen Erbteils dar und ist Ausdruck der Fürsorgepflicht, die der Erblasser auch über seinen Tod hinaus für seine Angehörigen besitzt. Sofern weder ein Testament noch ein Erbvertrag vorhanden sind, tritt die gesetzliche Erbfolge ein, d.h. das Vermögen des Verstorbenen geht auf dessen Ehepartner und die nächsten Verwandten über.

Bezüglich der für die Praxis der Sozialen Arbeit wichtigen zivilrechtlichen Grundlagen wird im Hinblick auf die notwendige Schwerpunktsetzung in diesem Buch auf die Darstellung des besonderen Schuldrechts sowie des Sachen- und Erbrechts verzichtet. Dahingegen wird auf Grund der erheblichen Bedeutung des Familienrechts für die Soziale Arbeit dies ausführlich in Teil II des Grundlagenbuchs dargestellt.

4.2 Zivilrechtliche Grundbegriffe

Wer beurteilen möchte, ob tatsächlich eigene Ansprüche bzw. die des Klienten bestehen, muss zwingend die Regeln kennen, die für Vertragsschlüsse gelten. Bevor allerdings auf den konkreten Abschluss eines Vertrages eingegangen wird, werden zunächst die wichtigsten zivilrechtlichen Grundbegriffe, auf die das Vertragsrecht aufbaut, geklärt. Zunächst ist daher der Frage nachzugehen, wer überhaupt Verträge abschließen kann.

Natürliche und juristische Personen

Personen, die Träger von Rechten und Pflichten sein können und damit fähig sind, Verträge abzuschließen, werden als **Rechtssubjekte** bezeichnet. Hierbei wird zwischen den natürlichen Personen, also Menschen, und den juristischen Personen, deren Existenz eine ausschließlich rechtliche ist, unterschieden.

Die juristischen Personen kann man hierbei in juristische Personen des Privatrechts und in die juristischen Personen des öffentlichen Rechts untergliedern. Sowohl die juristische Person des Privatrechts als auch die juristische Person des öffentlichen Rechts können zivilrechtliche Verträge abschließen. So kann eine Gemeinde als juristische Person des öffentlichen Rechts beispielsweise Kaufverträge für ihre Hard- und Software zur Ausstattung der Amtsstuben einkaufen (sog. fiskalische Tätigkeiten).

Juristische Personen

Des Privatrechts:	Des öffentlichen Rechts:
• Eingetragener Verein (e.V.), §§ 21 ff. BGB • Gesellschaft mit beschränkter Haftung (GmbH), GmbHG • Aktiengesellschaft (AG), AktG • Eingetragene Genossenschaft (eG), GenG • Kommanditgesellschaft auf Aktien (KGaA), §§ 278 ff. AktG • Stiftung, §§ 80 ff. BGB, z.B. – Stiftung Volkswagenwerk – Sozialpädagogisches Institut Berlin – Bertelsmann Stiftung	• Anstalten, z.B. öffentliche Rundfunk- und Fernsehanstalten wie das ZDF • Körperschaften – Gebietskörperschaften, z.B. Bund, Länder, Gemeinden – Personalkörperschaften, z.B. Hochschule, Sozialversicherungen • Stiftungen, z.B. – Stiftung „Mutter und Kind" – Stiftung „Behindertes Kind" – Stiftung „Preußischer Kulturbesitz"

Abbildung 5: Juristische Personen
(in Anlehnung an Falterbaum, S. 66)

Rechtsfähigkeit

Unter der Rechtsfähigkeit versteht man die Fähigkeit, Träger von Rechten und Pflichten zu sein. Die oben erwähnten natürlichen und juristischen Personen des privaten und öffentlichen Rechts erlangen ihre Rechtsfähigkeit auf unterschiedlichem Wege, was in den jeweils einschlägigen Gesetzen konkret geregelt ist.

Für juristische Personen gilt, dass sie ihre Rechtsfähigkeit durch einen rechtsbegründenden Akt des Staates (Hoheitsakt) entweder durch Verleihung oder durch Eintragung in ein amtliches Register erhalten. So erlangt beispielsweise ein Verein, dessen Zweck auf einen wirtschaftlichen Geschäftsbetrieb gerichtet ist, seine Rechtsfähigkeit durch Eintragung in das Vereinsregister des zuständigen Amtsgerichts *(§§ 21, 55 ff. BGB)*. Die Rechtsfähigkeit der juristischen Person endet mit deren Erlöschen.

Hingegen erlangt der Mensch als natürliche Person mit Vollendung seiner Geburt automatisch die Rechtsfähigkeit *(§ 1 BGB)*. In Ausnahmefällen besteht die Rechtsfähigkeit auch schon bei dem zwar bereits gezeugten, allerdings noch nicht geborenen Kind wie z.B. dem Erbrecht des Ungeborenen gemäß *§ 1923 Abs. 2 BGB*. Die Rechtsfähigkeit endet mit dem Versterben des Menschen.

Handlungsfähigkeit

Neben der Rechtsfähigkeit kommt als weitere wichtige Grundeigenschaft des Menschen seine Handlungsfähigkeit hinzu. Darunter versteht man die Fähigkeit, rechtlich bedeutsame Handlungen vornehmen zu können. Die Handlungsfähigkeit unterteilt sich bei natürlichen Personen in die Geschäftsfähigkeit und die Deliktsfähigkeit, auf die im Folgenden näher eingegangen wird.

Im Unterschied zu den natürlichen Personen können die juristischen Personen nicht selbst handeln. Sie sind darauf angewiesen, dass ihre Organe – wie z.B. der Vorstand eines Vereins oder der Geschäftsführer einer GmbH – für sie handeln. Die Organe nehmen im Rahmen ihrer Vertretungsmacht also für die juristische Person Rechtsgeschäfte vor (zur Stellvertretung vgl. untenstehend Gliederungspunkt 4.4).

Geschäftsfähigkeit

Unter der Geschäftsfähigkeit versteht man die Fähigkeit, selbst Verträge und andere Rechtsgeschäfte abschließen zu können. Damit geht der Begriff der Geschäftsfähigkeit wesentlich weiter als der der Rechtsfähigkeit, da es bei der Rechtsfähigkeit nur darum geht, wer überhaupt Inhaber von Rechten und Pflichten ist. Bei der Geschäftsfähigkeit geht es um die Schaffung solcher Rechte und Pflichten durch die Abgabe von Willenserklärungen.

Die *§§ 104* bis *113 BGB* enthalten Regelungen zur Geschäftsfähigkeit. Es können lediglich natürliche Personen geschäftsfähig sein, für die juristischen Personen handeln ihre Organe (diese bestehen aus natürlichen Personen!).

Beispiel: Ein Autohaus, die BMW-Müller-GmbH, möchte von einem Kunden dessen gebrauchtes Fahrzeug ankaufen. Die BMW-Müller-GmbH als juristische Person des Privatrechts kann Vertragspartner für den Kaufvertrag sein, da sie rechtsfähig ist. Da die GmbH als juristische Person allerdings weder sprechen noch schreiben kann, ist sie nicht handlungsfähig. Es handelt für diese eine natürliche Person, die die Rechtsgeschäfte abschließt, z.B. der Geschäftsführer, der für die GmbH im konkreten Fall den Kaufpreis aushandelt und den Vertrag im Namen der BMW-Müller-GmbH unterzeichnet.

Die **volle Geschäftsfähigkeit** tritt mit der Volljährigkeit ein *(§ 2 BGB)*. Vor Vollendung des 18. Lebensjahres ist man – je nach Lebensalter – entweder geschäftsunfähig oder beschränkt geschäftsfähig:

Geschäftsunfähig sind Kinder unter sieben Jahren *(§ 104 Nr. 1 BGB)*. Sie können daher nicht selbst eigene Rechtshandlungen vornehmen, d.h. sie können selbst noch keine wirksamen Verträge abschließen, da die von ihnen abgegebenen Willenserklärungen gemäß *§ 105 Abs. 1 BGB* nichtig sind. Die gleiche Rechtsfolge (Nichtigkeit der Willenserklärung) tritt ein, wenn die Person unter einer krankhaften Störung der Geistestätigkeit gemäß *§ 104 Nr. 2 BGB* leidet oder der normalerweise Geschäftsfähige während einer vorübergehenden Störung der Geistestätigkeit – beispielsweise bei Volltrunkenheit – eine Willenserklärung abgibt *(§ 105 Abs. 2 BGB)*.

Zwischen 7 und 17 Jahren – also bis zur Erreichung der Volljährigkeit – sind Kinder bzw. Jugendliche beschränkt geschäftsfähig *(§ 106 BGB)*. Ausnahmsweise sind auch Volljährige, für die ein Betreuer bestellt worden ist, den beschränkt geschäftsfähigen Minderjährigen gleichgestellt, sofern durch das zuständige Gericht gemäß *§ 1903 BGB* ein sog. Einwilligungsvorbehalt angeordnet wurde. Wenn ein beschränkt Geschäftsfähiger einen Vertrag abschließt, ist dieser grundsätzlich **schwebend unwirksam**. Der Vertrag erlangt erst seine Wirksamkeit entweder durch vorherige Einwilligung *(§ 107*

BGB) oder durch nachträgliche Zustimmung – die als Genehmigung gemäß *§ 108 BGB* bezeichnet wird – des gesetzlichen Vertreters. Gesetzliche Vertreter sind im Regelfall die Eltern gemäß *§§ 1626 Abs. 1, 1629 Abs. 1 BGB* bzw. der Betreuer gemäß *§§ 1902, 1903 Abs. 1 BGB*. Die *§§ 104 ff. BGB* schränken damit den im *BGB* geltenden Grundsatz der Privatautonomie ein, um Personen, denen eine notwendige Einsichtsfähigkeit (noch) nicht gegeben ist, zu schützen. Im Interesse der Rechtssicherheit und Rechtsklarheit legt das *BGB* starr fest, wem eine solche Einsicht fehlt.

Ausnahmsweise kann eine ohne die vorherige Einwilligung des gesetzlichen Vertreters abgegebene Willenserklärung dann rechtswirksam abgegeben werden, wenn durch sie lediglich ein rechtlicher Vorteil erlangt wird bzw. bei rechtlich neutralen Geschäften (*§ 107 BGB* bitte lesen!). Dies ist nicht nach wirtschaftlichen, sondern rein nach rechtlichen Gesichtspunkten zu betrachten! Selbst wenn ein Kaufvertrag wirtschaftlich sehr vorteilhaft sein sollte, erwächst dem Minderjährigen auf Grund seiner Verpflichtung zur Gegenleistung auf jeden Fall ein rechtlicher Nachteil, womit die Einwilligung bzw. Genehmigung des gesetzlichen Vertreters zwingend eingeholt werden muss.

Beispiel: Onkel O schenkt seinem vierzehnjährigen Neffen N einen alten Computer.

Abwandlung: Onkel O verkauft seinem Neffen N den alten Computer zum Freundschaftspreis von 10,– €.

Sofern O dem N den Computer schenkt, handelt es sich um eine Schenkung gemäß *§ 516 BGB*. Da mit der Annahme der Schenkung für den N als Beschenkter keine Verpflichtung verbunden ist, ist das Geschäft für diesen rechtlich rein vorteilhaft und auch ohne Einwilligung bzw. Genehmigung der Eltern wirksam. Sofern der O allerdings den Rechner kaufen muss (vgl. Abwandlung), ist damit gem. *§ 433 Abs.* 2 BGB seine Pflicht zur Zahlung des Kaufpreises in Höhe von 10,– € verbunden. Dass es sich wirtschaftlich um ein gutes Geschäft für den N handelt, weil der Computer in Wirklichkeit erheblich mehr wert ist als 10,– €, ist völlig unerheblich.

Da die meisten Verträge zweiseitig verpflichtend sind, also ge-

genseitige Rechte und Pflichten der Vertragspartner beinhalten, ist im Regelfall die Einwilligung bzw. Genehmigung einzuholen. Wenn ein beschränkt Geschäftsfähiger ein Rechtsgeschäft ohne die gemäß *§ 107 BGB* erforderliche vorherige Zustimmung des gesetzlichen Vertreters abschließt, wird das schwebend unwirksame Rechtsgeschäft mit der Genehmigung *(§§ 108 Abs. 1, 184 Abs. 1 BGB)* wirksam. Das Rechtsgeschäft gilt dann als von Anfang an wirksam. Der Vertragspartner des Minderjährigen hat die Möglichkeit, dessen gesetzlichen Vertreter zur Genehmigung des Vertrages aufzufordern. Nach Ablauf von zwei Wochen ist die Genehmigung allerdings nicht mehr möglich und das Rechtsgeschäft bleibt unwirksam *(§ 108 Abs. 2 BGB)*.

Beispiel: Der vierzehnjährige Malte schließt einen Mobiltelefon-Vertrag ab. Das Mobilfunk-Unternehmen erkundigt sich bei den Eltern im Hinblick auf die Genehmigung des Vertrages, wobei diese daraufhin unmittelbar ihr Einverständnis erklären.

Sofern der Minderjährige nach Vertragsabschluss volljährig wird, kann er gemäß *§ 108 Abs. 3 BGB* das Rechtsgeschäft selbst genehmigen. Der Vertragspartner hat gemäß *§ 109 BGB* bis zur Genehmigung des Vertrages ein Widerrufsrecht, das allerdings nach *§ 109 Abs. 2 BGB* eingeschränkt sein kann.

Den *§§ 110, 112* und *113 BGB* kommen innerhalb des Minderjährigenrechts eine große praktische Relevanz zu. Diese Vorschriften räumen dem gesetzlichen Vertreter die Möglichkeit ein, dem Minderjährigen eine Generaleinwilligung für eine Gruppe von Rechtsgeschäften zu erteilen. Dies hat zur Folge, dass der Minderjährige im Rahmen der Generaleinwilligung einer vollgeschäftsfähigen Person gleichsteht. Der sog. „Taschengeldparagraph“ *(§ 110 BGB)* stellt hierbei den praktisch häufigsten Fall einer Generaleinwilligung dar.

Taschengeldparagraph, § 110 BGB

Der Taschengeldparagraph greift, wenn der Minderjährige die von ihm geschuldete Leistung mit Mitteln bewirkt, die ihm zu diesem Zweck oder zur freien Verfügung von dem gesetzlichen Vertreter oder mit dessen Zustimmung von einem Dritten überlassen worden sind. Neben dem Taschengeld sind auch das dem Minderjährigen überlassene Arbeitseinkommen und dessen Ausbildungsvergütung weitere Anwendungsfälle des *§ 110 BGB*. Sinn und Zweck des Taschengeldparagraphen ist, den Minderjährigen an den vernünftigen Umgang mit Geld heranzuführen und ihm die Erfüllung wertmäßig entsprechender Wünsche zu überlassen.

Beispiel: Der vierzehnjährige Malte kauft sich ein Computerspiel und bezahlt es sofort mit seinem Taschengeld.

Im Rahmen des *§ 110 BGB* steht der Erziehungsgedanke und der Minderjährigenschutz im Vordergrund. Daher ist eine Zweckbindung des Taschengeldes möglich und der gesetzliche Vertreter kann das Tätigen bestimmter Rechtsgeschäfte von vorneherein ausschließen.

Beispiel: Die Eltern verbieten dem vierzehnjährigen Malte den Kauf einer Playstation von seinem Taschengeld, da sie der Meinung sind, dass er sich schon genug vor dem Fernseher und seinem Computer aufhalte.

Im Rahmen des *§ 110 BGB* muss der Minderjährige die vertragsmäßige Leistung mit diesen Mitteln „bewirkt", und zwar – das sollten Sie sich unbedingt gedanklich ergänzen – **vollständig bewirkt** haben. Dies bedeutet, die komplette vertragsmäßig geschuldete Leistung muss tatsächlich erbracht worden sein. Bei Ratenzahlungsverträgen wird der Vertrag daher erst mit Zahlung der letzten Rate wirksam.

Beispiel: Der 16-jährige Malte (M) erwirbt bei der Zweirad-Händlerin Z einen sehr kostengünstigen gebrauchten Motorroller. Es wird vereinbart, dass M gegen Zahlung von 30,– € monatlich für die Dauer von 12 Monaten den Kaufpreis ratenweise bewirken darf. M weiß, dass seine ängstlichen Eltern strikt gegen die Anschaffung eines Motorrollers sind, daher teilt er ihnen den Kauf nicht mit. In der Folgezeit zahlt M immer pünktlich das vereinbarte monatliche Entgelt von seinem Taschengeld an die Z. Nach drei Monaten erwischen die Eltern ihren Sohn zufällig auf dem Roller und stellen ihn zur Rede. Sie sind entsetzt und verlangen von ihm, dass dieser den Roller umgehend an die Z zurückgibt. Die Z weigert sich jedoch, den Roller zurückzunehmen und verlangt stattdessen die weitere Erfüllung des Vertrages.

Da M noch nicht den gesamten Kaufpreis bezahlt hat, hat er seine Leistung – nämlich die Kaufpreiszahlung gem. *§ 433 Abs. 2 BGB*

– noch nicht vollständig bewirkt gem. *§ 110 BGB*. Der Ratenkauf könnte nur noch über eine Genehmigung der Eltern gem. *§ 108 BGB* wirksam werden, was allerdings laut Sachverhalt nicht der Fall ist. Der schwebend unwirksame Vertrag bleibt daher unwirksam. Auf Grund der Unwirksamkeit des Vertrages muss dieser wieder rückabgewickelt werden, d.h. Z muss den Motorroller zurücknehmen und gleichzeitig die bereits gezahlten 90,– € zurückgeben. Die Rückabwicklung des Vertrags erfolgt über die Vorschriften der *§§ 812 ff. BGB*.

Für den Handel besteht folglich immer die Gefahr, dass Rechtsgeschäfte Minderjähriger auf Verlangen der gesetzlichen Vertreter rückgängig gemacht werden müssen. Kinder und Jugendliche verfügen über immer mehr Taschengeld und werden auf Grund ihrer enormen Kaufkraft von der Konsum-Industrie stark beworben. Gerade für den Einzelhandel haben die Minderjährigen wegen ihrer finanziellen Möglichkeiten in den letzten Jahren ganz erheblich an Bedeutung gewonnen, dennoch besteht für die Händler immer ein gewisses Risiko im Hinblick auf die Wirksamkeit des Rechtsgeschäfts, wenn sie den Vertrag mit Minderjährigen abschließen.

Selbstständiger Betrieb eines Erwerbsgeschäfts, § 112 BGB

Ein beschränkt Geschäftsfähiger kann wirksame Rechtsgeschäfte abschließen, wenn er gemäß *§ 112 BGB* von seinem gesetzlichen Vertreter mit Genehmigung des Familiengerichts dazu ermächtigt wurde, selbstständig gewerblich tätig zu sein. Der beschränkt Geschäftsfähige ist dann in der Lage, alle Rechtsgeschäfte abzuschließen, die der Geschäftsbetrieb als solcher mit sich bringt. Allerdings ist in diesem Zusammenhang *§ 112 Abs. 1 S. 2 BGB* zu beachten, wonach Rechtsgeschäfte ausgeschlossen sind, zu denen der gesetzliche Vertreter die Genehmigung des Familiengerichts benötigt. Diese genehmigungspflichtigen Rechtsgeschäfte sind in *§ 1643 BGB* geregelt, der wiederum auf die *§§ 1821, 1822 BGB* Bezug nimmt (bitte lesen!).

Beispiel: Die Eltern erlauben ihrem 16-jährigen Sohn, eine Fahrradreparaturwerkstatt zu eröffnen. Der Sohn darf Reparaturwerkzeug und Materialien, die er für sein Geschäft benötigt, einkaufen.

Dienst- oder Arbeitsverhältnis, § 113 BGB

Gemäß *§ 113 BGB* kann der gesetzliche Vertreter den Minderjährigen ermächtigen, in Dienst oder in Arbeit zu treten, d.h. unselbstständig als Arbeitnehmer tätig zu werden. Der beschränkt Geschäftsfähige wird damit für solche Rechtsgeschäfte unbeschränkt geschäftsfähig, die die Eingehung, Aufhebung oder Erfüllung des Arbeitsverhältnisses der gestatteten Art betreffen. Der Minderjährige kann im Zweifel sogar den Arbeitsvertrag kündigen und sich einen neuen Arbeitgeber suchen, wobei es sich um eine vergleichbare neue Arbeitsstelle handeln muss, während eine völlig andersartiges Beschäftigungsverhältnis einer erneuten Ermächtigung des gesetzlichen Vertreters bedarf. Eine Genehmigung des Familiengerichts ist – wie bei der Vorschrift des *§ 112 Abs. 1 S. 2 BGB* – bei solchen Rechtsgeschäften erforderlich, bei denen der gesetzliche Vertreter die Genehmigung des Familiengerichts einholen muss.

Beispiel: Die Eltern erlauben ihrer 16-jährigen Tochter T eine Ausbildung zur Einzelhandelskauffrau im Betrieb des B zu beginnen. Die Tochter darf folglich mit B einen Ausbildungsvertrag schließen und auch wieder kündigen, die Ausbildungsvergütung entgegennehmen oder ein Gehaltskonto einrichten lassen. Sollte die T nun einen neuen Berufswunsch hingegen als Friseurin hegen, benötigt sie für einen solchen Arbeits- bzw. Ausbildungsvertrag wiederum die Ermächtigung der Eltern.

Deliktsfähigkeit

Die Geschäftsfähigkeit *(§§ 104 ff. BGB)* ist von der Deliktsfähigkeit *(§ 828 BGB)* abzugrenzen. Während für das vertragliche Handeln die Geschäftsfähigkeit des Minderjährigen erforderlich ist, bezeichnet die Deliktsfähigkeit die Fähigkeit einer natürlichen Person, für eine begangene unerlaubte Handlung gem. *§§ 823 ff. BGB* verantwortlich zu sein und daher den von ihr verursachten Schaden ersetzen zu müssen. Um sich nach *§ 823 BGB* (bitte lesen) schadensersatzpflichtig zu machen, muss neben einer rechtswidrigen Rechtsgutverletzung ein Verschulden des Schädigers gegeben sein. Bei Erwachsenen ist grundsätzlich von der Schuldfähigkeit, die in diesem Zusammenhang als Deliktsfähigkeit bezeichnet wird, auszugehen. Um zu wissen, dass man nicht das Auto des unliebsamen Nachbarn beschädigen darf, muss man nicht zwingend volljährig sein, allerdings kann bei Minderjährigen die Deliktsfähigkeit nicht von vorneherein bejaht werden.

Bei der Deliktsfähigkeit von Minderjährigen kommt es entscheidend auf die **Einsichtsfähigkeit** des Minderjährigen an. Für die deliktsrechtliche Haftung gilt Folgendes:

Gemäß ***§ 828 Abs. 1 BGB*** besitzen Minderjährige, die noch nicht sieben Jahre alt sind, keine Deliktsfähigkeit. Sie können daher für die von ihnen verursachten Schäden nicht haftbar gemacht werden.

Die Vorschrift des ***§ 828 Abs. 3 BGB*** regelt, dass ein beschränkt Geschäftsfähiger (7-17 Jahre) für die von ihm verursachten Schäden zur Verantwortung gezogen werden kann, wenn er die erforderliche Einsichtsfähigkeit besitzt. Es wird hierbei auf die geistige Entwicklung des Jugendlichen, d.h. seine konkrete intellektuelle Fähigkeit, abgestellt, das Unrecht seiner Handlung zu erkennen und zugleich die Verpflichtung zu erkennen, in irgendeiner Weise selbst für die Folgen der schädigenden Handlung einstehen zu müssen. Es ist hierbei ausreichend, wenn der Jugendliche ein allgemeines Verständnis besitzt, dass sein Verhalten geeignet ist, Gefahren herbeizuführen. Bei der Prüfung der Einsichtsfähigkeit müssen immer die besonderen Umstände des **Einzelfalles** wie z.B. das **Lebensalter** und die **geistige Reife** des jugendlichen Täters berücksichtigt werden. Auf Grund des Wortlautes des *§ 828 Abs. 3 BGB* gehen Zweifel bezüglich der konkreten Einsichtsfähigkeit zu Lasten des Jugendlichen, d.h. der Mangel der Einsichtsfähigkeit ist vom Jugendlichen selbst zu behaupten und zu beweisen.

In ***§ 828 Abs. 2 BGB*** ist eine Ausnahmeregelung zu *§ 828 Abs. 3* BGB zu finden. Danach haften Kinder zwischen sieben und neun Jahren nicht für die von ihnen angerichteten Schäden im motorisierten Straßen- oder Bahnverkehr. Der Grund für dieses gesetzliche Haftungsprivileg ist in der Überforderungssituation der Sieben- bis Neunjährigen zu sehen, da Kinder Entfernungen und Geschwindigkeiten nur schwer einschätzen können und grundsätzlich erst ab der Vollendung des zehnten Lebensjahres fähig sind, die besonderen Gefahren des motorisierten Straßenverkehrs richtig zu beurteilen und sich dementsprechend zu verhalten. Diese Haftungsprivilegierung greift allerdings nicht, sofern das Kind vorsätzlich handelt.

Beispiel: Der neunjährige Malte wirft mutwillig Steine von einer Autobahnbrücke auf die darunter durchfahrenden Kfz, wodurch ein schwerer Verkehrsunfall verursacht wird. Da Malte hier vorsätzlich gehandelt hat, greift der Schutz des *§ 828 Abs. 2 BGB* nicht, es ist vielmehr die Regelung des *§ 828 Abs. 3 BGB* anzuwenden und auf Maltes konkrete Einsichtsfähigkeit abzustellen. Unter normalen Umständen ist in diesem Fall davon auszugehen, dass der Minderjährige die zur Erkenntnis seiner Verantwortlichkeit erforderliche Einsichtsfähigkeit besitzt und daher gemäß *§§ 823 Abs. 1, 828 Abs. 2 BGB* schadensersatzpflichtig ist.

Haftung aufsichtspflichtiger Personen

Inwiefern aufsichtspflichtige Personen, wie z.B. die Eltern des Kindes, für dessen verursachten Schaden haftbar gemacht werden können, ist in *§ 832 BGB* geregelt. Dem Aufsichtspflichtigen muss ein eigenes Verschulden (sog. Sorgfaltspflichtverletzung) im Bezug auf die Beaufsichtigung des Minderjährigen zur Last gelegt werden können. Das Maß der gebotenen Aufsicht bestimmt sich nach dem jeweiligen Einzelfall, insbesondere nach Alter, Eigenart und Charakter des Kindes, nach der Vorhersehbarkeit des schädigenden Verhaltens und danach, was der Aufsichtsperson in seinen jeweiligen Verhältnissen zugemutet werden kann. Sofern sich bei Kindern schwere Verhaltensstörungen und aggressive Verhaltensweisen zeigen, bestehen gesteigerte Aufsichtspflichten.

Da Kinder allerdings auch Freiräume für ihre Entwicklung benötigen, besteht keinesfalls die Pflicht zur Totalüberwachung des Kindes! Trotz ordnungsgemäßer Beaufsichtigung kann es dennoch zu einem Fehlverhalten des Minderjährigen kommen. Der Gesetzgeber trägt diesem Umstand Rechnung, indem er in *§ 832 BGB* regelt, dass die aufsichtspflichtige Person für den vom Minderjährigen verursachten Schaden nicht haftet, wenn sie nachweist, dass sie ihrer Aufsichtspflicht genügt hat oder der Schaden auch bei korrekter Aufsichtsführung entstanden wäre (sog. Exkulpationsbeweis).

§ 832 Abs. 1 BGB regelt die gesetzliche Aufsichtspflicht. Eltern haben automatisch kraft Gesetzes die Aufsichtspflicht gegenüber

ihren Kindern *(§§ 1626,1631 BGB)*. Zudem trifft eine solche gesetzliche Aufsichtspflicht u.a. den Vormund *(§§ 1793,1800 BGB)*, den Betreuer *(§§ 1896 ff. BGB)* und den Ausbilder gegenüber dem minderjährigen Auszubildenden *(§§ 6,9 BBiG)*.

Die Aufsichtspflicht kann sich allerdings auch aus einem Vertrag ergeben und eine Haftung gemäß *§ 832 Abs. 2 BGB* begründen. Inhaltlich gelten hier die gleichen Maßstäbe wie bei der gesetzlichen Aufsichtspflicht nach *§ 832 Abs. 1 BGB*. Dies bedeutet, dass auch Einrichtungen der Jugendhilfe, Erzieher, Sozialpädagogen usw. für Schäden haftbar gemacht werden können, die aus einer Aufsichtspflichtverletzung resultieren, sofern sie nicht den Entlastungsbeweis führen können. Personen, die vertraglich die Aufsichtspflicht übernehmen, ist der Abschluss einer Berufshaftpflichtversicherung nahezulegen, um den Haftungsrisiken angemessen zu begegnen.

Die vom Minderjährigen geschädigte Person kann oft auf mehrere Haftende zurückgreifen, nämlich auf den minderjährigen Schädiger und auf die aufsichtspflichtige Person. Diese haften dann als sog. Gesamtschuldner nach *§ 840 BGB*.

Beispiel: Der acht Jahre alte K spielt mit Streichhölzern in der Scheune des B und verursacht ein Feuer, das er mit einer Schaufel zu löschen versucht. Dies gelingt ihm jedoch nicht, so dass die Scheune mitsamt dem Inventar abbrennt. K hat die Streichhölzer zuvor ohne Wissen seiner Eltern von einem Regal in der Speisekammer entnommen, wo die Eltern die Streichhölzer sichtbar und unverschlossen aufzubewahren pflegen.

In der Praxis haften Eltern oft für Brände, die durch Zündeln ihrer Kinder verursacht werden. Es gehört zur Pflicht der Eltern, Kinder sowohl über die Gefährlichkeit des Spielens mit Streichhölzern aufzuklären als sie auch auf den unerlaubten Besitz von Streichhölzern hin zu kontrollieren. Zudem haben Eltern die Pflicht, ihren Kindern die Besitzerlangung von Zündmitteln zumindest im häuslichen Bereich wesentlich zu erschweren bzw. ganz zu unterbinden. Daher müssen Streichhölzer so aufbewahrt werden, dass Kinder sie nicht ohne weiteres erreichen können. Da die Streichhölzer im Beispielsfall unverschlossen, sichtbar und für das Kind leicht zugänglich aufbewahrt wurden, haben die Eltern ihre Aufsichtspflicht gemäß *§ 832 Abs. 1 BGB* verletzt. Zusätzlich haftet das achtjährige Kind gemäß *§§ 823*

Alter	Geschäftsfähigkeit	Deliktsfähigkeit
0-6 Jahre	Geschäftsunfähigkeit, §§ 104, 105 BGB	Deliktsunfähigkeit, § 828 Abs. 1 BGB
7-17 Jahre	Beschränkt geschäftsfähig, §§ 106-113 BGB Der Vertrag ist möglicherweise wirksam: *Rechtlicher* Vorteil für Minderjährige? **Wenn ja:** Willenserklärung ohne Einwilligung/Genehmigung wirksam **Wenn nein:** Einwilligung bzw. Genehmigung notwendig, §§ 107, 108 BGB **Beachte:** Bis zur Erteilung der Genehmigung ist Vertrag schwebend unwirksam! **Ausnahmen:** Taschengeld, § 110 BGB Selbstständiges Erwerbsgeschäft, § 112 BGB Dienst-/Arbeitsverhältnis, § 113 BGB **Beachte:** In Zweifelsfällen geht der Minderjährigenschutz vor und es ist von einer Genehmigungspflicht auszugehen!	Bedingte Deliktsfähigkeit, § 828 Abs. 3 BGB: Abhängig von der Einsichtsfähigkeit des Minderjährigen: • Alter • Schulbildung • Geistige Reife **Beachte:** Beweispflicht für die Nicht-Einsichtsfähigkeit liegt beim Minderjährigen! **Ausnahme** **§ 828 Abs. 2 BGB:** Zwischen 7-9 Jahren Deliktsunfähigkeit im Straßenverkehr bei Kfz o.Ä., es sei denn, Kind hat vorsätzlich Schaden herbeigeführt **Haftung des Aufsichtspflichtigen, § 832 BGB:** Voraussetzungen: • Aufsichtspflicht durch Gesetz oder Vertrag • Widerrechtlich verursachter Schaden durch den Minderjährigen • Kein Schadenersatz, wenn Aufsichtspflicht genügt bzw. Schaden sowieso entstanden wäre **Beachte:** Beweislast dafür liegt beim Aufsichtspflichtigen Grundsatz der Rechtsprechung: „Kinder kann man nicht anleinen“
Ab 18 Jahre	Volle Geschäftsfähigkeit	Volle Deliktsfähigkeit

Abbildung 6: Überblicke zur Geschäfts- und Deliktsfähigkeit

Abs. 1, 828 Abs. 3 BGB für den verursachten Schaden, so dass zwischen den Eltern und dem Kind eine Gesamtschuldnerschaft gemäß *§ 840 BGB* besteht.

4.3 Zustandekommen und Anfechtung von Verträgen

Die Willenserklärung ist Grundbestandteil jedes Rechtsgeschäfts, das zumindest aus einer Willenserklärung besteht. Unter einer Willenserklärung versteht man eine private Willensäußerung, die auf die Herbeiführung einer Rechtsfolge gerichtet ist. Sofern für ein Rechtsgeschäft eine Willenserklärung ausreicht, spricht man von **einseitigen Rechtsgeschäften**, wie z.B. die Kündigung eines Mietvertrags, die Anfechtung oder der Widerruf einer Willenserklärung und die Testamentserrichtung.

Mehrseitige Rechtsgeschäfte bestehen hingegen aus Willenserklärungen mehrerer, mindestens aber zweier Personen. Der Vertrag ist ein mehrseitiges Rechtsgeschäft, da der Vertragsschluss die entsprechenden Willenserklärungen jeder Person erfordert, die vertraglich gebunden sein soll. In den *§§ 145 ff. BGB* finden sich Regelungen, nach denen Verträge abgeschlossen werden.

Ein Vertrag setzt mindestens zwei übereinstimmende Willenserklärungen voraus, nämlich Angebot und Annahme, wie z.B. der Kaufvertrag zwischen Käufer und Verkäufer einer Sache. Das BGB benutzt die alte Terminologie „Antrag", die jedoch gleichbedeutend ist mit dem zeitgemäßeren Begriff „Angebot".

Der zweite Titel im dritten Abschnitt des Allgemeinen Teils des *BGB (BGB-AT)*, der die *§§ 116 ff. BGB* beinhaltet, trägt zwar die Überschrift „Willenserklärung", allerdings beinhalten diese Vorschriften außer punktuellen Regelungen zur Willenserklärung weder eine gesetzliche Definition noch die konkreten Tatbestandsmerkmale.

Wie das Wort „Willenserklärung" bereits deutlich macht, besteht diese aus einem subjektiven („Wille") und einem objektiven Element („Erklärung"). Bei einer idealen, d.h. fehlerlosen, Willenserklärung muss sich das inhaltlich Geäußerte mit dem tatsächlichen Willen decken.

Als **objektive Tatbestandsvoraussetzung** der Willenserklärung muss eine nach außen wahrnehmbare Erklärung, eine bestimmte Rechtsfolge zu wollen, vorliegen. Der äußere (objektive) Tatbestand der Willenserklärung setzt sich dabei aus drei aufeinander aufbauenden Bestandteilen zusammen, nämlich Handlungswille, Rechtsbindungswille und Geschäftswille.

Für die Willenserklärung ist als **subjektive Tatbestandsvoraussetzung** erforderlich, dass die nach außen abgegebene Willenserklärung auch gewollt ist. Im Idealfall decken sich das äußerlich Erklärte mit dem innerlich gewollten. Die subjektive Komponente der Willenserklärung besteht daher ebenfalls aus einem Handlungswillen, einem Rechtsbindungswillen (dieser wird auch als potentielles Erklärungsbewusstsein bezeichnet) und einem Geschäftswillen.

Unter dem **Handlungswillen** versteht man den Willen einer Person, überhaupt eine Handlung vorzunehmen. Der Handlungswille liegt nur dann nicht vor, sofern ein Verhalten nicht willensgesteuert ist.

Beispiel: Bei Reflexhandlungen, Äußerungen im Schlaf oder in Hypnose fehlt der Handlungswille.

Der **Rechtsbindungswille** ist der Wille, sich „irgendwie rechtsgeschäftlich" zu binden. Im Handel existieren unterschiedliche Werbemaßnahmen zur Verkaufsförderung in Form von „Sonderangeboten", „Preisknüllern", „Angebote des Tages" usw., die sich an die Allgemeinheit richten. Darin ist allerdings kein verbindliches Angebot im Sinne des BGB zu sehen, da einer solchen Erklärung der Rechtsbindungswille fehlt: Sofern darin ein verbindliches Angebot des Händlers liegen würde – sofern ein Rechtsbindungswille vorliegen würde –, könnte das Angebot von jedem angenommen werden mit der Konsequenz, dass es unter Umständen zu unzähligen Vertragsschlüssen käme, ohne dass der Händler dies noch beeinflussen könnte. Sobald seine Warenbestände aufgebraucht wären, könnte er die übrigen Käufer nicht beliefern und wäre Schadensersatzansprüchen seiner Kundschaft ausgeliefert. Es ist daher anerkannt, dass in solchen Fällen kein Vertragsangebot vorliegt, sondern lediglich eine Aufforderung, ein Angebot abzugeben (sog. invitatio ad offerendum).

Damit gibt der Kunde ein Vertragsangebot ab und dem Händler steht es offen, dieses Angebot anzunehmen. Dies gilt im Übrigen auch für den Kauf von Waren in Online-Shops im Internet.

Unter dem **Geschäftswillen** versteht man den Willen, ein ganz konkretes Rechtsgeschäft abzuschließen.

Der Vollständigkeit halber sei erwähnt, dass das Schweigen grundsätzlich keine Willenserklärung darstellt, d.h. es ist weder eine Vertragsannahme noch eine Ablehnung.

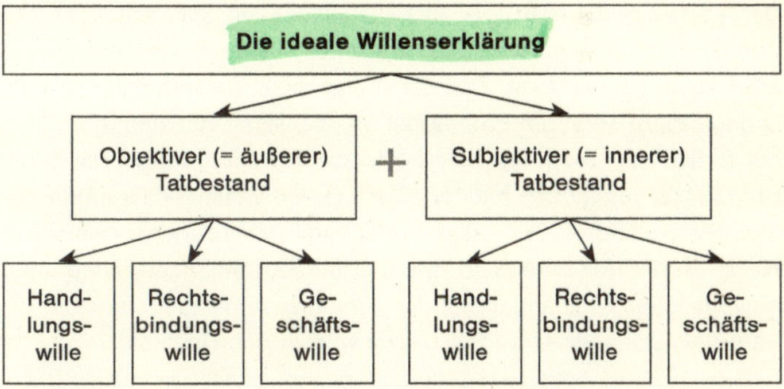

Abbildung 7: Die Bestandteile der idealen Willenserklärung

Das Wirksamwerden einer abgegebenen Willenserklärung hängt davon ab, ob es sich um eine nichtempfangsbedürftige oder empfangsbedürftige Willenserklärung handelt. Nichtempfangsbedürftig ist z.B. ein Testament *(§ 2064 BGB)*, das schon mit seiner Errichtung Wirksamkeit entfaltet *(§§ 2229 ff. BGB)*. Allerdings sind die meisten Willenserklärungen empfangsbedürftig, d.h. sie sind einer anderen Person gegenüber abzugeben. Empfangsbedürftige Willenserklärungen werden rechtlich existent durch ihre **Abgabe und Zugang**. Unter der Abgabe versteht man die willentliche Entäußerung der Willenserklärung in den Rechtsverkehr in der Art und Weise, dass diese dem Empfänger ohne ein weiteres Zutun des Erklärenden zugehen kann. D.h. der Wille muss an die Außenwelt treten, wobei dies entweder durch ein ausdrückliches oder konkludentes Verhalten geschehen kann. Ein konkludentes (schlüssiges) Verhalten, wie z.B. ein Nicken oder Handheben, kann nach den konkreten Umständen genügen. Bei der Abgabe der Willenserklärung kommt es auch immer auf den Adressaten der Willenserklärung, den sog. Erklärungsempfänger, an. Die Frage, ob ein bestimmtes Verhalten tatsächlich als eine Willenserklärung gesehen werden kann und wie diese inhaltlich zu verstehen (auszulegen) ist, muss von seinem Standpunkt aus beurteilt werden (sog. **Empfängerhorizont**).

Die abgegebene Willenserklärung muss dem Empfänger auch **zugehen**. Hierbei wird zwischen dem Zugang gegenüber Abwesenden *(§ 130 BGB)* und gegenüber Anwesenden unterschieden. Für den Zugang der Willenserklärung unter Anwesenden enthält das *BGB* keine Regelungen. Eine Erklärung gilt in diesem Fall dann als zugegangen, wenn der Empfänger sie akustisch verstanden hat und der Erklärende damit rechnen durfte, dass der Empfänger die Erklärung richtig verstanden hat. Hingegen gelten Willenserklärungen, die unter Abwesenden abgegeben werden, dann als zugegangen, wenn sie so in den Machtbereich des Empfängers gelangen, dass unter gewöhnlichen Umständen mit der Kenntnisnahme zu rechnen ist. So geht beispielsweise ein Brief bei Einwurf in den Briefkasten oder in das Postfach erst mit dem Zeitpunkt der gewöhnlichen Leerung, d.h. nicht sonn- oder feiertags bzw. nachts, zu.

Anfechtung von Verträgen

Meistens decken sich der innere und der äußere Tatbestand der Willenserklärung. Es wird allerdings problematisch, wenn der innere und der äußere Erklärungstatbestand auseinanderfallen. Dies bedeutet, der Erklärende setzt nicht genau das in die Tat um, was er sich vorgestellt hat, z.B. wenn nicht eindeutig ist, was genau der Erklärende gemeint hat bzw. wenn er sich verspricht oder verschreibt und ursprünglich etwas ganz anderes erklären wollte. Dann kommt es entscheidend darauf an, was ein normaler (objektiver) Dritter unter der Willenserklärung verstehen würde. Für die Willenserklärung ist also maßgeblich, was darunter objektiv zu verstehen ist (sog. **objektiver Empfängerhorizont**).

Damit derjenige, der irrtümlich eine Willenserklärung abgegeben hat, nicht unter allen Umständen an diese Erklärung vertraglich gebunden ist, gibt es die Möglichkeit der Anfechtung gem. *§§ 119ff. BGB.* Die Anfechtung kommt bei fehlerhaften Willenserklärungen in Betracht, also immer dann, wenn der Wille von der Erklärung abweicht. Mit der wirksamen Anfechtung des Vertrages wird die fehlerhafte Willenserklärung rückwirkend vernichtet gemäß *§ 142 BGB.* Eine wirksame Anfechtung kommt allerdings nur unter folgenden Voraussetzungen in Betracht:

Anfechtungsgründe

Inhaltsirrtum

Bei dem Inhaltsirrtum weiß der Erklärende genau, was er gerade erklärt, allerdings misst er dieser Erklärung inhaltlich eine andere Bedeutung zu *(§ 119 Abs. 1 1. Alternative).*

Beispiel: A bestellt in einer Kölner Gaststätte einen „halven Hahn" und stellt sich darunter ein halbes Brathähnchen vor, wobei dies tatsächlich in Köln ein halbes Käsebrötchen bedeutet.

Erklärungsirrtum

Ein Erklärungsirrtum liegt vor, wenn der Erklärende etwas anderes (objektiv) erklärt, als er eigentlich (subjektiv) erklären wollte, indem er sich z.B. verspricht oder verschreibt *(§ 119 Abs. 1 2. Alternative BGB).*

Beispiel: Anton will sein Auto für 4.000,- € verkaufen. Versehentlich schreibt er eine Null zu wenig in den Kaufvertrag. Der Käufer Bernd freut sich, als er auf dem Kaufvertrag nur 400,- € liest und unterschreibt sofort den Vertrag.

Eigenschaftsirrtum

Wenn sich der Erklärende über eine Eigenschaft einer Person oder Sache, die im Verkehr als wesentlich angesehen wird, irrt, so stellt dies einen Irrtum über eine verkehrswesentliche Eigenschaft gemäß *§ 119 Abs. 2 BGB* dar.

Beispiel: Irrtum über die Zahlungsfähigkeit bzw. Kreditwürdigkeit des Vertragspartners, Irrtum über Fahrleistung oder Herstellungsjahr eines Gebrauchtwagens.

Übermittlungsfehler

Wird eine Willenserklärung durch einen Boten irrtümlich falsch übermittelt, ist gemäß *§ 120 BGB* in gleicher Weise die Anfechtung möglich wie im Falle des *§ 119 BGB*. Als Erklärungsbote kommen insbesondere Personen wie z.B. Dolmetscher und Einrichtungen wie z.B. die Telekom in Betracht.

Beispiel: Anton will 12 Äpfel kaufen und weist seinen Boten Bernd an, ein Duzend Äpfel auf dem Markt zu kaufen. B denkt allerdings irrtümlich, ein Dutzend seien 16 Äpfel und verlangt von der Marktfrau 16 Äpfel. Da B der Mengenangabe „Dutzend" inhaltlich eine falsche Bedeutung beimisst, unterliegt er einem Inhaltsirrtum gemäß *§ 119 Abs. 1 1. Alternative BGB*. Über die Vorschrift des *§ 120 BGB* kann Anton nun die Willenserklärung anfechten.

Täuschung oder Drohung

Arglistige Täuschung oder widerrechtliche Bedrohung des Erklärenden stellen gemäß *§ 123 BGB* ebenfalls Anfechtungsgründe dar.

Beispiel: Der Autohändler behauptet bei Vertragsschluss wahrheitswidrig, das Kfz habe eine Laufleistung von nur 25.000 km, obwohl er genau weiß, dass der Tacho manipuliert wurde und das Fahrzeug in Wahrheit wesentlich mehr als doppelt so viele Kilometer gefahren wurde.

Anfechtungserklärung

Die Anfechtung stellt ein sog. Gestaltungsrecht dar. Dies bedeutet, dass der Anfechtungsberechtigte bei Vorliegen eines Anfechtungsgrundes zwar die Möglichkeit der Anfechtung besitzt, davon allerdings nicht zwingend Gebrauch machen muss. Wenn der Anfechtungsberechtigte das Rechtsgeschäft anfechten möchte, dann muss nach *§ 143 BGB* eine Anfechtungserklärung abgegeben werden. Dabei muss er den Begriff der „Anfechtung" nicht wörtlich verwenden, es muss dem Anfechtungsgegner vielmehr deutlich gemacht werden, dass er sich von seiner abgegebenen fehlerhaften Willenserklärung lösen möchte.

Anfechtungsfristen

Die Anfechtung muss fristgemäß erklärt werden. Für die Anfechtungsgründe in *§§ 119* und *120 BGB* gilt die Frist des *§ 121 BGB*, d.h. die Anfechtung muss unverzüglich, nachdem dem Anfechtungsberechtigten der konkrete Anfechtungsgrund bekannt wird, erklärt werden. Sofern der Anfechtungsberechtigte gem. *§ 123 BGB* getäuscht oder bedroht wurde, gilt die wesentlich längere Anfechtungsfrist des *§ 124 BGB* von einem Jahr.

Ausschluss der Anfechtung

Zudem darf die Anfechtung nicht ausgeschlossen sein. Sie ist dann ausgeschlossen, wenn der Anfechtungsberechtigte nach *§ 144 BGB* das grundsätzlich anfechtbare Rechtsgeschäft bestätigt hat bzw. wenn die Zehnjahresfrist nach *§ 121 Abs. 2, 124 Abs. 3 BGB* überschritten wurde.

Schadensersatz (§ 122 BGB)

Wenn eine Willenserklärung nun wirksam angefochten wurde und damit nichtig ist, kommt ein Schadensersatzanspruch des Anfechtungsgegners in Betracht gem. *§ 122 BGB*. Der Anfechtende muss seinen gutgläubigen Vertragspartner so stellen, als wäre das fehlerhafte Rechtsgeschäft niemals zustande gekommen. Es müssen daher insbesondere die entstandenen Vertragsabschlusskosten wie z.B. Reisekosten, Porto und Telefonkosten ersetzt werden. Dieser Schadensersatzanspruch greift, sofern die Willenserklärung wegen eines Irrtums - also in den Fällen der *§§ 119, 120 BGB* - angefochten wurde. Dieser Schadensersatzanspruch dient einem gerechten Interessenausgleich der Vertragspartner: Wenn sich jemand wegen eines eigenen Fehlers bzw. Irrtums von einem Rechtsgeschäft lösen darf, dann muss er dem Geschäftspartner dessen dadurch entstandenen Schaden ersetzen. Der Fall ist allerdings anders gelagert, sofern der Vertragspartner den Anfechtenden getäuscht bzw. bedroht hat gem. *§ 123 BGB*. In diesem Fall ist der Anfechtende als Opfer zu sehen und der Vertragspartner - Anfechtungsgegner - nicht gutgläubig und nicht schutzwürdig, so dass ihm kein Schadensersatzanspruch zusteht.

4.4 Die Stellvertretung im Überblick

Allgemeines

Sowohl im privaten als auch im wirtschaftlichen Bereich sind natürliche Personen oft darauf angewiesen, Dritte für sich Verträge abschließen zu lassen oder diese zu beenden. Damit kommt der Stellvertretung eine sehr hohe praktische Bedeutung zu. Für natürliche Personen, denen es nicht möglich ist, sich selbst rechtsgeschäftlich zu binden, handeln deren gesetzliche Vertreter, wie z.B. Eltern für ihre Kinder *(§ 1629 BGB)*, der Vormund für das Mündel *(§ 1793 Abs. 1 BGB)*, der Betreuer für den zu Betreuenden *(§ 1896 BGB)*. Da juristische Personen zwar rechtsfähig, aber nicht handlungsfähig sind (vgl. hierzu oben unter Punkt 4.2), können sie selbst nicht handeln und müssen sich von deren satzungsgemäß bestellten Organen vertreten lassen, wie z.B. der Vorstand für den Verein *(§ 26 Abs. 2 BGB)*, der Geschäftsführer für die GmbH *(§ 35 GmbHG)*, der Vorstand für die AG *(§ 78 AktG)*. Von diesen Fällen der gesetzlichen Stellvertretung ist die rechtsgeschäftliche Stellvertretung zu unterscheiden, bei der sich das Vertretungsrecht nicht aus dem Gesetz selbst, sondern aus einer erteilten Vollmacht ergibt.

Die rechtsgeschäftliche Stellvertretung ist in den *§§ 164 ff. BGB* geregelt. Dabei schließt der Stellvertreter ein Rechtsgeschäft im Namen des Vertretenen und mit Wirkung für ihn ab *(§ 164 BGB)*. Es kommt damit ein Vertrag zwischen dem Vertretenen und dem Vertragspartner zustande. Den Vertretenen nennt man auch Geschäftsherr.

Voraussetzungen

Eine wirksame rechtsgeschäftliche Stellvertretung liegt bei folgenden Voraussetzungen vor *(§ 164 Abs. 1 BGB)*:

Eigene Willenserklärung

Der Stellvertreter muss eine **eigene** Willenserklärung abgeben. Hierbei ist es unerheblich, ob es sich um ein Vertragsangebot oder eine Vertragsannahme oder um ein einseitiges Rechtsgeschäft (wie z.B. die Anfechtung) handelt. Indem der Stellvertreter eine eigene Willenserklärung abgibt, unterscheidet er sich vom Boten, der als

Sprachrohr des Geschäftsherrn lediglich für den Transport und Zugang einer fremden Willenserklärung verantwortlich ist. Im Gegensatz zum Stellvertreter besitzt der Bote im Hinblick auf den rechtsgeschäftlichen Inhalt der Willenserklärung keinerlei Einfluss und keinen Entscheidungsspielraum.

Handeln in fremdem Namen

Grundsätzlich muss der Stellvertreter in **fremdem Namen** – also im Namen des Vertretenen – handeln, sog. **Offenkundigkeitsprinzip** *(§ 164 Abs. 1 BGB)*. Hierbei ist es auch ausreichend, wenn sich aus den konkreten Umständen des Einzelfalles ergibt, dass der Stellvertreter für seinen Geschäftsherrn handelt oder dem Geschäftsherrn diese Tatsache – z.B. auf Grund langjähriger Vertragsbeziehungen – bereits bekannt ist. Verstößt der Stellvertreter gegen das Offenkundigkeitsprinzip, d.h. er legt die Stellvertretung dem Dritten nicht offen, dann kommt das Rechtsgeschäft direkt zwischen dem Stellvertreter und dem Dritten zustande.

Eine Ausnahme vom Offenkundigkeitsprinzip stellt das sog. „Geschäft für den, den es angeht" dar: Eine Offenlegung der Stellvertretung ist bei Geschäften des täglichen Lebens, die sofort bar bezahlt werden, nicht notwendig. Bei solchen Rechtsgeschäften ist es dem Vertragspartner egal, mit wem er den Vertrag abschließt.

Beispiel: Ferdinand kauft beim Einzelhändler E einen USB-Stick für 17,99 €, den er sofort bar bezahlt. F teilt E nicht mit, dass er den USB-Stick gar nicht für sich selbst, sondern für seine Freundin Amalie kauft, die F gebeten hatte, für sie ein günstiges Speichermedium zu besorgen. Dem Einzelhändler E ist es letztlich egal, wer sein Vertragspartner wurde, denn die Ware wurde sofort bar bezahlt. Als „Geschäft für den, den es angeht" konnte F den Kaufvertrag über den USB-Stick mit Wirkung für seine Freundin Amalie abschließen. Damit wurden E und Amalie Vertragspartner.

Vertretungsmacht

Dem Stellvertreter muss eine Vollmacht für das Rechtsgeschäft vom Vertretenen erteilt worden sein *(§ 167 BGB)*.

Sofern der Stellvertreter ohne Vertretungsmacht handelt bzw. diese überschreitet, kann das zunächst schwebend unwirksame Rechtsgeschäft durch eine Genehmigung des Geschäftsherrn wirksam werden *(§§ 177, 178 BGB)*. Genehmigt der Geschäftsherr allerdings das Rechtsgeschäft nicht, so bleibt es unwirksam und der vollmachtlose Stellvertreter haftet gegenüber dem Geschäftspartner nach den Regeln des *§ 179 BGB*.

Kein Ausschluss

Bei höchstpersönlich vorzunehmenden Rechtsgeschäften ist eine Stellvertretung gesetzlich ausgeschlossen und folglich nicht zulässig, wie z.B. Eheschließung *(§ 1311 BGB)*, Testamentserrichtung *(§ 2064 BGB)*, Abschluss eines Erbvertrags *(§ 2274 BGB)*.

Unzulässig sind zudem die sog. Insichgeschäfte gemäß *§ 181 BGB*, wonach ein Stellvertreter auf beiden Vertragsseiten tätig wird und es daher zwangsläufig zu Interessenkollisionen und Schädigung des Geschäftsherrn kommt.

Nachdem Sie nun Kenntnisse zur Systematik unserer Rechtsordnung, dem Vertragsrecht und den zivilrechtlichen Grundlagen erworben haben, konzentrieren wir uns im Folgenden auf die rechtlichen Regelungen rund um den Klienten.

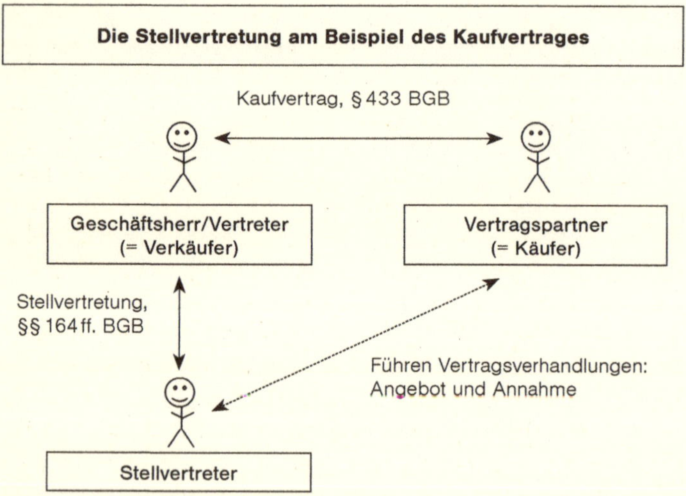

Abbildung 8: Stellvertretung im Überblick

5

5. Familie: Rechtsumfeld des Klienten

5.1 Begriff der Familie

Um Recht begreifen und anwenden zu können, müssen stets die Begriffe und ihre Bedeutung genau betrachtet und gedanklich durchdrungen werden. Es geht bei der Bedeutung des Rechts für die Familie demnach einmal ganz allgemein um das Recht und es geht um die Familie. Was Recht im Allgemeinen beinhaltet, was es bedeutet und wie es angewendet wird, wurde bereits dargelegt. Für die Beziehung vom Recht zur Familie bleibt folglich die Frage, was genau ist eigentlich mit **„Familie“** gemeint? Wer ist „meine Familie“? Mein Mann und meine Kinder? Meine Eltern? Mein Bruder und meine Schwester? Meine Großeltern und wer noch? Die Eine ist bei ihrer Mutter und ihrem Stiefvater aufgewachsen, das war für sie und ist es auch heute noch „ihre Familie“. Der Andere war möglicherweise am Wochenende ab und zu bei seinem wirklichen, **leiblichen, Vater**, der mit seiner neuen Lebensgefährtin zusammenlebt. Diese beiden sind für ihn ebenso „Familie“ wie seine Mutter mit seinem Stiefvater. Lässt sich „Familie“ genau beschreiben oder sieht sie nicht eher bei jedem anders aus? Die Eine sieht als Familie nur ihre kleine Lebenseinheit an, ihren Freund, mit dem sie zusammenlebt, und die gemeinsame Tochter. Zu ihren Eltern hat sie keinerlei Kontakte. Für den Anderen gehören alle dazu, auch Tante und Onkel und Cousinen sowie die Ehefrau des Vaters und die Eltern der Schwiegertochter. Es gibt demnach in unserer heutigen Lebenswirklichkeit viele Lebensformen und Vorstellungen von dem, was Familie ist.

Wir kennen als sogenannte Normalfamilie die **Kernfamilie** – Vater, Mutter, Kind –, es gibt die Ein-Eltern-Familie, also die **Alleinerziehenden**, dann die **Stieffamilie** als sogenannte Fortsetzungsfamilie, wenn nämlich eine allein erziehende Person mit einem neuen Partner zusammenlebt und zusätzlich vielleicht auch noch mit dessen Kindern. Die **Patchwork-Familie** ist ein Sonderfall der Stieffamilie, nämlich wenn das neue Paar zusätzlich gemeinsame Kinder hat. Nicht zu vergessen auch die homosexuellen Paare mit Kindern, die aus einer heterogeschlechtlichen Beziehung einer der beiden Partner entstammen.

Diese verschiedenen Formen von Familien und das gesamte soziale Gebilde „Familie“ lassen sich nicht in eine einheitliche Definition zwängen. Die Vorstellung von dem, was Familie wirklich ausmacht, von dem, was Familie als Kern des menschlichen Zusammenlebens bedeutet, diese Vorstellung war im Laufe der Jahrhunderte immer einem stetigen gesellschaftlichen, weltanschaulichen und wertemäßigen Wandel unterworfen.

Die meisten Menschen stellen sich unter Familie nach wie vor die dauerhafte Lebensgemeinschaft einer Mutter und eines Vaters mit ihrem Kind vor. Vor dem Hintergrund dieser Lebensform wurde im Jahr 1949 der Grundrechtsartikel *Art. 6 GG (Grundgesetz)* zum Schutz von Ehe und Familie geschaffen. Die Familie wird also in unserer Verfassung als zuoberst zu schützendes Rechtsgut benannt.

Mit dem Grundgesetz wird Vieles geschützt: verschiedene Werte wie Würde, Freiheit, Gleichheit, gesellschaftliche Einrichtungen, Institute wie das Eigentum. Demnach darf ein Einzelner Dinge auf die Weise besitzen, dass er mit ihnen machen darf, was er will. Das Erbrecht wird dadurch ebenfalls geschützt. Es beinhaltet das Recht, nach dem Tod Güter an einen anderen Menschen weiterzugeben.

Mit dieser Verfassung wird eben gleichermaßen auch die Ehe und die Familie geschützt.

So wie das Eigentumsrecht nicht vor Dieben schützen kann und das Erbrecht nicht vor Enterbung, garantiert der Schutz der Ehe ebenso nicht, von einer Scheidung verschont zu bleiben. Der Schutz der Menschenwürde verhindert nicht, dass Menschen sich unwürdig benehmen und an die Grenzen der Freiheit stoßen wie beispielsweise täglich immer wieder im Straßenverkehr.

Wozu ist also der Schutz durch das Grundgesetz nützlich? Es geht bei den Grundrechten nach *Art. 1-17 GG* um Abwehrrechte des Einzelnen gegenüber dem Staat und seinen Institutionen. Die Rechte der Bürger untereinander regelt das Bürgerliche Recht oder das Privatrecht, niedergelegt insbesondere in den Bestimmungen des Bürgerlichen Gesetzbuches (BGB), die bereits im Einzelnen vorgestellt wurden. Der Staat muss den Einzelnen vor bestimmten Eingriffen durch Andere schützen: Er schützt also das Eigentum vor Dieben, durch das Strafrecht, durch die Polizei. Der Staat darf das Erbe nicht einfach einziehen, Erbrecht ist Privatrecht. Der Staat darf nicht beliebig die Freiheit des Einzelnen einschränken. Eine Ausnahme davon ist beispielsweise eine Inhaftierung, denn auch sie dient der Ermöglichung des Miteinander-Leben-Könnens in der Gesellschaft.

Der Schutz von Ehe und Familie im Grundgesetz

- Art. 6 Abs. 1 → Ehe und Familie
- Art. 6 Abs. 2 und 3 → Elternrecht
- Art. 6 Abs. 4 → Mutterschutz
- Art. 6 Abs. 5 → Gleichheitsrecht der unehelichen Kinder

Abbildung 9

In Blick auf *Art. 6 GG*, Ehe und Familie, heißt das, der Staat darf nicht vorschreiben, dass wir heiraten und wen wir auswählen sollen. In unsere Familie darf er nur ausnahmsweise eingreifen, nämlich nur unter den Bedingungen, die in *Art. 6 Abs. 1-3 GG* genau beschrieben werden.

Um das im Einzelnen zu verstehen, müssen wir uns *Art. 6 GG* sehr genau anschauen und versuchen, bei jedem Wort zu überlegen, was es im Einzelnen bedeuten kann. Wichtig ist es dabei - wie in allen Rechtsfeldern - denklogisch und lebenspraktisch zu versuchen, den Inhalt von *Art. 6 GG* zu begreifen und gleichzeitig herauszufinden, was damit gemeint sein kann.

5.2 Familie und Staat

Wir richten unseren Blick zunächst auf *Art. 6 Abs. 1 GG*. Er lautet genau: *„Ehe und Familie stehen unter dem besonderen Schutz der staatlichen Ordnung“*.

Ehe und Familie

Zwei Dinge fallen hier auf: Zum einen werden zwei Begriffe genannt. Dabei steht die **Ehe** an erster Stelle und erst danach, an zweiter Stelle, wird die **Familie** genannt. Beide Begriffe sind unabhängig voneinander und sie werden zudem als zwei unterschiedliche Bereiche aufzählend mit dem Wort **und** verbunden. Daraus lässt sich logisch folgern: Ein verheiratetes Paar ist zwar ein Ehepaar, sie beide allein sind aber noch keine Familie. Warum sonst würde die Familie als ein „aliud“, als etwas Anderes, in diesem Grundrecht ausdrücklich erst nach der Ehe aufgezählt? Das bedeutet, ein Ehepaar benötigt, um auch Familie zu sein oder zur Familie zu werden, weitere Familienmitglieder. Dies können gemeinsame Kinder sein oder die Menschen, die mit ihnen in ihrer dann sich zur Familiengemeinschaft entwickelnden Lebensgemeinschaft leben, ihre Eltern z.B. oder ihre Geschwister usw. Die Familie wird damit - wie sehr bald nach dem Inkrafttreten des Grundgesetzes vom Bundesverfassungsgericht festgehalten - als ein *Phänomen in einer sich wandelnden Gesellschaft in jeweils anderer, neuer, sich weiter entwickelnden Erscheinungsform* akzeptiert. Diese inhaltliche Offenheit gibt die Freiheit, den Begriff **Familie** in einzelnen Gesetzen unterschiedlich auszulegen. Der Begriff Familie wird weder im Grundgesetz noch in anderen gesetzlichen Regelungen extra definiert.

Das im Grundgesetz formulierte Beziehungssystem zwischen Ehe und Familie verdeutlicht, dass der Verfassungsgeber grundsätzlich davon ausging, dass die Ehe vor der Familie steht. Damit wird die Ehe für die Gründung einer Familie zur Grundlage gemacht. Entstehen aus der Ehebeziehung Kinder, so wird diese neue Gemeinschaft zur Familie, es entsteht die **Kernfamilie**. Für das Bestehen einer Familie wird also von mindestens zwei Generationen ausgegangen.

Die nächste Frage, die sich in Blick auf den Inhalt von *Art. 6 Abs. 1 GG* stellt, lautet, was ist gemeint mit dem **besonderen Schutz der staatlichen Ordnung für Ehe und Familie**.

Die staatliche Ordnung, gemeint ist der Staat, schützt mit seinen rechtsstaatlichen Möglichkeiten, mit seinen gesetzlichen Regelungen beides. Der Staat schützt den privaten Bereich von Ehe und Familie nach außen. Er bietet außerdem seinen Schutz an, damit Ehe und Familie erhalten bleiben. Man spricht in diesem Zusammenhang vom Abwehrrecht des Einzelnen und von der Institutsgarantie, also von einem Verbot der Benachteiligung und damit verbunden von einem Gebot der Förderung für Ehe und Familie.

Diese Grundüberlegungen verdeutlichen, dass familienrechtliche gesetzliche Regelungen, die dem Schutz von Ehe und Familie dienen, in einer Vielzahl sehr unterschiedlicher Gesetze niedergelegt sein müssen.

Nachfolgend werden – gedacht als Hilfestellung für weitere Überlegungen und Gedankenführungen – die wesentlichen Gesetze aus dem Umfeld aller familienrechtlichen Fragen aufgeführt. Der in der Sozialen Arbeit Tätige kann und muss sich nicht in allen Rechtsfragen auskennen, er muss aber wissen, welches die grundlegenden Bestimmungen sind, in welchen Rechtsbereich sie einzuordnen sind und wo er Antworten auf seine Fragen finden kann.

Die einzelnen Gesetze sind in unterschiedlichen Ebenen entweder dem Privatrecht oder dem Öffentlichen Recht zuzuordnen. Es kommt also darauf an, ob das Thema eine Problemstellung zwischen zwei gleichgeordneten Parteien betrifft oder ob es letztlich um staatliches, öffentliches Handeln geht.

Das *Bürgerliche Gesetzbuch (BGB)* ist das grundlegende Gesetz für familienrechtliche Fragen. In den *§§ 1297–1921* ist der Hauptkern des Familienrechts verankert. Die Beziehungen der Bürger untereinander, hier die der einzelnen Familienmitglieder, werden durch die Bestimmungen des *BGB* in eine rechtliche Ordnung eingebunden. In den genannten familienrechtlichen Paragrafen geht es um die Ehe, um Kinder und Jugendliche, um Alte und Kranke, also um Familienmitglieder. Für das Zusammenleben in Ehe und Familie werden rechtliche Rahmen gesetzt und Regelungen für Problemsituationen vorgesehen.

Ebenfalls zum *Privatrecht* gehört das *Einführungsgesetz zum Bürgerlichen Gesetzbuch (EGBG).* Zu nennen sind in diesem Zusammenhang insbesondere die *Art. 13 ff.* über die Ehe und *Art. 223 ff.* in Bezug auf die Kinder. Dieses oft unbeachtete Gesetz wird aktuell immer relevanter. Es bezieht sich auf Ehe- und Familienbeziehungen, in denen ein Beteiligter möglicherweise nicht den entsprechenden Regelungen der Bundesrepublik Deutschland unterstellt ist oder in denen die Beteiligten einzelne Rechtshandlungen wie z.B. die Eheschließung im Ausland vorgenommen haben. In den genannten Artikeln wird detailliert bestimmt, ob unsere inländischen Gesetze oder ob die entsprechenden Gesetze der anderen betroffenen Länder Anwendung finden. So findet sich z.B. in *Art. 13 EGBGB* der Hinweis, dass die Voraussetzungen der Eheschließung für jeden der beiden Partner entsprechend dem Recht seines Heimatlandes gelten oder dass eine Ehe im Inland nur in der hier vorgeschriebenen Form geschlossen werden kann. Dazu gibt es dann wiederum in vielen Details Ausnahmen, die im Zweifel auf das Rechtssystem des jeweils ausländischen Staates verweisen.

Für alle familienrechtlichen Fragen, die in irgendeiner Weise mit Auslandsbeziehungen zu tun haben, sind zusätzlich Gesetze und Übereinkommen auf europäischer und auf internationaler Ebene zu nennen.

Die wichtigsten davon sind:

- *Haager Minderjährigen Schutzabkommen* über die Zuständigkeit der Behörden und das anzuwendende Recht auf dem Gebiet des Schutzes von Minderjährigen (von 1961)
- *Haager Übereinkommen* über die zivilrechtlichen Aspekte der internationalen Kindesentführung (von 1980)
- *Auslandsunterhaltsgesetz* (von 2011)
- *Kinderschutzübereinkommen* (von 2011)

Dieses sind nur einige Regelungen aus dem internationalen Rechtsbereich. Angesichts der wachsenden Internationalisierung und Integrationsoffenheit werden diese Themenfelder täglich relevanter.

Neben dem *BGB* finden sich auch auf nationaler Ebene weitere Gesetze mit familienrechtlichen Inhalten sowohl im Privaten wie im Öffentlichen Recht. Es geht dabei immer um staatliches Handeln für Familien, um Hilfen und Leistungsangebote.

- Das *Lebenspartnerschaftsgesetz* (von 2001) gilt für gleichgeschlechtliche Paare, die ihre Beziehung legalisieren möchten.
- Das *Unterhaltsvorschussgesetz* dient der Sicherung des Unterhalts von Kindern alleinstehender Mütter und Väter (von 2007).
- Die *Düsseldorfer Tabelle* (kein Gesetz, sondern Richtlinie von 2011) regelt die generellen Unterhaltsleistungen an Kinder, wenn deren Eltern nicht zusammenleben.
- Das *Gewaltschutzgesetz* (von 2002) ermöglicht es unter anderem, dem gewalttätigen Ehepartner Hausverbot zu erteilen.
- Das *Gesetz über die religiöse Kindererziehung* (von 1921) enthält Vorschriften, ab welchem Lebensjahr ein Kind über seine Religionszugehörigkeit selber entscheiden kann.
- Das *Adoptionsvermittlungsgesetz* (von 2008) legt im Einzelnen fest, wie die Jugendämter eine Adoption durchführen.
- Im achten Buch des Sozialgesetzbuches, *SGB VIII* (von 2006) geht es um Handlungsmöglichkeiten des Jugendamts und von privaten Trägern für einzelne Familienmitglieder und für die Familie insgesamt.
- Das *Bundeskinderschutzgesetz* (von 2012) enthält konkrete Handlungszuständigkeiten, um den Schutz von Kindern besser zu gewährleisten.

Zu nennen sind auch: Das *Bundeskindergeldgesetz* (von 2009); das *Bundeselterngeld- und Elternzeitgesetz* (von 2010). Außerdem die finanziellen Leistungen im *SGB XII*, *Sozialhilfe*, im *Einkommenssteuergesetz*, das *Allgemeine Gleichbehandlungsgesetz*, das *Mutterschutz-Gesetz*, das *Personenstandgesetz*.

Spezielle Gesetze legen außerdem fest, wie ein gerichtliches Verfahren abläuft. Für den familienrechtlichen Bereich sind dabei wichtig:

- Gesetz über das Verfahren in Familiensachen und in den Angelegenheiten der freiwilligen Gerichtsbarkeit *(FamFG – vom 17. Dezember 2008)*
- Zivilprozessordnung *(ZPO – vom 5. Dezember 2005)*

Nach diesem groben Überblick über gesetzliche Bestimmungen aus dem Gesamtspektrum Familie soll nun der Blick auf *Art. 6 GG* gerichtet werden, also auf die grundlegende Verfassungsnorm, aus der diese vielfältigen hier im Wesentlichen aufgelisteten Gesetzesbestimmungen erwachsen.

Art. 6 Abs. 1 GG spricht vom **Schutz der staatlichen Ordnung**. Der Staat hat also Kompetenzen, er hat Schutzrechte und Schutzverpflichtungen für Ehe und Familie. Wir wissen aber auch: Der Staat darf mir nicht vorschreiben, ob oder wen ich heirate und er darf in meine Familienabläufe in meinen Familienalltag nicht einfach eingreifen, nur weil er meint, die Lebensgestaltung sollte anders ablaufen. Die Einzelheiten dazu formuliert der Verfassungsgeber in *Art. 6 Abs. 1 bis 3* insgesamt.

Elternrecht

In *Art. 6 Abs. 2* und *3 GG* wird festgehalten, was unter Elternrecht zu verstehen ist.

Art. 6 Abs. 2, S. 1 GG lautet: **„Pflege und Erziehung der Kinder sind das natürliche Recht der Eltern und die zuvörderst ihnen obliegende Pflicht“**.

Der Verfassungsgeber verdeutlicht in der für die damalige Zeit (Entstehung des Grundgesetzes im Jahr 1949) üblichen Formulierung – für unser heutiges Sprachverständnis etwas unverständlich, „altbacken“ – die Rechtsposition von Eltern gegenüber ihren Kindern:

Eltern stehen in einer natürlichen, selbstverständlichen Beziehung zu ihren Kindern, die letztlich auch eine Rechtsbeziehung beinhaltet. Sie sind alleine, eigenständig für ihre Kinder zuständig. Sie tragen die Verantwortung für die Entwicklung oder wie in *Art. 6 Abs. 1 S. 1 GG* formuliert, für deren **„Pflege und Erziehung“**. Das Recht der Eltern, ihre Eigenverantwortung, ist für den Verfassungsgeber das

Wichtigste. Dieses Elternrecht steht somit an erster Stelle der Beschreibung dessen, was Elternschaft rechtlich beinhaltet. Die Verfassung nennt die mit diesem Recht korrespondierende Pflicht erst an zweiter Stelle, in *Art. 6 Abs. 2, S.1, 2. Hlbs. GG*. Neben dem Recht der Eltern steht die Pflicht. Von den Eltern wird mit dieser grundrechtlichen Normierung ein pflichtgebundenes, pflichtbewusstes Verhalten ihren Kindern gegenüber erwartet. Es wird ausdrücklich festlegt, dass die Eltern zu **„Pflege und Erziehung“** ihrer Kinder verpflichtet sind. Sie müssen ihre Kinder erziehen, pflegen usw., was auch immer das alles enthalten kann. Die Eltern werden dazu ausdrücklich verpflichtet und zwar **„zuvorderst“**, das bedeutet vor allem anderen, also z.B. vor jeder staatlichen Einflussnahme. Eltern können, sie dürfen ihre Kinder nicht einfach anderen überlassen. Nur sie selbst tragen die Verantwortung für die Kinder.

Die Konkretisierung dieser grundrechtlichen Positionierung des Elternrechts erfolgt im *BGB* mit den dort detaillierten Bestimmungen über die elterliche Sorge *(Buch 4, Abschn. 2, Titel 5)*. Die genaue Definition, was die elterliche Sorge beinhaltet, findet sich in *§ 1626 BGB*, dem Kernparagrafen für das Verhältnis der Eltern zu ihren Kindern. *§ 1626 Abs. 1 S. 1 BGB* ist fast wortgleich formuliert wie *Art. 6 Abs. 2 S. 1 GG*.

§ 1626 Abs. 1, S. 1 BGB lautet: **„Die Eltern haben die Pflicht und das Recht für das minderjährige Kind zu sorgen (elterliche Sorge)“.**

Diese Formulierung ist allerdings nur fast wortgleich mit dem Grundgesetz: Wenn man beide Teilsätze – *Art. 6 Abs.2, S.1, 1. Hlbs. GG und § 1626 Abs. 1, S.1, 1.Hlbs.* übereinanderlegt, fällt ins Auge, dass im Grundgesetz zunächst das Recht der Eltern und danach erst die „Pflicht“ genannt wird. Anders das Bürgerliche Gesetzbuch: In *§ 1626* kommt die „Pflicht“ der Eltern an erster Stelle. Also: Die Eltern haben in erster Linie eine Verpflichtung gegenüber ihren Kindern. In seiner ursprünglichen Fassung war *§ 1626 Abs. 1 BGB* so formuliert wie das Grundgesetz: Das „Recht“ der Eltern kam vor ihrer „Pflicht“.

Mit der sogenannten „Großen Kindschaftsrechtsreform“ im Jahre 1998 wurde in *§ 1626 BGB* die Reihenfolge der Begriffe verändert.

Seitdem steht die „Pflicht“ der Eltern ihren Kindern gegenüber vor ihrem „Recht“ auf Erziehung. Hier drängt sich die Frage auf: Warum kommt der Gesetzgeber auf die Idee, einen Paragrafen in derartigen Nuancen zu verändern? Mit der Veränderung wurde direkt erkennbar nichts Inhaltliches verändert. Dafür wurden durch die veränderte Reihenfolge der Begriffe mittelbar Akzente gesetzt bzw. die Akzente verschoben. Was soll damit erreicht werden?

Dieses Beispiel macht deutlich, wie genau Gesetze formuliert werden, wie exakt sie gelesen werden müssen. Es kommt auf jedes einzelne Wort, auf jede Satzstellung und auf die damit jeweils erzeugte Positionierung an. Jede gesetzliche Bestimmung, jeder Paragraf erfordert eine genaue gedankliche Durchdringung, also eine Auslegung.

§ 1626 BGB in Verbindung mit *Art. 6 GG* ist ein für alle Rechtsbereiche und ganz besonders für das Familienrecht typisches Beispiel.

Familienrechtliche Normen beinhalten zwangsläufig nicht nur unmittelbare Rechtsregelungen oder Rechtsansprüche. Rechtsbestimmungen in Bezug auf die Familie haben immer mit besonderen menschlichen Beziehungsverhältnissen und Beziehungssystemen zu tun. Es ist problematischer persönliche Beziehungsebenen in das allgemeine Rechtsgefüge einzupassen als sonstige Lebensverhältnisse.

Bei Fragen von Kaufverträgen, Mietverhältnissen, strafrechtlich relevanten Verhaltensweisen, auch bei diesen allgemeinen Problemfeldern ist der Einzelne jeweils in einer besonderen Betroffenheitssituation. Bei Fragenkomplexen, die die Familienbeziehungen betreffen, z.B. „zu welchem Elternteil gehört ein Kind bei Trennung seiner Eltern“ oder „wann darf eine Ehe geschieden werden“, geht es neben der Betroffenheit zusätzlich um emotionale Hintergründe. Das Verhältnis der Familienmitglieder ist üblicherweise geprägt von Vertrauen und Solidarität zueinander. Insofern entzieht sich Familie auch in Situationen, in denen es nicht nur gut läuft, dem Befehls- und Steuerungsmechanismus einer gesetzlichen Regelung. Letztlich kann ein Gesetzgeber nur versuchen, Vorschriften zu formulieren, die der typischen Lebenssituation einer breiten Mehrheit entsprechen. Er tut sich dabei zwangsläufig schwer, alles im Detail festzulegen, zu verordnen. Das bedeutet, das Familienrecht enthält insbesondere Leitgedanken. Die Wortvorstellungen, die sich in einer sich ständig weiterentwickelnden Gesellschaft verändern, werden mit den jeweiligen familienrechtlichen Bestimmungen angepasst, modernisiert. In Bezug auf *§ 1626 BGB* bedeutet dies, dass der Gesetzgeber es Ende der neunziger Jahre für notwendig erachtete, eine Anpassung an die tatsächliche gesellschaftliche Entwicklung vorzunehmen und die Pflichtposition von Eltern noch vor ihre natürliche Rechte zu stellen. Es wird quasi der mahnende Zeigefinger erhoben: „Eltern, fordert nicht nur eure Rechte ein, sondern denkt vor allem erst einmal an eure Pflichten! Ihr entscheidet euch, Kinder zu zeugen und zur Welt zu bringen, es sind eure Kinder, nicht die Kinder der Allgemeinheit, des Staates. Ihr tragt vor allen anderen die damit verbundenen Pflichten!"

Die Auswirkungen dieses „Pflichten-Hinweises", immer verbunden mit der gleichzeitigen Rechtsposition der Eltern, finden sich in weiteren Einzelheiten in den gesetzlichen Regelungen zur elterlichen Sorge *(§ 1626 ff. BGB)* und in vielfältigen dazu ergangenen gerichtlichen Entscheidungen.

Auszug aus einem Urteil des Bundesverfassungsgerichts (BVerfGE)

- Art. 6 Abs. 2 Satz 1 GG garantiert den Eltern das Recht auf Pflege und Erziehung ihrer Kinder. Sie können grundsätzlich frei von staatlichem Einfluss nach eigenen Vorstellungen darüber entscheiden, wie sie ihrer Elternverantwortung gerecht werden wollen.

- Ziel, Inhalt und Methoden der elterlichen Erziehung liegen im Verantwortungsbereich der Eltern. Konkrete Erziehungsziele sind ihnen von Verfassungs wegen nicht vorgegeben.

- Art. 6 Abs. 2 GG schützt die Eltern damit vor staatlichen Eingriffen bei der Ausübung ihres Erziehungsrechts und verbindet dies mit der Verpflichtung, das Wohl des Kindes zur obersten Richtschnur der Erziehung zu machen.

Abbildung 10

Art. 6 GG stellt die Familie als besondere Institution unter staatlichen Schutz. Das bedeutet, der Staat soll die Familie vor Benachteiligungen schützen und er soll sie in ihrer Entwicklung fördern. Aber erst dann, wenn Eltern ihren Pflichten nicht nachkommen, ist der Staat gefragt sein sogenanntes Wächteramt *(Art. 6 Abs.2 S.2)* auszuüben. Das kann durchaus bedeuten, dass der Staat die „staatliche Gemeinschaft" durch die von ihm dafür vorgesehenen Institutionen – Familiengericht, Jugendamt – in die Rechte der Eltern eingreifen darf, obwohl sie ihnen ebenfalls grundrechtlich mit *Art. 6 Abs.2 S. 1 GG* zugesichert sind. Auf welche Art und Weise staatliche Institutionen handeln dürfen, unter welchen Voraussetzungen und wann, wird vor allem im *BGB* und im *SGB VIII (KJHG)* genau festgelegt.

Bei möglichen Fehlentwicklungen von Kindern z.B. geht es in erster Linie um Hilfeangebote für die Kinder und auch für die Eltern. Gemeint sind sog. Hilfen zur Erziehung, wie sie im *SGB VIII* aufgelistet sind (z.B. Erziehungsbeistand, sozialpädagogische Familienhilfe, Unterbringung in einer Pflegefamilie oder in einem Heim, §§ *27ff SGB VIII*.

Anders als häufig angenommen (nur in ca. 2 % der Fälle) erfolgt eine Trennung des Kindes von der Familie gegen den Willen der Eltern nur in extremen Ausnahmefällen – ohne eine gerichtliche Entscheidung des Familiengerichts geht das überhaupt nicht. Denn eine derartige Entscheidung greift das grundsätzlich garantierte Elternrecht nicht nur an bzw. es greift in dieses Elternrecht ein. Mit einem solchen Vorgehen wird das Grundrecht der Eltern, ihre Rechtsposition gegenüber dem Kind total außer Kraft gesetzt. Die gesetzliche Grundlage hierfür findet sich in den *§§ 1666ff. BGB*. Die Grundparagrafen *§ 1666* und *§ 1666a* wurden in den vergangenen Jahren wegen immer wieder auftretender Missstände wesentlich erweitert und ausdifferenziert. Damit soll in Blick auf die verschiedenen problematischen Lebenssituationen innerhalb einer Familie eine möglichst sachgerechte Antwort und ein breiter Handlungsansatz ermöglicht werden.

Der Kernsatz in *§ 1666 Abs. 1 BGB* geht von zwei Voraussetzungen aus: Das (körperliche, geistige oder seelische) Wohl des Kindes wird gefährdet **und**: die Eltern sind **„nicht gewillt oder nicht in der**

Lage", die Gefahr abzuwenden. Nur wenn beide Situationen erfüllt sind, können „Maßnahmen getroffen werden, die zur Abwendung der Gefahr erforderlich sind". Beispiele für solche Maßnahmen sind in *§ 1666 Abs. 3* aufgelistet.

Gefährdung des Kindsrechts:
§1666, Abs. 3 BGB

Zu den gerichtlichen Maßnahmen nach Abs. 1 gehören insbesondere:

1. Gebote, öffentliche Hilfen wie zum Beispiel Leistungen der Kinder- und Jugendhilfe und der Gesundheitsfürsorge in Anspruch zu nehmen,
2. Gebote, für die Einhaltung der Schulpflicht zu sorgen,
3. Verbote, vorübergehend oder auf unbestimmte Zeit die Familienwohnung oder eine andere Wohnung zu nutzen, sich in einem bestimmten Umkreis der Wohnung aufzuhalten oder zu bestimmende andere Orte aufzusuchen, an denen sich das Kind regelmäßig aufhält,
4. Verbote, Verbindung zum Kind aufzunehmen oder ein Zusammentreffen mit dem Kind herbeizuführen,
5. die Ersetzung von Erklärungen des Inhabers der elterlichen Sorge,
6. die teilweise oder vollständige Entziehung der elterlichen Sorge.

Abbildung 11

Kinder und Jugendliche

Diese Regelungen des *BGB* basieren ebenfalls auf der auch hier engeren, teilweise wortgleichen Grundrechtsfestlegung in *Art. 6 Abs. 3 GG*. Hier finden sich Begriffe wie **„Versagen"** der Erziehungsberechtigten oder **„Verwahrlosung"** der Kinder.

Zu Beginn der begrifflichen Erörterungen wurde analysiert, wer ist Familie und was ist Ehe. In diese Auflistung gehört auch die Frage danach, wer ist mit **„Kind"** im Sinne der Gesetze gemeint.

Bei der Beziehungsebene der Eltern zu ihren Kindern geht es um das Recht der Eltern auf Erziehung. Im grundlegenden *§ 1626 BGB* bezieht sich dieses Erziehungsrecht auf **„minderjährige Kinder"**. Nur für ihre minderjährigen Kinder sind die Eltern im Rahmen ihrer **elterlichen Sorge** verantwortlich.

Der Begriff **Minderjährigkeit** ist gesetzlich nicht definiert. *§ 2 BGB* legt dagegen fest, dass „Volljährigkeit" mit dem 18. Lebensjahr eintritt. Daraus kann im Umkehrschluss abgeleitet werden, dass Kinder – zumindest im Sinne des *BGB* – Personen sind, die noch nicht 18 Jahre alt sind. In den *§§ 104 ff. BGB* werden dann die Auswirkungen von Minderjährigkeit (und damit auch von Volljährigkeit) erläutert. Die Einzelheiten dazu wurden bereits früher behandelt.

Es soll nochmals genau verdeutlicht werden, wie genau mit gesetzlichen Begriffen umzugehen ist. Paragrafen sind Wort für Wort genau zu erklären. Soweit es zu einzelnen Begriffen gesetzliche Definitionen gibt, beziehen sich diese nur auf genau dieses Gesetz, in dem die Definition vorgenommen wurde.

Dies lässt sich gut anhand der Fragestellung, wer ist mit dem Begriff **Kind** gemeint *(Art. 6 Abs. 2 und 3 GG)*. Wer nicht mehr Kind ist, also auf jeden Fall derjenige, der volljährig ist, ist also ein Erwachsener.

Die wesentlichen Begriffsbestimmungen dazu finden sich neben dem *BGB* in den auf junge Menschen bezogenen Gesetzen:

So legt das *SGB VIII (KgHg)* zunächst fest, dass **Kinder** im Sinne dieses Gesetzes nur diejenigen sind, die noch nicht 14 Jahre alt sind *(§ 7 Abs. 1 Ziff. 1 SGB VIII)*. Mit dem Begriff Jugendliche sind nur diejenigen gemeint, die zwischen 14 und 18 Jahre alt sind, *§ 7 Ziff. 2 SGB VIII*.

In § 7 Abs. 1 Ziff. 3 werden **junge Volljährige** aufgeführt. Hier sind diejenigen zwischen 18 und 27 Jahren gemeint. Außerdem legt *§ 7 Abs. 1 Ziff. 4* für alle diese Gruppen – Kinder, Jugendliche, junge Volljährige – fest, dass sie im Rahmen des *SGB VIII* als Gesamtgruppe, also ab Geburt bis zum Erreichen des 27. Lebensjahres als **junger Mensch** bezeichnet werden.

§ 7 SGB VIII enthält eine zusätzliche auf den ersten Blick kompliziert klingende Einschränkung: In *Abs. 2* dieses Paragrafen heißt es auf einmal – anders als zuvor in *§ 7 Abs. 1 Ziff. 1 SGB VIII* –, dass Kinder diejenigen sind, die noch nicht 18 Jahre alt sind. Diese Regelung nimmt wiederum Bezug auf die Kinder, die in *§ 1 Abs. 2 SGB VIII* begrifflich umschrieben werden: *§ 1 Abs. 2* formuliert ebenfalls wortgleich wie *Art. 6 Abs. 2 GG* und *§ 1626 Abs. 1 S. 1 BGB*.

Die in *§ 1 SGB VIII* benutzte Formulierung beschreibt generell das Verhältnis der Eltern zu ihren Kindern und zwar wie im *BGB*, nur im Zusammenhang mit dem Recht und der Pflicht zur elterlichen Sorge für die Kinder.

„Pflege und Erziehung der Kinder sind das natürliche Recht der Eltern und die zuvörderst ihnen obliegende Pflicht" *(§ 1 Abs. 2 SGB VIII)*.

Anders als im *BGB* findet sich hier nicht der zusätzliche Hinweis, dass es sich in dieser Beziehungsebene nur um minderjährige Kinder handelt. Darum ist es zur Klarstellung notwendig, dass *§ 7 in Abs. 2 SGB VIII* den Hinweis gibt, dass Kinder bis zum Erreichen der Volljährigkeitsgrenze mit 18 Jahren (vgl. wiederum *§ 2 BGB*) rechtlich als **Kinder ihrer Eltern** behandelt werden.

Auch andere grundlegende Begriffe werden in diesem Gesetz so, wie in anderen Gesetzbüchern auch, definierend umschrieben, z.B., wer mit **Personensorgeberechtigter** oder im Unterschied dazu als **Erziehungsberechtigter** gemeint ist. In anderen für junge Menschen relevanten Gesetzen steht stattdessen **personensorgeberechtigte Person** und **erziehungsberechtigte Person** *(§ 1 JuSchuG* – Gesetz zum Schutz der Jugend in der Öffentlichkeit). Im Rahmen des Jugendschutzgesetzes sind mit Kindern die bis 14-Jährigen gemeint, diejenigen, zwischen 14 Jahren und 18 Jahren sind **Jugendliche**.

Das Jugendarbeitsschutzgesetz *(JuArbSchG)* geht dagegen davon aus, dass **Kinder** diejenigen sind, die noch nicht 15 Jahre alt sind – das Alter für **Jugendliche** bezieht sich hier ebenfalls auf die bis 18-Jährigen *(§ 2 Abs. 1 u. 2 JuArbSchG)*. Der Sinn dieser zeitlichen Erweiterung wird mit Blick auf *§ 2 Abs. 3 JuArbSchG* deutlich: Arbeitsschutz ist erst dann notwendig, wenn Kinder oder Jugendliche nicht mehr schulverpflichtet sind. Dies ist normalerweise bis zum 15. Lebensjahr der Fall, darum sollen sie auch bis zu diesem Zeitpunkt rechtlich als Kinder angesehen werden.

Im Jugendgerichtsgesetz *(JGG)* wird nur noch der Begriff **Jugendlicher** verwendet. **Kinder** kommen hier direkt nicht vor. Indirekt kann aus *§ 1 Abs. 2 JGG* abgeleitet werden, dass Kinder diejenigen sind, die noch nicht 14 Jahre alt sind, diese Kinder unterliegen nämlich nicht den Bestimmungen des *JGG*. Hier wird eindeutig formuliert, dass dieses Gesetz (nur) gilt, wenn ein Jugendlicher (oder ein Heranwachsender) eine Verfehlung nach den allgemeinen Strafvorschriften, also nach dem Strafgesetzbuch *(StGB)* begeht. Der Begriff **Heranwachsender** kommt hier neu hinzu und wird ausschließlich im Jugendstrafrecht verwendet. In diesem Sinn ist ein Heranwachsender ein junger Mensch zwischen 18 bis 21 Jahren. Für ihn gelten strafrechtliche Sonderregelungen. Zusätzlich formuliert das *StGB in § 19*, dass der noch nicht 14-Jährige (also derjenige, der noch Kind im Sinne des Strafrechts ist) **schuldunfähig** ist.

Mütter, uneheliche Kinder

Begriffliche Genauigkeiten sind, wie in der Einleitung zu diesem Kapitel schon erwähnt, das A und O in der Rechtsanwendung. Mit den an dieser Stelle genannten Beispielen sollte verdeutlicht werden, dass es beim Umgang mit Rechtsfragen nötig ist, genau auf jedes einzelne gesetzliche Wort zu achten.

Der Inhalt des Grundgesetzes zum Thema **Familie** soll mit der Betrachtung von *Art. 6 GG, Abs. 4 und 5* noch vervollständigt werden. In *Abs. 4* wird sehr allgemein ein **Schutzrecht für jede Mutter** konstatiert. Wie dies ausgefüllt werden kann, lässt sich u.a. nachlesen in den Gesetzen zur Familienförderung und zum Familienlastenausgleich *(BKGG und BEEG)*.

Art. 6 Abs. 5 GG betont, dass **uneheliche Kinder** gleichgestellt mit den ehelichen Kindern in und von dieser Gesellschaft behandelt werden sollen. Auch dieses Grundrecht wurde bereits 1949 so postulierend formuliert. Es wurde aber wie viele andere verfassungsrechtliche Postulate auch erst nach und nach immer weiter realisiert. Seit 1998 werden alle Kinder erbrechtlich gleichgestellt. Vorschriften einer Sonderbehandlung von unehelich geborenen Kindern finden sich kaum noch im privaten Recht. Insbesondere wird der veraltete problematische Begriff **uneheliches** Kind nicht mehr verwendet, da er grundsätzlich negativ behaftet ist. Die Silbe „un" steht generell für sehr negative Ausdrücke, etwa bei Formulierungen wie „Du bist **un**möglich, **un**verschämt, **un**gezogen, das ist **un**erhört oder **un**anständig. Auch Kinder von nicht verheirateten Eltern sollen nicht negativ abgestempelt werden, sie sollen nicht in eine schlechtere Position gedrängt werden als eheliche Kinder.

Bereits bei der großen Familienrechtsreform in den 1970iger Jahren wurde eine sprachliche Veränderung vorgenommen: Aus dem **unehelichen** wurde das **nichteheliche** Kind, eine nicht wertende, nur beschreibende Formulierung, die sachlich feststellt, dass das betreffende Kind nicht innerhalb eine Ehe geboren wurde.

Diese Begriffsgestaltungen, begrifflichen Genauigkeiten, sind nicht oberflächliche aussagenlose Wortspiele. Sie werden vom Gesetzgeber sehr bewusst nach langen Diskussionen und Entscheidungsprozessen vorgenommen, mit dem Ziel, dass gesetzliche Bestimmungen nicht hinter die gesellschaftliche Wirklichkeit zurückfallen. Nichteheliche Kinder sind in den heutigen Lebenssituationen und Familienformen nicht von den ehelichen Kindern zu unterscheiden. So ist der Gesetzgeber in weiterer Anpassung an die gesellschaftlichen tatsächlichen Gegebenheiten im Rahmen der Kindschaftsrechtsreform 1998 noch weiter gegangen: Seit diesem Zeitpunkt finden sich im Privatrecht keine **nichtehelichen** Kinder mehr. Ihre tatsächliche Existenz und die damit verbundenen immer noch notwendigen gesetzlichen Regelungsbestimmungen finden sich jetzt in Vorschriften, in denen es sich um sogenannte **besondere Vorschriften für das Kind und seine nicht miteinander verheirateten Eltern** handelt. Heute gilt also eine völlig wertfreie und neutrale Formulierung, mit der das Kind nicht mehr bewertet wird. Die Unterscheidung bezieht sich jetzt auf die Eltern: Sind sie Eheleute oder sind sie nicht miteinander verheiratet. Es wird also auf zwei unterschiedliche Lebensformen von Eltern abgestellt, die einen sind miteinander verheiratet und die anderen eben nicht. Diese leben letztlich ohne rechtlichen Rahmen als Paar zusammen. Ausnahmebestimmungen finden sich in den §§ 1615 a ff. BGB. Es geht also nur noch um die Eltern, nicht um die Kinder. Zwischen ehelichen und nichtehelichen Kindern finden sich insoweit keine gesetzlichen Unterscheidungen mehr.

5.3 Rechtliche Regelungen für die Ehe

Nach den gesetzlichen Grundlagen und Rechtsbegriffen ist es nun erforderlich, die Frage nach der Bedeutung des Rechts für Familien weiter zu konkretisieren. Zur Entstehung einer Familie wird letztlich eine irgendwie geartete Partnerschaft benötigt. Tatsächlich existieren diverse Varianten von **partnerschaftlichen Beziehungen**. Männer und Frauen leben mit ihren Kindern ohne rechtliche Bindungsformen zusammen oder sie leben getrennt und betreuen die Kinder wechselseitig. Sie entscheiden sich zu einer rechtlichen Sanktionierung ihrer Lebensform, sie sind verheiratet, leben aber nicht oder mit einem anderen Partner zusammen oder die jeweiligen Partnerbeziehungen bestehen nicht zwischen Mann und Frau, sondern zwischen zwei Männern oder zwei Frauen. Wir sprechen in diesen Zusammenhängen von **eheähnlichem Zusammenleben** oder von **nichtehelichen Lebensgemeinschaften**, von Verlobten, Lebenspartnern, Lebensabschnittsgefährten, auch von eingetragenen Lebenspartnerschaften oder, oder. Natürlich haben wir auch die Ehe als einzige im Grundgesetz titulierte und als geschützte Institution partnerschaftlicher Gemeinsamkeit. Wie diese unterschiedlichen Lebensformen rechtlich einzuordnen sind, welche Rechtswirkungen sie entfalten, soll nachfolgend im Einzelnen beleuchtet werden.

Dabei soll mit dem entscheidenden Rechtskern, dem „Institut der **Ehe**" als die nach unserer verfassungsmäßigen Werteordnung wesentlichen Grundform für die Begründung einer Familie begonnen werden. Da die Rechtsform der Ehe durch unsere christlich-abendländische Tradition wesentlich geprägt wurde, liegt ihr grundsätzliches Wesensmerkmal in ihrer Unauflöslichkeit. Der Kernparagraf dazu in *§ 1353 BGB* formuliert in *Abs. 1*, dass eine eheliche Lebensgemeinschaft **auf Lebenszeit** geschlossen wird, dass sie also unauflöslich ist.

Die Scheidungsstatistiken verdeutlichen, dass es zu diesem Grundsatz Ausnahmeregelungen gibt, um sich von dem einmal geschlossenen Ehebund lösen zu können. Ein allgemeiner Kernsatz lautet: „Keine Regel ohne Ausnahme!"

Übersicht zum Eherecht
§§ 1297–1588 BGB

Verlöbnis	Eheschließung	Allgemeine Ehewirkungen	Güterrecht	Scheidung
§§ 1297 ff.	§§ 1303 ff.	§§ 1353 ff.	§§ 1363 ff.	§§ 1564 ff.

Gleichgeschlechtliche Lebenspartnerschaften
- geregelt im Lebenspartnerschaftsgesetz (LPartG)

Nichteheliche Lebensgemeinschaft
- keine speziellen gesetzlichen Regelungen vorhanden

Abbildung 12

Entscheidung für eine Ehe

Denklogisch im Rechtssinne muss einer **Eheschließung** immer eine **Verlobung** vorausgehen, auch wenn das in heutiger Zeit ziemlich altmodisch klingt. Man denkt an Verlobungsfeier, Anzeigen, Verlobungsringe, erste Geschenke für den künftigen Haushalt. Aber immer weniger junge Leute trauen sich zu, eine Ehe zu schließen: Also verloben sie sich zunächst.

Auch das Verlöbnis ist ein Rechtsinstitut, das rechtliche Folgen mit sich bringt, es ist also nicht nur eine romantische Privatangelegenheit. Die Rechtsbestimmungen über das Verlöbnis finden sich in den *§§ 1297 ff BGB*, also unmittelbar vor den Regelungen über die Ehe *(§§ 1303 ff BGB)*. Die rechtlich notwendigen Voraussetzungen für ein Verlöbnis sind im Gesetz jedoch nicht ausdrücklich aufgezählt. Sie werden stillschweigend vorausgesetzt. Das Gesetz beschäftigt sich mit den Rechtsfolgen, vor allem für den Fall, dass das Verlöbnis platzt, d.h. die Verlobten trennen sich wieder. Was das Verlöbnis also wirklich ist, was es ausmacht, diese Definition muss aus den gesetzlichen Regelungen herausgearbeitet werden.

Eine Verlobung bezieht sich immer direkt und rechtslogisch unmittelbar auf die irgendwann nachfolgende Ehe. Jedes Paar, das irgendwann – morgen oder in ein paar Jahren – heiraten möchte, nimmt sich dies gemeinsam vor, spätestens dann, wenn sie den notwendigen Termin beim Standesamt machen.

Verlobung ist also:

- *ein wechselseitiges*
- *Versprechen der künftigen Eheschließung*
- *zwischen zwei Personen verschiedenen Geschlechts*
- *die ledig und*
- *ehefähig sind*
- *es gibt keinerlei Formerfordernis.*

Die Einzelheiten für diese hier aufgelisteten Kriterien folgen aus den detaillierten Rechtsbestimmungen zur Eheschließung in den der Verlobung nachfolgenden Paragrafen. Damit muss sich die Verlobung als ein gegenseitiger Vertrag, der auf die Eheschließung abzielt, auch auf die generelle Grundlage der für eine Ehe geltenden Rechtsbestimmungen abstellen. Anders als bei sonstigen im Vertragsrecht des *BGB* geregelten Rechtsverträgen kann das **Eheversprechen**, das den Inhalt dieses Vertrags bildet, nicht eingeklagt werden, *§ 1297 Abs. 1 S. 1 BGB*. Auch wäre eine gerichtliche Vollstreckungsmaßnahme wie Beugehaft oder eine Geldstrafe, um die Eheschließung auf jeden Fall herbeizuführen, „nichtig". *§ 1297 Abs. 1 S. 2 BGB* sagt ausdrücklich, dass sogar das vertraglich gemeinte „Versprechen einer Strafe für den Fall, dass die Eingehung der Ehe unterbleibt", nichtig ist, dass eine solche Festlegung also keinerlei Wirksamkeit entfalten kann.

Die Rechtsfolgen der Verlobung nach dem *BGB* sind:

- Rückgabeanspruch für die Verlobungsgeschenke, wenn die Verlobung gelöst wird *§ 1301.*
- Schadensersatzanspruch nach *§ 1298*, sogar für die Eltern der Verlobten, wenn ein Verlobter vom Verlöbnis zurücktritt. Das gilt insbesondere für Aufwendungen, die in Erwartung der Ehe gemacht wurden.
- Schadensersatzanspruch nach *§ 1299*, wenn ein Verlobter einen triftigen Grund dafür liefert, dass der andere vom Verlöbnis zurücktritt. Ersatzfähige Aufwendungen können Anschaffungen für den gemeinsamen Haushalt sein oder die Buchung (und damit Zahlungsverpflichtung) einer Hochzeitsreise oder auch die Kosten für eine Verlobungsfeier. (Es geht immer um die Angemessenheit der Aufwendungen.)

selbstverständlich ebenfalls geschützt, z.B. über den Schadensersatzanspruch des *§ 823 BGB*, wenn u.a. das Leben, der Körper, die Gesundheit eines Menschen widerrechtlich verletzt wurden.

Zudem beinhalten Grundrechte **Einrichtungsgarantien** (sog. Institutsgarantien). Bei diesen Einrichtungsgarantien, wie z.B. der Pressefreiheit *(Art. 5 GG)*, dem Schutz von Ehe und Familie *(Art. 6 GG)* und der Eigentumsgarantie *(Art. 14 GG)* geht es nicht um die Gewährung individueller Rechte, sondern um die dauerhafte verfassungsrechtliche Gewährleistung bestimmter Institutionen als solcher. So ist das Privateigentum als solches von der Verfassung durch *Art. 14 GG* garantiert, die konkrete Ausgestaltung bleibt allerdings dem einfachen Gesetzgeber vorbehalten, der hierbei einen weiten Gestaltungsspielraum hat und durch eine Vielzahl konkretisierender Regelungen (u.a. durch die Bereitstellung einer geeigneten Privatrechtsordnung) dieser Verpflichtung nachgekommen ist.

Zudem beinhalten die Grundrechte **Organisations- und Verfahrensgarantien**. *Art. 19 Abs. 4 GG* kommt hierbei eine besondere Bedeutung zu, da daraus die Garantie **effektiven Rechtschutzes** für den Bürger abgeleitet wird. *Art. 19 Abs. 4 GG* stellt eine Grundsatznorm für die gesamte Rechtsordnung dar, da sie über den Individualrechtsschutz hinaus auch die objektive Rechtskontrolle gewährleistet.

Grundrechten kommt nur ganz **ausnahmsweise** die Funktion von **Leistungsrechten** zu. Finanzielle Leistungs- und Versorgungsansprüche des Bürgers gegen den Staat leiten sich grundsätzlich aus den einfachen Gesetzen her.

Grundrechtsberechtigung- und Grundrechtsverpflichtung

Wie bereits oben erwähnt, stehen die Grundrechte allen Menschen bzw. den deutschen Staatsbürgern zu. Es handelt sich damit um natürliche Personen, die grundrechtsberechtigt sind. Unter der **Grundrechtsberechtigung** versteht man die Fähigkeit, Träger von Grundrechten zu sein, dies wird auch als Grundrechtsfähigkeit bezeichnet. Fähig, Träger von Grundrechten zu sein, sind alle natürlichen Personen von der Geburt bis zu ihrem Tod. Die Grundrechte stehen somit auch Kindern und Jugendlichen zu.

Daneben gibt es noch Rechtsfolgen für Verlobte in anderen Gesetzen, zum Beispiel:

- Aussageverweigerungsrecht vor Gericht (gem. *StPO, ZPO*),
- Besuchserlaubnis, wenn ein Verlobter inhaftiert ist.

Die Verlobung Minderjähriger orientiert sich an den Ehevorschriften, da eigene Regelungen nicht gegeben sind. Eine Voraussetzung zur Verlobung ist danach die **Ehefähigkeit** und diese umfasst Volljährigkeit und Geschäftsfähigkeit.

Volljährigkeit erlangt man nach *§ 2 BGB* mit Vollendung des 18. Lebensjahres, also am Tag des 18. Geburtstages. Mit diesem Tag ist man auch voll geschäftsfähig, vorher (ab sieben Jahre) war man nur beschränkt geschäftsfähig *(§ 106 ff. BGB)*. Diese Kinder oder Jugendliche benötigen für Rechtsgeschäfte die Zustimmung ihres gesetzlichen Vertreters *(§ 107 BGB)*, in der Regel ein sorgeberechtigter Elternteil, das heißt, ein beschränkt Geschäftsfähiger kann sich letztlich nur mit Zustimmung seines gesetzlichen Vertreters verloben, da der Verlobungsvertrag ein Rechtsgeschäft im Sinne des *BGB* ist. Umgekehrt kann das aber nicht dazu führen, dass die Eltern in ihrer Eigenschaft als gesetzliche Vertreter beispielsweise ihre Tochter, ohne diese zu fragen, mit einem Mann verloben.

Begründung der Ehe

Die **Eheschließung** ist die rechtlich anerkannte grundlegende und verbreitete Form von partnerschaftlicher Gemeinsamkeit mit entsprechender Rechtsauswirkung. Die Eheschließung ist ein familienrechtlicher Vertrag mit strengen Formalitäten und genau bezeichneten Rechtsfolgen.

Natürlich denken zwei Menschen, wenn sie heiraten wollen, nicht als Erstes an rechtliche Zusammenhänge oder an vertragliche Regelungen. Daher ist es eher unüblich, mit der Heirat gleichzeitig einen notariellen Vertrag abzuschließen, um damit individuelle Wünsche über Rechtsfolgen dieser Ehe selbst zu bestimmen. Den Eheschließenden ist im Allgemeinen nicht klar, dass und vor allem welche Rechtsfolgen mit Eingehung der Ehe automatisch gesetzlich einhergehen. Mit der Unterzeichnung einer eigenen notariellen Vereinbarung über rechtliche Konsequenzen der Ehe könnten sie ihre individuellen Vorstellungen per Vertrag selbst festlegen. Der Gesetzgeber hat dafür in Bezug auf Vermögensangelegenheiten einige Vorgaben gemacht (vgl. dazu *§§ 1414 ff. BGB*).

Die genauen Voraussetzungen für eine Eheschließung und das „Wie" dieses Vorgangs, also wie eine Eheschließung abläuft, finden sich in den *§§ 1303-1312 BGB*.

Mit **Ehe** ist eine familienrechtliche Gemeinschaft zwischen Mann und Frau gemeint. Dies steht zwar nicht ausdrücklich im Gesetz, aber es entspricht dem Verständnis des hier grundlegenden *Art. 6 GG (siehe weiter vorne unter 1.2.1)*. Das Institut der bürgerlichen Ehe wurde maßgeblich durch die christlich-abendländische Tradition geprägt. Sie ging und geht bei der üblichen Eheschließung von der Geschlechtsverschiedenheit der beiden Eheschließenden aus, das heißt, eine Ehe kann nur zwischen einem Mann und einer Frau eingegangen werden.

Dies ist auch der Hintergrund, weshalb der Gesetzgeber darauf verzichtet hat, die eingetragene Lebenspartnerschaft gleichgeschlechtlicher Paare als Ehe zu bezeichnen *(s. dazu LpartG)*.

Die im *BGB* ausdrücklich aufgeführten Rechtsvoraussetzungen für eine wirksame Eheschließung sind:

- Ehefähigkeit (Ehemündigkeit), *§ 1303 Abs. 1* und Geschäftsfähigkeit, *§ 1304*
- Kein Eheverbot: Doppelehe *§ 1306*, Verwandtschaft *§ 1307*, Adoptionsverhältnis *§ 1308*
- Ehefähigkeitszeugnis für Ausländer *§ 1309*
- Eheschließung – die Zeremonie – *§§ 1310–1312*

Die **Ehefähigkeit** bezieht sich vor allem auf die Heirat Minderjähriger. Minderjährige können im Ausnahmefall bereits ab dem 16. Lebensjahr heiraten. Diese Ausnahmeregelung ist an strenge Voraussetzungen gebunden, nämlich

- die Billigung durch das Familiengericht unter Berücksichtigung der Meinung der Eltern
- Volljährigkeit des anderen Partners – er muss also mindestens 18 Jahre alt sein
- Antrag durch den Minderjährigen selbst beim Familiengericht.

Das Familiengericht orientiert sich bei seiner Entscheidung in erster

Linie am Wohl des minderjährigen Verlobten. Es berücksichtigt den Willen der Eltern nur insoweit, als er auf sogenannten „triftigen Gründen" beruht. Gemeint sind hier diejenigen Gründe, die das Wohl des Minderjährigen im Blick haben *(§§ 1627, 1626 Abs. 2 BGB)*, also nicht egoistische Vorstellungen und persönliche Interessen der Eltern.

Das Argument, dass bereits „ein Kind unterwegs ist", spricht nicht automatisch für eine Eheschließung der Minderjährigen. Eine spätere Ehescheidung ist unter Umständen schlimmer als die vor der Geburt eines Kindes nicht erfolgte Eheschließung. Dabei ist auch zu bedenken, dass das Paar im Falle der Ablehnung der Eheschließung maximal zwei Jahre warten muss, bis beide volljährig sind, und sie dann frei entscheiden können, welchen Weg sie einschlagen möchten. Diese die persönliche Willensentscheidung einschränkenden rechtlichen Begrenzungen für einen Minderjährigen sollten nicht als willkürlicher Eingriff in die freiheitliche Entscheidungsmöglichkeit verstanden werden. Letztlich handelt es sich um eine Schutzvorschrift, eine den Minderjährigen „behütende" Regelung.

Zu beachten ist außerdem, dass ein Heiratswilliger nicht im Sinne von *§ 104 Ziff. 2 BGB* geschäftsunfähig ist, was nur dann so ist, wenn diese Voraussetzung ausdrücklich ärztlich gutachterlich festgestellt wurde. Ein geistig eingeschränkter Erwachsener mit einer (leichteren oder mittleren) geistigen Behinderung ist trotz dieser Einschränkung in der Lage, seinen eigenen persönlichen Willen zu bilden, also für sich zu entscheiden, ob er und wen er heiraten möchte. Diese „höchstpersönliche" Entscheidung kann ihm keine andere Person, auch nicht sein „rechtlicher Betreuer" *(§§ 1896 ff. BGB)* abnehmen oder vorschreiben. Beziehungen zwischen Paaren, der Wunsch auf eine dauerhafte, rechtlich sanktionierte, althergebrachten Traditionen entsprechende Partnerbeziehung ist eine typische „höchstpersönliche" Angelegenheit.

Da sich die oben bereits aufgeführten **Eheverbote** unmittelbar aus dem Text der einzelnen Paragrafen *(§§ 1306-1309 BGB)* ablesen lassen, soll hier nur auf wenige Detailfragen eingegangen werden.

Wir sprechen bei der Eingehung einer Ehe vom Prinzip der **ob-**

ligatorischen Zivilehe, das bedeutet, die Ehe muss bei uns auf jeden Fall von einem staatlichen Standesbeamten geschlossen werden. Die genauen Details zum Ablauf der Eheschließung sind in den *§§ 1310-1312 BGB* festgehalten. Die Heiratswilligen äußern ihren Ehewillen durch ihre persönliche Eheschließungserklärung bei gleichzeitiger Anwesenheit einem Standesbeamten gegenüber. Sie dürfen keinerlei Bedingungen vorgeben oder Einschränkungen mit Fristen. Der Standesbeamte ist der für Eheschließungen zuständige Beamte innerhalb einer Kommune. Er ist von seinem Behördenchef, also dem Bürgermeister der kommunalen Verwaltung, ausdrücklich für diese Aufgaben des Personenstandes beauftragte Beamte (siehe im Einzelnen *PStG*).

Wenn dann wie eben beschrieben die Verlobten ihren Heiratswillen bekundet haben, stellt der Standesbeamte die Traufrage in Bezug auf das „Ja-Wort", *(§ 1312 Abs. 1 S. 1 BGB).*

Natürlich könnten bei diesem Gesamtvorgang Fehler unterlaufen, wenn nämlich nicht alle der in den *§§ 1303 ff. BGB* vorgegebenen Voraussetzungen fehlerfrei erfüllt sind.

Unter genau bestimmten Voraussetzungen führen derartige Fehler zu der Möglichkeit, die Ehe aufheben zu lassen *(§§ 1313-1318 BGB).* In diesen Fällen ist die Ehe zunächst wirksam zustande gekommen, sie kann aber wegen Vorliegens eines Aufhebungsgrundes durch gerichtliches Urteil aufgelöst werden.

Es gibt auch ganz besondere Fälle, in denen man dann von einer **Nichtehe** spricht: Es ist gar keine wirksame Ehe zustande gekommen und jeder kann sich auf das Nichtbestehen der Ehe berufen, ohne dass es dazu einer gerichtlichen Entscheidung bedarf. Eine solche Nichtehe liegt vor, wenn:

- es sich um zwei Personen gleichen Geschlechts handelt oder
- die Eheschließungserklärung oder
- die Mitwirkung eines Standesbeamten fehlt (Ausnahme dazu in *§ 1310 Abs. 2 BGB*).

Die **Aufhebungsgründe** sind in *§ 1314 BGB* abschließend aufgezählt. Darunter fallen Verstöße gegen die Bestimmungen über die Ehefähigkeit *(§§ 1303 und 1304 BGB).* Außerdem der Fall der Doppelehe *(§ 1306 BGB)*, das heißt einer der Ehepartner ist bereits verheiratet oder er befindet sich noch in einer anderen, der Ehe entsprechenden rechtlichen Verbindung. Dazu zählt ebenfalls das Verbot der Verwandtenehe in gerader Linie (also zwischen Vater oder Großvater und Tochter bzw. Enkelin) und das Verbot einer Ehe zwischen Geschwistern *(§ 1307 BGB)*. Falls die formalen Vorgaben des Ablaufs der Eheschließung nach *§ 1311 BGB* nicht erfüllt sind, liegt darin ebenfalls ein Aufhebungsgrund.

Darüber hinaus listet der *§ 1314 BGB* spezielle Aufhebungsgründe auf, wie z.B. die arglistige Täuschung eines Ehegatten, *§ 1314 Abs. 2 Ziff. 3 BGB*. Hier findet sich wieder ein typisches Beispiel für eine genaue, aber komplizierte gesetzliche Ausdeutungsweise: eine Aufhebung der Ehe ist nur möglich, wenn sich die Täuschung nicht auf „Vermögensverhältnisse" bezieht. Zudem wird darauf abgestellt, dass nur solche Täuschungsumstände relevant für eine Eheaufhebung sind, wenn sie „bei richtiger Würdigung des Wesens der Ehe" dazu geführt hätten, dass der getäuschte Ehepartner genau deshalb die Ehe nicht eingegangen wäre. Diese Fälle sind heute kaum noch von Relevanz. In früheren Jahren waren es Fragen wie die „Unberührtheit" vor der Ehe oder die Tatsache, dass bereits vorhandene Kinder ausdrücklich verschwiegen wurden, die zu einer Eheaufhebung angeführt wurden.

Aktuell findet sich dagegen ein relevanter und häufiger vorkommender Eheaufhebungsgrund in *§ 1314 Abs. 2 Ziff. 5 BGB*. Hier geht es um die sogenannte Scheinehe, das bedeutet, die Ehe wird nur zum Schein geschlossen. Es geht den Eheschließenden um die rechtlichen Auswirkungen, die Eheleute wollen keine eheliche Beziehung eingehen, sie wollen nicht als Ehepaar zusammen leben, sie wollen insbesondere keinerlei rechtliche Verpflichtung begründen. Die Begründung in *§ 1314 Abs. 2 Ziff. 5 BGB* liegt in der Bezugnahme zum eigentlichen Kernparagrafen des Eherechts, nämlich in *§ 1353 BGB*. Dort ist ausgeführt, was eine Eheschließung bewirkt:

- Die Ehe wird auf „Lebenszeit geschlossen" *(Abs. 1 S. 1)* und
- die Eheleute „sind einander zur ehelichen Lebensgemeinschaft verpflichtet" *(Abs. 1 S. 2, 1. Hlbs.)*.

Genau das aber wollen Eheleute im Fall der Scheinehe nicht: Sie wollen gerade nicht zusammenleben und sie wollen auch keineswegs auf Lebenszeit verheiratet bleiben. Ihnen geht es darum, die rechtlichen Vorteile des Ehestandes zu erreichen. Angesichts der Vorgaben des Staatsangehörigkeitsrechts ergibt sich für einen ausländischen Ehepartner ein Anspruch auf Gemeinsamkeit mit seinem Ehepartner und dies führt nach Ablauf einer bestimmten Frist zu einem dauernden Bleiberecht, zum Anspruch auf die deutsche Staatsangehörigkeit, zur Arbeitserlaubnis. Aus diesem Grund sind die Standesbeamten verpflichtet anhand bestimmter Kriterien besonders darauf zu achten, ob die ehewilligen Partner eine „echte" Ehe im Auge haben. Vielfach werden Eheschließungen erkauft, der deutsche Partner wird dann dafür bezahlt, dass er einen ausländischen Partner heiratet und dass er so lange in dieser Ehebeziehung verbleibt, bis der gewünschte „Erfolg" eintritt, also der Ehegatte z.B. die deutsche Staatsangehörigkeit erlangt hat.

Eine Eheaufhebung kann in allen diesen Fällen durch den betroffenen Ehepartner beantragt werden oder durch die nach Landesrecht als zuständig dafür erklärte „Verwaltungsbehörde", *§ 1316 Abs. 1 Ziff. 1 BGB.*

Aufhebungsgründe in § 1314 Abs. 2 BGB

Eine Ehe kann ferner aufgehoben werden, wenn

1. ein Ehegatte sich bei der Eheschließung im Zustand der Bewusstlosigkeit oder vorübergehender Störung der Geistestätigkeit befand;
2. ein Ehegatte bei der Eheschließung nicht gewusst hat, dass es sich um eine Eheschließung handelt;
3. ein Ehegatte zur Eingehung der Ehe durch arglistige Täuschung über solche Umstände bestimmt worden ist, die ihn bei Kenntnis der Sachlage und bei richtiger Würdigung des Wesens der Ehe von der Eingehung der Ehe abgehalten hätten; dies gilt nicht, wenn die Täuschung Vermögensverhältnisse betrifft oder von einem Dritten ohne Wissen des anderen Ehegatten verübt worden ist;
4. ein Ehegatte zur Eingehung der Ehe widerrechtlich durch Drohung bestimmt worden ist;
5. beide Ehegatten sich bei der Eheschließung darüber einig waren, dass sie keine Verpflichtung gemäß § 1353 Abs. 1 begründen wollen.

Abbildung 13

Der Gesetzgeber hat auch einen Zeitrahmen festgelegt, innerhalb dessen eine Eheaufhebung möglich sein soll. Als Ausgangspunkt wird dabei abgestellt auf den Zeitpunkt, zu dem der Grund der Aufhebung für den anderen Ehepartner oder für die Verwaltungsbehörde erkennbar wurde *(§ 1317 BGB)*. Diese Fristenregelungen finden allerdings auf die Scheinehe keine Anwendung. Dies ergibt sich denklogisch aus *§ 1317 BGB*, da dort der Aufhebungsgrund des *§ 1314 Abs. 2 Ziff. 5 BGB in § 1317 BGB* nicht genannt wird.

Möglicherweise können auch Interessen des Wohls der aus der Ehe hervorgegangenen Kinder gegen eine Aufhebung der bestehenden Ehe sprechen, *§ 1316 Abs. 3 BGB*.

Folgen der Eheschliessung

Die Ehe ist letztlich ein Vertrag, wenn auch in einer besonderen Form und mit speziellen Rechtswirkungen. Durch die Eheschließung bilden Mann und Frau eine familienrechtliche Gemeinschaft, deren Inhalt gesetzlich geregelt ist.

Um manche Vorschriften verstehen zu können, muss man sich bewusst machen, dass diese Regelungen über 100 Jahre alt sind (zur Erinnerung: das *BGB* trat erstmals am 1.1.1900 in Kraft). Das Familienrecht und insbesondere das Eherecht ist ein sehr traditionell geprägtes Rechtsgebiet. Vieles, was für uns heute selbstverständlich ist, war für unsere Großeltern noch nicht Realität. Wenn wir uns vor Augen führen, wie ihr Eheleben gestaltet war, können wir uns ungefähr ein Bild von der Zeit machen, die diese Regelungen geprägt haben. Selbst wenn unsere Groß- und Urgroßmütter selbstbewusste Frauen waren, so lebten sie doch in einer Gesellschaft, in der der Ehemann „das Sagen“ im Hause hatte und die Familie betreffende Entscheidungen alleine fällen konnte. Formal war er zuständig für die Vertretung nach außen. Erst das Grundgesetz (1949) mit seinem Gleichberechtigungsgrundsatz in *Art. 3 Abs. 2*, mit den für Mann und Frau gleichermaßen geltenden (Grund-)Rechten und auch die dann folgende Frauenbewegung des 20. Jhs. haben ein Familienrecht ermöglicht, in welchem Männer und Frauen wirklich gleichberechtigt sind.

Gleichberechtigung nach Art. 3 Abs. 2 GG
Meilensteine der Entwicklung

1955 Nicht verheiratete Frauen dürfen sich statt Fräulein nun auch „Frau“ nennen.
1958 Ehefrauen dürfen ab sofort auch ohne Erlaubnis ihrer Ehemänner arbeiten gehen, aber nur wenn sie ihre häuslichen Pflichten nicht vernachlässigen.
1962 die „Antibabypille“ kommt auf den Markt – zunächst nur für verheiratete Frauen.
1965 Einführung des koedukativen Unterrichts an Schulen.
1967 Nachlässige Haushaltsführung gilt als Scheidungsgrund.
1971 die Einführung des BAföG verbessert die Bildungschancen von Mädchen aus finanzschwachen Familien.
1976 Auch der Name der Braut ist als Familienname möglich.
1977 Das Zerrüttungsprinzip löst das Schuldprinzip in der Ehescheidung ab.
1977 Der Ehemann darf seiner Frau nicht mehr den Beruf verbieten und nicht mehr in ihrem Namen ihr Arbeitsverhältnis kündigen.

Abbildung 14

Eheliche Lebensgemeinschaft

Heute haben Eheleute sehr weitgehende Freiheiten, ihre Ehe so zu leben, wie es ihnen gefällt. Wenn ihnen die Art ihrer Lebensgestaltung nicht gelingt, können sie sich trennen und einen Antrag auf Ehescheidung stellen. Den Richter interessieren die Gründe für die Trennung nicht und er muss nicht feststellen, wer die Schuld für die Trennung trägt.

Dennoch stehen einige grundlegende Regeln, wie das Eheleben gestaltet werden soll, im Gesetz. Tätige in der Sozialen Arbeit sollten die Rechtsverhältnisse von Eheleuten kennen, um notwendige Klarheiten vermitteln zu können. Kernparagraf für das Eherecht ist wie damals schon *§ 1353 BGB*.

In *§ 1353 Abs. 1 S. 2* heißt es: „**Die Ehegatten sind einander zur ehelichen Lebensgemeinschaft verpflichtet; sie tragen füreinander Verantwortung.**“

Auf eine unmittelbare Konkretisierung dieser Forderung hat der Gesetzgeber allerdings verzichtet. Inhaltlich gemeint sind eine Lebensführung der Eheleute in gegenseitiger Achtung, geprägt von Liebe, mit Beistand und Hilfe für den Anderen, ein Zusammenleben in ehelicher Treue sowie die gemeinsame Sorge für die Kinder. Diese Pflicht zur Führung einer Lebensgemeinschaft hat allerdings praktisch keine Bedeutung mehr. Wenn die Eheleute es vorziehen nicht zusammen zu wohnen, so ist das ihre Privatentscheidung. Wenn der Ehemann nicht zu seiner Ehefrau ziehen will, obwohl sie dies wünscht, so kann sie ihn nicht dazu zwingen, sie müssen sich arrangieren oder sie können getrennte Wege gehen.

Bis zur Neuregelung des Scheidungsrechts im Jahr 1977 war diese Pflicht zur Lebensgemeinschaft noch von Bedeutung. So musste beispielsweise die Hausfrau dem Ehemann folgen, wenn er sich beruflich veränderte und deshalb ein Umzug notwendig wurde. Weigerte sie sich, so war das ein Scheidungsgrund für den Mann, die Frau wurde dann „schuldig" geschieden mit möglicherweise weiteren rechtlichen, insbesondere finanziellen Konsequenzen.

In *§ 1353 Abs. 1 Satz 2* wird ausdrücklich betont, dass zwischen den Eheleuten **Verantwortung** bestehen sollte. Diese Teilvorschrift wurde erst mit der großen Kindschaftsrechtsreform im Jahre 1998 in das *BGB* aufgenommen. Eigentlich erscheint es selbstverständlich, dass Eheleute „füreinander Verantwortung tragen" und dass sie dies auch so wollen. Anders als in den Jahren zuvor hat es aber der Gesetzgeber nunmehr offensichtlich für notwendig erachtet, diese rechtliche Verantwortung gesetzlich speziell zu formulieren und damit besonders zu betonen. Die Vorstellungen davon, wie eheliche Gemeinschaft gelebt wird, haben sich wesentlich verändert. Dies hat den Gesetzgeber veranlasst, diese Notwendigkeit von „gegenseitiger Verantwortung" besonders zu betonen. Denn letztlich muss *§ 1353 Abs. 1 S. 2, 2. Hlbs. BGB* in Zusammenhang mit *§ 1353 Abs. 1 S. 1 BGB* gelesen werden, das bedeutet, die Eheleute tragen das ganze Leben lang die Verantwortung füreinander. Auswirkungen hat eine derartige Regelung unmittelbar nicht, das bedeutet, die gewünschten Verhaltensweisen des Ehepartners sind nicht direkt einklagbar. Mittelbar führt eine solche Vorgabe zu weiteren gesetzlichen Bestimmungen wie zum Beispiel im Unterhaltsrecht, die dann gedanklich an genau diesem Grundsatz anknüpfen.

In den nachfolgenden gesetzlichen Regelungen der *§§ 1355-1360 b BGB* werden weitere **Rechtspositionen und Pflichten** von Eheleuten untereinander fixiert.

Name der Eheleute

§ 1355 BGB unterscheidet zwischen: Geburtsname, Ehename, Familienname.

Geburtsname ist der ursprüngliche erste Familienname, der in der Geburtsurkunde eines Menschen steht, der Nachname, den er aufgrund seiner Herkunftsfamilie trägt. Er ist in der Regel identisch mit dem Ehenamen der Eltern oder dem Namen der nicht verheirateten Mutter, den sie zum Zeitpunkt der Geburt des Kindes innehat. Wer adoptiert wurde, erhält als Kind den Familiennamen der Adoptiveltern als Geburtsname. Dieser „Geburtsname" wird in die Geburtsurkunde geschrieben, um zu vermeiden, dass an Hand dieser Urkunde erkennbar wird, dass die leiblichen Eltern einen anderen Namen tragen. Allerdings wird im Standesamt die Originalurkunde mit dem „echten" Geburtsnamen unter Verschluss aufbewahrt. Adoptivkinder haben ab dem 16. Lebensjahr die Möglichkeit, ihre „wahre Herkunft" zu erfahren.

Ehename ist der von den Eheleuten gemeinsam geführte Familienname, der von ihnen bestimmt werden soll, aber nicht muss. Es kann der Name des Mannes oder der Frau sein. Solange die Eheleute keinen Namen bestimmen, behält jeder seinen bisherigen eigenen Namen. Gemeint ist der Geburtsname oder der jeweilige zu diesem Zeitpunkt geführte Name. Nach einer Scheidung kann nicht der durch die vorangegangene Ehe erworbene Name zum neuen Ehenamen werden.

Der Ehepartner, dessen Name nicht Familienname wird, kann zum Ausgleich seinen Geburtsnamen nur für sich persönlich als Doppelname vor oder hinter den Namen des anderen stellen. Gemeinsame Kinder können jedoch keinen Doppelnamen tragen, auch nicht beide Ehepartner.

Familienname ist der von einer Person zu einem bestimmten Zeitpunkt geführte Nachname, entweder sein Geburtsname oder sein Ehename. Er kann nur anlässlich einer Heirat geändert werden.

Definitionen der Namen laut BGB

Betreffende Paragrafen: § 1355 BGB, § 1616–§ 1618 BGB

Geburtsname

- Name, der in der Geburtsurkunde der Verlobten zur Zeit der Eheschließung eingetragen ist,
- i.d.R. identisch mit dem Ehenamen der Eltern oder
- mit dem Familiennamen der nichtehelichen Mutter zur Zeit der Geburt.

Ehename

- der von beiden Ehegatten geführte Familienname
- ist stets mit dem Geburtsnamen eines Ehegatten identisch,
- Ehegatten und gemeinschaftliche Kinder führen ihn gemeinsam.

Familienname

- der von einer Person zu einem bestimmten Zeitpunkt geführte Nachname,
- entweder Geburtsname oder Ehename,
- Begleitname gehört nicht zum Familiennamen, er ist „nur" persönlicher Namenszusatz des einzelnen Ehegatten.

Abbildung 15

Verteilung von Aufgaben

Der Gesetzgeber mischt sich sogar in die Aufteilung von Pflichten im Ehealltag ein. Zwar bestimmen die Eheleute in erster Linie selbst, wie sie im Alltag miteinander leben wollen und wer für welche Aufgaben zuständig ist. Auch wenn es darüber zwischen Eheleuten gelegentlich Streit gibt, so ist doch im Allgemeinen die Verteilung der Aufgaben untereinander meist klar. Trotzdem finden sich im Gesetz einige Regelungsvorgaben, die in den vergangenen Jahrzehnten mehrfachen Änderungen unterworfen waren: Bis vor etwa fünfzig Jahren waren der Frau alle Haushaltstätigkeiten allein zugeschrieben. Die berufstätige Ehefrau war die absolute Ausnahmeerscheinung.

Diese Einzelheiten zur **Haushaltsführung** finden sich in den *§§ 1356 Abs. 1 und 1360 S. 2 BGB*. Hausarbeit und **Erwerbsarbeit** sind danach gleichberechtigte Leistungen, mit denen zum gemeinsamen Unterhalt beigetragen werden kann. Der Gesetzgeber stuft damit Hausarbeit als absolut gleichwertig mit Erwerbsarbeit ein. Mit *§ 1356 Abs. 2 BGB* wird ausdrücklich beiden Ehepartnern das Recht zugestanden, erwerbstätig zu sein – immerhin war es dem Ehemann noch bis 1957 erlaubt, die Arbeitsstelle seiner Frau ohne deren Zustimmung zu kündigen.

Pflichtenverteilung
§ 1356 BGB

Prinzip der freien Rollenverteilung:

- **Haushaltsführung:**
  im **gegenseitigen Einvernehmen** regeln, § 1356 Abs. 1, 1. Satz BGB
- beide haben **Recht** auf **Erwerbstätigkeit**, § 1356 Abs. 2 BGB

Abbildung 16

Finanzielle Auswirkungen

§ 1360 BGB bezieht sich auf den **Familienunterhalt**: Ab dem Zeitpunkt der Eheschließung muss jeder der beiden Eheleute seinen Teil für das Wohl der Familie beitragen. Dieser Unterhalt kann geleistet werden durch eigene „Erwerbsarbeit", mit vorhandenem Vermögen und mit Haushaltsarbeit. In *§ 1360 a Abs. 1 und 2 BGB* wird präzisiert, was zum Familienunterhalt gehört, nämlich die Kosten des Haushalts, die persönlichen Bedürfnisse und der Lebensbedarf der Kinder. Hier stellt sich die Frage, wie das im Einzelnen gemeint ist, wie weit der Umfang der Unterhaltspflicht gehen soll. Wie viel muss einer arbeiten, wie muss der Haushalt geführt werden, muss das ganze Vermögen verbraucht werden oder nur das Existenzminimum gesichert sein? Die Antwort dazu lautet: Jeder muss so viel beitragen, dass der „angemessene Bedarf" der Familie, nämlich das, was „erforderlich" ist, gesichert ist. Je nach persönlichem Lebenszuschnitt, nach gesellschaftlicher Stellung oder einfach den Ansprü-

chen, die ein Ehepaar an die materiellen Seiten des Lebens hat, muss viel oder wenig gearbeitet, gehaushaltet und aus dem Vermögen ausgegeben werden.

Es stellt sich auch die Frage, ob ein Ehepartner verpflichtet werden kann im Geschäft, im Betrieb oder in der Praxis des anderen mitzuarbeiten. Die Formulierung des *§ 1356 Abs. 2 BGB*, wonach bei Berufstätigkeit „auf die Belange des anderen Ehegatten Rücksicht" zu nehmen ist, führt in dieser Frage nicht weiter. Mit *§ 1360 BGB* wird jedoch jedem Ehegatten die Verpflichtung auferlegt, zum gemeinsamen Lebensunterhalt beizutragen. Ebenfalls lässt sich evtl. aus der allgemeinen Beistandspflicht des *§ 1353 Abs. 1, 2. Hlbs. BGB* eine solche Pflicht zur Mitarbeit beim anderen Ehegatten ableiten. Zudem muss überlegt werden, ob der Ehegatte für diese Arbeitstätigkeit Entlohnung fordern kann. Hatten die Eheleute eine Vergütung vertraglich vereinbart, ist die Sachlage unproblematisch. Liegt eine derartige Vereinbarung nicht vor, bestehen wegen der in den *§§ 1356 und 1360 BGB* festgehaltenen Grundpositionen kaum Chancen auf Durchsetzung eines Lohnanspruchs.

Eheliche Lebensgemeinschaft heißt nicht, dass den Eheleuten immer alles gemeinsam gehört. Das Gegenteil ist im Allgemeinen der Fall: Jeder gehört ihres – jedem gehört seins.

Einzige gesetzliche Ausnahme bilden **Hausratsgegenstände** (Möbel, Vorhänge, Dekoration, Küchengeräte und -utensilien wie die Waschmaschine, das Fernsehgerät). Bei diesen Dingen, bei allem, was zum Hausrat gehört, unterstellt der Gesetzgeber, dass sie den Eheleuten gemeinsam gehören. Natürlich steht es den Eheleuten frei, etwas anderes zu vereinbaren mit der Folge, dass ihnen alles gemeinsam gehört – sie sind „Miteigentümer". Sinnvollerweise sollte eine derartige Vereinbarung schriftlich festgehalten werden, um damit spätere Streitigkeiten darüber zu vermeiden.

Besonders häufig wird dies versäumt bei Autos – der PKW gehört grundsätzlich demjenigen, der im Fahrzeugbrief steht – oder bei Häusern, Eigentumswohnungen – die Immobilie gehört demjenigen, der im Grundbuch steht – und bei Sparvermögen – dieses Geld gehört dem Inhaber des jeweiligen Kontos, Sparbuchs, Fonds usw. Im Streitfall lässt sich im Zweifel nichts nachweisen und damit hat der nicht eingetragene Partner keinerlei Rechtsposition. Die Frage der überwiegenden Nutzung spielt dabei keine Rolle. Geschenke und Erbschaften gehören demjenigen von beiden, der sie geschenkt bekommen oder geerbt hat.

Das Vermögen, die Vermögensverhältnisse während der Ehezeit lassen sich wie zwei getrennte Vermögensmassen darstellen. Ein möglicher Ehevertrag *(§ 1408 BGB)* spielt dabei keine Rolle. Zu beachten ist allerdings die Regelung des *§1362 BGB*. Nach dieser sogenannten Eigentumsvermutung wird zum Schutz des Gläubigers davon ausgegangen, dass immer alles dem schuldenden Ehegatten gehört. Dies ist aber eine sogenannte „widerlegbare Vermutung", das bedeutet, der betroffene Ehegatte hat die Chance, das Gegenteil zu beweisen. Er hat danach die Möglichkeit zu erklären, aus welchem Grund die betreffenden Gegenstände alleine ihm gehören. Gehören Dinge ihnen gemeinsam, werden sie mit jeweils zur Hälfte auf einen von ihnen angerechnet.

Alltagsgeschäfte

Die Trennung des Vermögens der Ehepartner bedingt auch, dass keiner von beiden für die Schulden des anderen haften muss. Eine Ausnahme dazu beinhaltet allerdings *§ 1357 BGB*. Bei dieser Regelung geht es im Kern um die Frage, ob Alltagsgeschäfte eines Ehegatten den anderen mit verpflichten, so dass der jeweilige Gläubiger frei ist, wen von beiden er in Anspruch nehmen will. In früheren Jahren war diese Vorschrift bekannt unter dem Begriff „Schlüsselgewalt": Jeder von beiden hat symbolisch „Gewalt" über die Schlüssel des anderen, jeder ist also in die Angelegenheiten des anderen mit einbezogen. Gemeint sind Lebenssituationen wie: Die Ehefrau lässt ihre täglichen Einkäufe bei ihrem kleinen Laden im Ort „anschreiben", die Rechnungen werden monatlich an den Ehemann zur Bezahlung geschickt oder: Der Ehemann bucht eine teure Kreuzfahrt für sie beide, obwohl er weiß, dass ihr Geld dann nicht mehr für die dringend notwendige Waschmaschine reicht. Um derartige Fragen beantworten zu können, muss die differenzierte Regelung des *§ 1357* genau durchdacht werden.

Generell gilt ein Rechtsgeschäft immer für und gegen den Ehepartner. Der Gläubiger gewinnt mit ihm einen zusätzlichen Schuldner, ohne dass ihm dies beim Vertragsabschluss bekannt gewesen sein muss.

Zum besseren Verständnis der Regelungen sollte man sich in die Rolle einer Hausfrau versetzen, die ohne eigenes Einkommen und Vermögen ist und die trotzdem die täglichen Haushaltseinkäufe macht. Der Verkäufer geht bei ihr aufgrund dieser gesetzlichen Bestimmung kein Risiko der Zahlungsunfähigkeit ein, denn er weiß, dass auf der Grundlage von *§ 1357 BGB* der Ehemann die Rechnung zahlen muss. Die Hausfrau kann also „auf Rechnung" bestellen. *§ 1357 BGB* nennt klare **Kriterien**, welche **Geschäfte des Alltags** dazu zählen:

- Die Regelung ist nur auf **Ehegatten** anwendbar, die Beteiligten müssen demnach verheiratet sein und sie müssen auch zusammen leben, *§ 1357 Abs. 3 BGB*. Was also einer der Ehepartner nach einer Trennung finanziell anstellt, damit hat der andere nichts zu tun, obwohl die beiden weiter verheiratet sind (*§ 1567 BGB* formuliert, wann man von einer **Trennung** ausgehen kann).
- Beide Ehegatten sind berechtigt, **Geschäfte zur Deckung des Lebensbedarfs** der Familie durchzuführen. Aus den *§§ 1360 S. 1 und 1360 a Abs. 1 BGB* kann abgeleitet werden, was im Einzelnen zum **Lebensbedarf** gehört. Es geht um die Deckung des allgemein üblichen Grundbedarfs wie Lebensmittel, Heizkosten oder Kleidung. Dazu gehören aber auch Dinge, die eher zu den persönlichen Bedürfnissen zu rechnen sind, wie Kosmetika oder Genussmittel. Auch der Lebensbedarf für gemeinsame Kinder, wie Kosten für Bildung, Unterhalt oder Erziehung ist ebenfalls Teil des „Lebensbedarfs der Familie". Nicht dazu gehören Kosten im beruflichen Umfeld oder Vermögensanlagen und ebenfalls die Altersvorsorge. Allgemein sind Geschäfte gemeint, die unter Eheleuten üblicherweise nicht weiter besprochen werden müssen.
- *§ 1357 Abs. 1 S.1, 1. Hlbs. BGB* stellt außerdem darauf ab, dass es sich um ein **angemessenes Geschäft** handelt. Maßstab hierfür ist der äußerlich erkennbare Zuschnitt des individuellen Haushalts, unabhängig davon, ob die Familie über ihre Verhältnisse lebt.

- *§ 1357 Abs. 1 S. 1, 2. Hlbs. BGB* kommt allerdings nicht zur Anwendung, wenn der Ehegatte beim Abschluss eines Geschäfts ausdrücklich erklärt, dies sei kein für seine Familie üblicher Vorgang oder er schließe dieses Geschäft nur für sich persönlich ab oder es handle sich um ein Geschenk an einen anderen. Wenn der Verkäufer dies gleichermaßen ohne einen speziellen Hinweis klar erkennen kann, gilt das Gleiche. Bei der Beurteilung von Geschäften größeren Umfangs gestaltet sich diese Auslegung oft problematisch. Dabei gilt jede medizinisch notwendige, dringende Behandlung sowieso immer als angemessen, die Kosten spielen dabei keine Rolle.
- *§ 1357 Abs. 2 BGB* ermöglicht eine weitere Einschränkung der grundlegenden Regel: Der nicht handelnde Ehepartner hat die Geschäftsführungsbefugnis des anderen ausdrücklich und wirksam ausgeschlossen. Dies muss aber dem Geschäftspartner bekannt sein (können). Die Bemerkung des Ehemanns gegenüber seiner Ehefrau, „für deine weiteren Kleidereinkäufe komme ich nicht mehr auf", kann sicherlich nicht ausreichen. Diese Mitteilung muss für den möglichen Geschäftspartner selbstverständlich zugänglich sein, zum Beispiel durch einen entsprechenden Eintrag im Güterrechtsregister *(§ 1357 Abs. 2 i.V.m. § 1412 BGB).*

Als *Rechtsfolge* für den Anspruch aus *§ 1357 BGB* bleibt festzuhalten:

Ein Ehepartner verpflichtet den anderen mit, beide haften also als Gesamtschuldner nach *§ 421 BGB*. Umgekehrt werden beide im Sinne von *§§ 428 und 432 BGB* als Gesamtgläubiger mit berechtigt.

Weitere Rechtspositionen

- In den Prozessordnungen der *ZPO* und *StPO* sind für Eheleute spezielle **Zeugnis- und Aussageverweigerungsrechte** vorgesehen. Damit soll ein Loyalitätskonflikt zwischen ihnen verhindert werden.
- Verschiedene Gesetze haben **Auskunftsansprüche** geregelt, z.B. wenn ein Ehepartner im Krankenhaus liegt oder wenn er inhaftiert ist. Der andere hat dann einen Anspruch, über die Hintergründe informiert zu werden.

- Eheleute sind untereinander **erbberechtigt**, sie beerben sich gegenseitig *(§ 1931 BGB und § 1371 BGB)*. Sie können gemeinsam ein Testament erstellen *(§ 2265 ff. BGB)*. Das Erbrecht endet, wenn ein Scheidungsverfahren läuft *(1933 BGB)*.

Beendigung der Ehe

Es gibt drei Möglichkeiten, mit denen eine Ehe beendet wird:
- Aufhebung der Ehe (sie wurde bereits behandelt),
- Ehescheidung,
- Tod eines Ehepartners.

Die Annullierung einer Ehe sieht das Bürgerliche Recht nicht vor. Der Begriff kommt aus dem Kirchenrecht und bezieht sich daher nur auf die kirchliche Ehe. Es geht dabei um die Frage nach der Zulässigkeit einer Wiederheirat nach bürgerlichem Recht geschiedener Eheleute.

Voraussetzungen einer Scheidung

Eine Ehe ist nach *§ 1353 Abs. 1, S. 1 BGB* **auf Lebenszeit angelegt**, sie ist also unauflöslich. Diese grundsätzliche Formulierung ist seit dem ersten Inkrafttreten des *BGB* am 1.1.1900 unverändert geblieben. Er entstammt unserer christlich geprägten Kultur, da nach kanonischem Recht die katholische Kirche von einer völligen Unauflöslichkeit der Ehe ausgeht. Das liberalere evangelische Recht lässt zwar ein Auseinandergehen der Eheleute zu, legt aber generell gleichermaßen eine auf Lebenszeit geschlossene Ehe zu Grunde. An diesen christlichen Vorstellungen orientiert sich auch der Gesetzgeber und trotzdem wurde vom ersten Inkrafttreten des *BGB* mit der Möglichkeit der Ehescheidung schon immer eine Ausnahme vom Grundsatz der Unauflöslichkeit der Ehe angeboten. Das **Ehescheidungsrecht** unterlag in der Rechtsentwicklung über die Jahrhunderte entsprechend den kulturellen gesellschaftlichen, kulturellen Veränderungen immer wieder einem Wandel. So war beispielsweise im 18./19. Jh. nach Preußischem Landesrecht (1794) die Scheidung einer Ehe nur bei schuldhaften Verfehlungen eines Ehegatten oder bei schwerwiegenden körperlichen oder geistigen Krankheiten des Ehepartners vorgesehen.

Zu Beginn des 20. Jahrhunderts war dann die Scheidung zunächst nur wegen extremer persönlicher Entwicklungen möglich – Ehescheidungsgründe wie widernatürliche Unzucht, Ehebruch, Verwahrlosung, Verlassung und ähnliche Begründungen mussten nachgewiesen werden können. Während der Zeit des Nationalsozialismus galt die Ehe „als Hort für die Nachwuchsproduktion mit deutschem Blut". Folglich konnte eine Ehe bei nachgewiesener Unfruchtbarkeit oder Verweigerung der Fortpflanzung aufgelöst werden und dies war ebenfalls von Amts wegen möglich.

Dieses erweiterte sogenannte **Schuldprinzip** galt generell in erweiterter Form bis zur grundlegenden Scheidungsreform im Jahre 1977:

Bis zu diesem Zeitpunkt musste das Gericht ausdrücklich feststellen, wer von beiden **schuld** am Scheitern der Ehe war. Für den **schuldig** Geschiedenen ergaben sich meist erhebliche Rechtsnachteile. So entwickelten sich Gerichtsverfahren zu sogenannten „Schlammschlachten" gespickt mit Verleumdungen und Lügen.

Das 1977 neu geschaffene **„Zerrüttungsprinzip"** gilt bis heute. Es geht von der Lebensweisheit aus, dass zum Streiten immer zwei gehören, dass also beim Scheitern einer Ehe nie einer allein die Schuld trägt, sondern immer beide. Der Gesetzgeber hat sich mit diesem rechtlich einfacheren und menschlich zudem angenehmeren Weg richtigerweise an den tatsächlichen gesellschaftlichen Entwicklungen orientiert. Die generelle Scheidungsbereitschaft ist ständig gestiegen, die Scheidungszahlen gehen seit 1957 bis heute mit derzeitig ca. 25 % ständig nach oben.

Die **rechtlichen Voraussetzungen für eine Ehescheidung** finden sich in den *§§ 1564-1568 BGB*.

Zerrüttung bedeutet, dass es nicht auf die **Schuld** der Eheleute ankommt, sondern, dass objektive Maßstäbe zu erfüllen sind, damit es tatsächlich zu einer Ehescheidung kommen kann. Formuliert wird das mit *§ 1565 I S. 1 BGB*, in dem darauf abgestellt wird, ob die Ehe gescheitert ist. Das ist nach *§ 1565 Abs. 1 S. 2 BGB* dann der Fall, wenn die Eheleute nicht mehr zusammen leben und eine Versöhnung nicht prognostiziert werden kann. Die Regeln für eine solche negative Eheprognose stehen in *§ 1566 BGB*. Dafür gibt es wiederum die Legaldefinition in *§ 1567 BGB*: „Die Eheleute leben getrennt," die eheliche Lebensgemeinschaft, die von *§ 1353 BGB* für eine Ehe vorausgesetzt wird, besteht nicht mehr.

Dieses **Getrenntleben** hat eine objektive und eine subjektive Seite. Die objektive Seite formuliert *§ 1567 Abs. 1 S. 1, 1 BGB*: „Die Ehegatten leben getrennt, wenn zwischen ihnen keine häusliche Gemeinschaft mehr besteht ...", es wird in diesem Zusammenhang oftmals von „Trennung von Tisch und Bett" gesprochen. Gemeint ist, die Eheleute wirtschaften und haushalten nicht mehr gemeinsam und ein gemeinsames Sexualleben findet nicht statt. Diese für die Eheleute neue Lebenssituation ist normalerweise dann gegeben, wenn einer von beiden ausgezogen ist und die Veränderung der Lebensform nach außen deutlich wird. Die Lebenswirklichkeit kann auch anders sein. Es ist durchaus vorstellbar, dass ein Ehepaar in der eigenen Wohnung, den eigenen vier Wänden getrennt im Sinne von *§ 1567 BGB* lebt. Die Eheleute leben nebeneinander her, sie haben unterschiedliche Zimmer bezogen und die Haushalts- und die Geschlechtsgemeinschaft aufgehoben, *§ 1567 I S. 2 BGB*. Auch in einem Ein-Zimmer-Appartement ist das faktisch möglich, denn letztlich kommt es für das Getrenntleben nur auf die tatsächliche Veränderung an. Eine irgendwie geartete Registrierung ist nicht vorgesehen.

Die subjektive Seite für das Getrenntleben formuliert *§ 1567 Abs. 1 S. 1 1. Hlbs. BGB*: „... und ein Ehegatte sie (die häusliche Gemeinschaft) erkennbar nicht herstellen will, weil er die eheliche Lebensgemeinschaft ablehnt". Zur objektiv feststellbaren Trennung muss also hinzukommen, dass (mindestens) ein Ehegatte mit dem anderen nicht mehr zusammen leben will, weil er sich auf jeden Fall von dem anderen trennen möchte.

Dies festzuhalten und sich klar zu machen ist sehr wichtig. Möglicherweise leben Eheleute objektiv räumlich voneinander getrennt, ohne die Gemeinschaft mit dem anderen abzulehnen. Gründe dafür können verschiedene Berufsorte sein, so dass ein Ehepaar zwangsläufig eine längere Trennung in Kauf nehmen muss. Sie möchten aber irgendwann wieder zusammen leben und fühlen sich selbstverständlich auch in einer längeren Phase weiter Entfernungen in der

Ehe gebunden. Auch äußere Umstände können unfreiwillig zu einer Trennung führen, ohne dass die eheliche Verbundenheit endet: Ein Ehepartner wird inhaftiert oder er muss geschlossen stationär untergebracht werden oder er ist in einer Krisenregion verschollen. Hier fehlt der jeweils subjektive Trennungswillen, die Eheleute leben also nicht getrennt im Sinne von *§ 1567 Abs. 1 BGB*.

Der Gesetzgeber stellt weitere Voraussetzungen, um die Klarheit einer Trennung der Eheleute zu betonen. Er geht von einer „negativen Eheprognose" aus, das bedeutet eine Trennung ist nur für die Fälle von Relevanz, wenn Wiederherstellung der ehelichen Lebensgemeinschaft nicht zu erwarten steht.

Das Gericht muss also bei seiner Entscheidung eine solche Prognose treffen: Gibt es eine reelle Chance auf Versöhnung? Dabei geht es nicht um die objektive Trennungssituation, sondern um die subjektive Seite, die dahintersteht.

Familienrichter entscheiden nach rechtlichen Kriterien, sie sind keine Psychologen oder Ehetherapeuten. Darum gibt ihnen das Gesetz für diese Entscheidung, ob einem Scheidungsantrag zu entsprechen ist oder ob bei den Eheleuten trotz objektiv vollzogener Trennung doch eine Versöhnungsmöglichkeit besteht, Regeln an die Hand. Diese Regeln sind gesetzliche Vermutungsregeln.

Sie leiten sich aus allgemeinen Lebenserfahrungen ab und knüpfen an zwei sichtbaren Kriterien an:

- die zeitliche Dauer des Getrenntlebens **und**
- den geäußerten Willen, die Ehe fortsetzen zu wollen oder nicht.

Da diese Voraussetzungen nur Vermutungsregeln sein können, hat zur Folge, dass immer im Einzelfall zu prüfen ist, wie die Prognose für eine Fortsetzung dieser Ehe aussieht. Gelangt das Gericht zu der Überzeugung, diese Ehe hat noch eine Chance, ist die tatsächliche Trennung der Eheleute nicht relevant.

Das Gesetz sieht darum weitere formale Kriterien vor, die genereller Maßstab dafür sein sollen, ob ein Scheitern der Ehe tatsächlich festgestellt werden muss. Es werden konkrete Zeitraster vorgegeben: Dauert die **Trennung** der Eheleute bereits **ein Jahr** und beide Ehepartner wollen die Scheidung *(§ 1566 Abs. 1 BGB),* spricht man von einer **einvernehmlichen Scheidung**. Es handelt sich um eine „unwiderlegbare Vermutung". Es wird vermutet, dass es keine Hoffnung auf Versöhnung der Eheleute gibt. Die Ehe wird dann geschieden, ohne dass vor Gericht nach Gründen gefragt wird. Das **Einvernehmen** der beiden bezieht sich nur auf den Wunsch, geschieden zu werden, nicht auf Streitigkeiten über andere Dinge, die zu regeln sind oder die der Hintergrund für den Scheidungswunsch sind. Diese Form der **einvernehmlichen Scheidung** kommt am häufigsten vor.

Im Gegensatz zur **einvernehmlichen Scheidung** steht die **streitige Scheidung**. Sie bedeutet ebenfalls die Trennung über ein Jahr, aber nur einer der Ehepartner will die Scheidung wirklich. Dies ist die Form der **widerlegbaren Vermutung**. Die Ehe wird dann nicht ohne nähere Prüfung als gescheitert angesehen. Es existiert keine gesetzliche Vermutungsregel, die besagt, es gibt keine Hoffnung auf Versöhnung. Es gilt *§ 1565 BGB*, wonach individuell festzustellen ist, ob die in Frage stehende Ehe wirklich gescheitert ist, ob also die Eheprognose negativ oder positiv ist. Dieses Vorgehen erinnert an das frühere **Schuldprinzip** und führt zu Angstverhalten und Nervenbelastungen für die Eheleute. Oftmals willigt darum der eigentlich scheidungsunwillige Ehegatte quasi gezwungenermaßen in die Scheidung der Ehe ein. Er will verhindern vor Gericht weiteren Belastungen ausgesetzt zu sein.

Ein weiteres Zeitraster benennt *§ 1566 Abs. 2 BGB*: **„Es wird unwiderlegbar vermutet, dass die Ehe gescheitert ist, wenn die Ehegatten seit drei Jahren getrennt leben."**

Diese **unwiderlegbare Vermutung** besagt, dass nach einer **dreijährigen Trennungszeit** die Ehe als gescheitert betrachtet wird. Es besteht eine (verstärkte) Vermutung, dass es keine Hoffnung auf Versöhnung der Eheleute gibt. Damit muss ein Gericht von einer **Zerrüttungssituation** ausgehen. Die tatsächliche Situation, also ob wirklich beide Ehepartner geschieden werden wollen, spielt für die Entscheidung keine Rolle mehr.

Mit dieser in *§ 1567 BGB* normierten Regelung sollen übereilte Ehescheidungen vermieden werden, vielleicht haben sich die streitbaren Gemüter schon wieder etwas abgekühlt, bevor die ganze Angelegenheit vor Gericht kommt. Es geht dabei letztlich wieder um den Grundgedanken des *§ 1353 BGB*. Die Regelungen der

§§ 1564 ff. BGB über die Ehescheidung bleiben eine Ausnahme zu der auf Lebenszeit angelegten Eheplanung.

Aus den *§§ 1565* und *1568 BGB* ergeben sich **Härtefallregelungen** für besondere Ausnahmesituationen. Danach kann eine Ehescheidung erfolgen, obwohl von der Einjahres- bzw. Dreijahresfrist abgewichen wird:

Dauert die **Trennung** der Eheleute erst **weniger als ein Jahr** und nur einer der Ehepartner will die Scheidung, dann geht man bei einem zusätzlichen Härtegrund im Sinne von *§ 1565 Abs. 2 BGB* von einer **unwiderlegbare Vermutung** in Blick auf ein Scheitern der Ehe aus. Die tatsächliche Ausgangslage muss danach individuell festgestellt werden, nämlich: ist die Prognose für den Fortbestand der Ehe negativ oder positiv. Das Scheitern muss konkret bewiesen werden und zwar durch einen Härtegrund, der in der Person des anderen Ehegatten liegt. Die Rechtsprechung ist nicht einheitlich, aber es haben sich verschiedene „Fallgruppen" entwickelt:

- Gewalt gegen den Ehepartner
- Sexuelle Beziehungen zu anderen
- Drogensucht und Alkoholismus in Einzelfällen
- Verheimlichung ansteckender Krankheiten
- Straftaten und Inhaftierung nur, wenn sie gegen den Ehepartner oder nahe Angehörige verübt wurden

Alles Gründe, die in *§ 1314 Abs 2 Ziff. 1-5 BGB* genannt sind, also Gründe, die zu einer Eheaufhebung führen könnten.

Nach *§ 1568 BGB* liegt eine **unzumutbare Härte** in der Tatsache, dass für einen der Ehepartner oder für eines der Kinder eine Scheidung der Eheleute unzumutbar erscheint. Diese Vorschrift kommt kaum noch zur Anwendung, möglicherweise weil mittlerweile eine Trennung von Verheirateten gesellschaftlich „normal" ist und außer der subjektiven Belastung nicht auch eine äußere Drucksituation für betroffene Kinder oder die geschiedene Ehefrau /den geschiedenen Ehemann entsteht.

Scheidung der Ehe

Voraussetzungen der Ehescheidung, §§ 1564-1568 BGB
Scheidungsgrund, §1565 Abs. 1 S. 1 BGB: Scheitern der Ehe (Zerrüttungsprinzip) Legaldefinition des Getrenntlebens, § 1567 BGB:

Trennungszeit 1 Jahr	Scheitern wird unwiderlegbar vermutet: **beide** Ehegatten beantragen Scheidung (oder **der andere stimmt zu**), § 1566 Abs. 1 BGB
Trennungszeit 3 Jahre	Scheitern wird unwiderlegbar vermutet, § 1567 Abs. 2 BGB
Trennungszeit unter 1 Jahr	***Scheitern ist positiv festzustellen*** (Analyse und Prognose), § 1565 Abs. 1, Satz 2 BGB ***und unzumutbare Härte*** nach § 1565 Abs. 2 BGB

Ausnahme nach § 1568 BGB: besondere Härte für Kind oder Ehegatten

Abbildung 17

GERICHTSVERFAHREN

Das Verfahren einer Ehescheidung sieht folgendermaßen aus:

Es muss zunächst ein **Scheidungsantrag** durch einen **Rechtsanwalt** beim zuständigen **Familiengericht** eingereicht werden *(§§ 114, 137 FamFG)*. Es besteht also „Anwaltszwang", nicht der Ehemann oder die Ehefrau können die Scheidung beantragen. Es muss also ein Rechtsanwalt beauftragt werden, um eine fachkundige Beratung zu sichern und um gleichzeitig die Gerichte vor vielen unnötigen Details und Fragen der Ehegeschichte, die rechtlich letztlich irrelevant sind, zu schützen.

Oft wollen Eheleute Geld sparen und deshalb die Scheidung mit nur **einem** Anwalt für beide durchführen. Dies beinhaltet das Problem, dass ein Anwalt rechtlich letztlich nicht beide Seiten eines Rechtsstreites vertreten kann, denn er ist Interessenvertreter nur einer Seite im Prozess. Formal sind Eheleute im Scheidungsverfahren „Gegner" im Prozess (Antragsteller und Antraggegner), der Antragsteller klagt auf Ehescheidung gegen den anderen Ehegatten. Selbst wenn beide

Partner bei den Besprechungen dabei sind und sich einig sind, kann der Anwalt nur die Interessen des einen berücksichtigen, er muss einseitig parteiisch sein.

Der offizielle Zeitpunkt für die Beendigung der Ehe ist der Tag, an dem das **Scheidungsurteil** den beiden Beteiligten zugestellt wird. Dieser Zeitpunkt ist vor allem für die finanziellen Folgeregelungen von Bedeutung.

Das Verfahren der Ehescheidung erfolgt beim Familiengericht, eine besondere Abteilung bei den Amtsgerichten *(§ 23 GVG)*. Dieses Gericht entscheidet durch Einzelrichter, der bereits Erfahrung als Richter in der Rechtsprechung haben muss und von dem zusätzlich zur juristischen Ausbildung spezielle Weiterbildungsmaßnahmen für **Familienrichter** vorab durchzuführen sind.

Während des Scheidungsverfahrens werden im sogenannten **Scheidungsverbund** *(§ 137 FamFG)* weitere Anträge zur Regelung der Finanzen oder der Sorge für gemeinsame Kinder gestellt. Derselbe Familienrichter bleibt für dieses gesamte Verfahren zuständig, da er die „Geschichte“ der Eheleute bereits kennt. Die Ehe soll erst geschieden werden, wenn alle Verfahren im Verbund entscheidungsreif sind. Damit sollen die Beteiligten motiviert werden daran mitzuwirken, dass die Verfahren beendet werden.

Auswirkungen der Ehescheidung

- *In der Trennungsphase*

Die vorangegangenen Ausführungen haben verdeutlicht, dass der Anspruch des Gesetzgebers (die Ehe wird auf Lebenszeit geschlossen, *§ 1353 Abs. 1 BGB*) und die Lebenswirklichkeit weit auseinanderliegen. In vielen Fällen gehen Eheleute auf Dauer auseinander. Diese Trennung führt meist zur Scheidung der Ehe. Generell gehen Menschen trotz ihres Wunsches, mit der Heirat das ganze Leben mit dem Ehegatten zu verbringen, davon aus, dass die Ehe wieder auflösbar ist.

Einer Ehescheidung muss immer eine „offizielle“ Trennungszeit vorausgehen. Aus diesem Grund hat der Gesetzgeber nicht nur Regelungen für die Zeit nach der Ehescheidung getroffen, sondern für streitige Fälle Vergleichbares ebenfalls für die **Trennungsphase** festgelegt.

Für diesen Fall des **Getrenntlebens** im Sinne von *§ 1567 BGB* finden sich noch innerhalb der Bestimmungen zum Eherecht (nicht im Zusammenhang mit dem Scheidungsrecht) direkt anschließend an die Regelungen über die Ehewirkungen in den *§§ 1361, 1361 a, 1361 b BGB* die **Trennungsfolgeregelungen**. Sie beziehen sich auf Probleme im Zusammenhang mit Unterhaltsfragen, mit der Aufteilung der ehelichen Wohnung und den Haushaltsgegenständen.

Im Gegensatz zum **Familienunterhalt** nach *§ 1360 BGB*, wonach beide Ehepartner daran mitwirken müssen, führt die Trennung zu einem einseitigen Anspruch auf **Trennungsunterhalt** für den Fall der Bedürftigkeit des anderen Ehegatten. Bei der Konkretisierung der Einzelheiten verweist *§ 1361 Abs. 3 BGB* auf die entsprechenden Regelungen im Scheidungsfolgenrecht. Gleichzeitig berücksichtigt *§ 1361 Abs. 1 und 2 BGB*, dass die Partner während der Trennungszeit eben doch noch verheiratet sind und möglicherweise letztendlich verheiratet bleiben werden. Deswegen soll nach Möglichkeit die bisherige tatsächliche Lebenssituation der Eheleute berücksichtigt werden, falls z.B. die Ehefrau bisher nicht erwerbstätig war, aber arbeiten könnte, muss sie nicht sofort nach der vollzogenen Trennung arbeiten gehen. Den Eheleuten wird ausreichend Zeit gelassen, ihre bisherige Lebensgestaltung zu verändern. Bis zum tatsächlichen Urteil über die Scheidung der Ehe oder zumindest bis zum Scheidungsantrag, der erst nach einem Jahr Trennung möglich ist, steht noch nicht eindeutig fest, ob die Ehe tatsächlich **gescheitert** ist. Die Rechtsprechungspraxis stellt darauf ab, wie lange in einem solchen Fall die Ehefrau nicht erwerbstätig war. Die Noch-Eheleute sollen in Ruhe und unter Aufrechterhaltung ihrer bisherigen Lebensverhältnisse über ihre Entscheidung nachdenken können. Erst im zweiten Trennungsjahr, in dem durch die Länge der Zeit eine Verfestigung des Trennungsgedankens erfolgt und damit die Scheidung wahrscheinlicher und nur noch eine Frage der Zeit ist, werden die Regelungen zum Unterhalt den Scheidungsfolgeregelungen weiter angenähert.

In Bezug auf die **Haushaltsgegenstände** bietet der Gesetzgeber nur für den Ausnahmefall Regelungen an. *§ 1361 a BGB* stellt in erster Linie auf die Einigungsfähigkeit der Eheleute ab. Nach *§ 1361 a Abs. 1 S. 1 BGB* kann jeder Ehegatte den ihm gehörenden Gegenstand mitnehmen. Allerdings muss wie immer bei gesetzlichen Vorschriften *S. 2* der gleichen Vorschrift mitgelesen werden. **Benötigt** der andere Ehegatte diesen Haushaltsgegenstand **mehr**, soll er ihm überlassen werden. Im Streitfall kommt es nach *§ 1361 a Abs. 1 S. 2, 2. Hlbs. BGB* auf die sogenannte **Billigkeit** an. Dieser Begriff findet sich immer wieder bei gesetzlichen Formulierungen. Er wird nicht weiter konkretisiert, denn es kommt immer auf den speziellen Einzelfall an, siehe dazu *§ 242 BGB* mit der Regelung über **Treu und Glauben**. In diesem Stadium einer Ehekrise wird letztendlich auf die Fairness der Ehepartner untereinander gesetzt. Sie sind noch verheiratet und die eherechtlichen Bestimmungen gelten nach wie vor, also auch der in *§ 1359 BGB* formulierte Gedanke einer **Sorgfaltspflicht** untereinander oder der Hinweis in *§ 1353 Abs. 2, 2. Hlbs. BGB*, wonach die Eheleute **füreinander Verantwortung tragen**. Genau darum geht es auch bei der in *§ 1361 a Abs. 1 und 2 BGB* formulierten **Billigkeit**. Der allgemeine zivilrechtliche Herausgabeanspruch des Eigentümers nach *§ 985 BGB* wird mit dieser speziellen Bestimmung eingeschränkt. Im Streitfall kann über eine gerichtliche Entscheidung als Entschädigung eine **angemessene Vergütung** nach *§ 1361 a Abs. 3 S. 2 BGB* für die Benutzung des Gegenstandes festgesetzt werden.

Besonders genaue und damit komplizierte Regelungen stellt der Gesetzgeber für die Nutzung der bisherigen **Ehewohnung** in der Zeit des Getrenntlebens auf, *§ 1361 b BGB*. Nur einer der beiden Eheleute kann bei ihrem Auseinandergehen in der bisherigen gemeinsamen Wohnung verbleiben. Es erweist sich meist als besonders schwierig in dieser Frage zu einer Einigung zu gelangen, denn derjenige, der ausziehen soll, muss sich auf jeden Fall etwas Neues suchen, Neues aufbauen, er kommt in eine andere Umgebung. Für ihn bleibt es also nicht nur bei der persönlichen Trennung, sondern die Änderung erfolgt quasi „öffentlich", da ein neuer Wohnort äußerlich sofort erkennbar wird. Das Gesetz stellt in *§ 1361 b Abs. 1 BGB* erneut auf die **Billigkeit** ab, also ob eine **unbillige Härte** für den, der ausziehen soll, vorliegt. Dabei soll vor allem das bisherige Leben mit den gemeinsamen Kindern nicht beeinträchtigt werden. Befindet sich die Wohnung im Eigentum eines Ehepartners, so wird er im Zweifel bevorzugt behandelt.

Im Falle von Gewalt während der Ehe wirken sich hier die seit 2002 bestehenden gesetzlichen Bestimmungen zum **Gewaltschutz** aus. Nach *§ 1361 a Abs. 2 BGB* besteht eine sogenannte **Wohlverhaltenspflicht** bei vorangegangener Gewaltanwendung: Dem anderen Ehepartner bleibt dann normalerweise die ganze Wohnung überlassen.

Es werden ebenfalls bereits geschaffene Fakten berücksichtigt. Wenn einer der beiden Eheleute schon seit 6 Monaten ausgezogen ist und keine Anzeichen ersichtlich werden, wonach er zurückkehren will, dann gilt der allgemeine Lebensgrundsatz: Wer draußen ist, ist draußen!

Bei all diesen Trennungsregelungen bleibt zu beachten: Die Ehe besteht (noch), sie wurde **auf Lebenszeit** geschlossen und steht als Grundrecht nach *Art. 6 GG* unter dem besonderen Schutz des Staates.

- *Nach der Ehescheidung*

Wenn die Scheidung dann erfolgt ist, ist die Lebenssituation für die Ex-Eheleute endgültig verändert und die Rechtslage ist dementsprechend völlig anders zu beurteilen. Mit dem Scheidungsurteil wird das „rechtsförmlich" vollzogen, was die beiden betreffenden Personen wollten: Sie haben tatsächlich und damit auch rechtlich nichts mehr miteinander zu tun. Sie gehen ihre Lebenswege jeder für sich, nicht mehr in der Gemeinsamkeit mit dem anderen Ehegatten. Mit Rechtskraft des Scheidungsurteils, also erst wenn die Fristen für eine Berufung abgelaufen sind, ist die Ehe gem. *§ 1564 Abs. 1 S. 2 BGB* aufgelöst. Die in den *§§ 1353 ff. BGB* beschriebene **Lebensgemeinschaft** wird damit ausdrücklich beendet und es entfällt der grundrechtliche Schutz nach *Art. 6 GG*. Alle Scheidungsfolgeregelungen ergeben sich aus diesem Grundgedanken. Die Tatsache, dass der Gesetzgeber überhaupt Regelungen anbietet, beruht auf seinem weiter nachwirkenden staatlichen **Schutzauftrag**. Eine einmal rechtsgültig bestandene Ehe soll sinnvoll in den weiteren Auswirkungen begleitet werden.

Bei den Folgen der Ehescheidung sind zwei Bereiche zu unterscheiden: Zum einen die **Auswirkungen für die (Ex-)Ehegatten** untereinander, dabei geht es vor allem um finanzielle Dinge wie Unterhalt, *§§ 1569 ff. BGB*, Versorgungsausgleich, *§ 1587 BGB*, Aufteilung des vorhandenen Vermögens §§ 1363 ff. BGB und des Hausrats, *§ 1568 a BGB*. Der zweite Bereich betrifft die rechtlichen **Auswirkungen auf das Eltern-Kind-Verhältnis**. Die Elterliche Sorge für die gemeinschaftlichen Kinder bleibt so wie in *§ 1626 BGB* grundlegend festgehalten weiterhin bestehen. Es muss nur abgeklärt werden, wo das Kind lebt, wie beide Elternteile mit dem Kind in Kontakt sein können und wie das Kind finanziert wird.

Solange sich die Eheleute einig sind, sind sie befugt, alle Fragen ohne die Vorgaben der Gesetze zu regeln. Im Blick auf die Kinder ist es rechtlich nicht relevant, ob die Eltern zusammenleben, getrennt oder geschieden sind. Sie bleiben immer Kinder dieser Eltern und sind damit durch deren Auseinandergehen in besonderem Maße belastet.

Um die unterschiedlichen Interessen der Beteiligten, Ehegatten als Eltern und Kinder ausgleichend und ohne weitreichende Rechtsstreitigkeiten in den Griff zu bekommen, hat sich für familienrechtliche Angelegenheiten ein besonderes Verfahren entwickelt. Das Familiengericht kann das **Mediationsverfahren** als eine spezielle Form von Beratung und Hilfe anordnen, *§§ 135, 156, 165 FamFG*. Im positiven Fall endet die Mediation dann mit einer Vereinbarung. Auf dieser schriftlichen Grundlage können die beratenden Anwälte einen Vertrag zwischen den Eheleuten formulieren, der zusammen mit dem Scheidungsantrag zu Gericht geht oder bereits vorab vom Notar beurkundet wird, um die Ernsthaftigkeit und Klarheit der Vereinbarung zu verdeutlichen. Speziell für das Scheidungsverfahren wird hier der allgemeine Amtsvermittlungsgrundsatz nach *§ 26 i.V.m. § 127 FamFG* speziell im Scheidungsverfahren eingeschränkt. Nach *§ 128 FamFG* sollen die Eheleute vor Gericht angehört werden. Grundlegend steht nach § 36 FamFG das familienrechtliche Verfahren immer unter der Vorgabe eines **Hinwirkens auf eine gütliche Einigung**.

Die auf die Ex-Ehegatten bezogenen Folgen einer Ehescheidung ergeben sich aus den Rechtswirkungen einer Eheschließung nach den *§§ 1353 ff. BGB*. Die Eheleute führen nun keine Lebensgemeinschaft mehr und damit sind die rechtlichen Auswirkungen ihrer Heirat ebenfalls beendet. Mit einigen Ausnahmen allerdings:

Nach *§ 1355 Abs. 5 S. 1 BGB* behalten sie grundsätzlich ihren bisherigen **Ehenamen**, können dies aber auf ihren Wunsch vom Standesbeamten ändern lassen, §1355 Abs.5, S. 2 und 3 BGB.

Das gleiche gilt für alle finanziellen Regelungen. Für den **Unterhalt** ergibt sich aus *§ 1569 BGB* der Grundsatz der Eigenverantwortung. Letztlich gehen Eheleute auseinander, weil sie nichts mehr miteinander zu tun haben wollen, also soll dann auch jeder für sich selber sorgen müssen. Der Gesetzgeber bietet nur für den Ausnahmefall Regelungen an. Ist ein Ehegatte **außerstande**, finanziell auf eigenen Beinen zu stehen, finden sich in den nachfolgenden Paragrafen besondere Bestimmungen. Diesen Bestimmungen ist gemeinsam, dass die Unfähigkeit, finanziell für sich selbst auszukommen, einen ehebedingten Hintergrund hat.

Folgen der Ehescheidung

1. **(Ex-)Ehegatten zueinander**
   - Ehe ist mit Rechtskraft des Scheidungsurteils aufgelöst, § 1564 Abs. 1 Seite 2 BGB
   - Unterhalt: jeder für sich
   - Ausnahmen: §§ 1570 ff. BGB
   - Verteilung des Hausrats und der Ehewohnung, §§ 1568 a, 1568 b BGB
   - Versorgungsausgleich = Ausgleich der Rentenanwartschaften, §§ 1587 ff. BGB
2. **Eltern-Kind-Verhältnis**
   - gemeinsame Elterliche Sorge bleibt
   - Kindesunterhalt wird geregelt

Abbildung 18

Ein **Ausnahmefall** liegt vor, wenn ein Ehegatte nicht alleine für sich sorgen kann, insbesondere wegen seines Alters, wegen Krankheit oder Erwerbslosigkeit oder wegen notwendiger Kinderbetreuung. Nur für diese besonderen Situationen soll der andere Ehegatte weiter unterhaltsverpflichtet bleiben, letztlich auch um für den Betroffenen mögliche ehebedingte Nachteile auszugleichen, wenn z.B. die Ehefrau ihren Beruf über lange Jahre aufgegeben hatte, um ganz für die Familie da zu sein.

In den *§§ 1570 ff. BGB* findet sich ein abgeschlossener Katalog von Fallkonstellationen. Unter bestimmten Voraussetzungen ist dem Ehegatten eine Erwerbstätigkeit nicht zumutbar, nämlich nach *§ 1570 BGB* wegen der **Betreuung eines gemeinsamen Kindes**. Es geht im Allgemeinen um den Zeitraum von drei Jahren ab der Geburt des Kindes. Verlängerungsmöglichkeiten sind vorgesehen für Fälle, in denen das Kind aus besonderen Gründen, wie bei speziellem Förderungsbedarf oder besonderen Erkrankungen, weiterer intensiver familiärer Betreuung bedarf. Zur Entscheidung über diese Frage wird auch auf die tatsächlichen Kinderbetreuungsmöglichkeiten abgestellt und auf die bisherige individuelle Gestaltung der Ehe, *§ 1570 Abs. 2 BGB*.

In den *§§ 1571, 1572 BGB* sind die Voraussetzungen festgehalten, unter denen der geschiedene Ehegatte wegen seines **Alters** oder wegen **Krankheit** weiterhin Unterhaltszahlungen erhalten kann. Bei der Entscheidung über diese Frage wird auf den Zeitpunkt der Ehescheidung abgestellt. Danach aufgetretene Krankheiten sind nicht von Relevanz, der bisherige Ehepartner kann dafür nicht mehr „haftbar" gemacht werden.

Eine weitere Sonderregelung findet sich in *§ 1576 BGB*, ein Unterhaltsanspruch für den Geschiedenen aus Billigkeitsgründen, wenn nämlich aus schwerwiegenden Gründen die Versagung von Unterhalt grob unbillig wäre, *§ 1576 BGB*.

Ist der frühere Ehegatte **arbeitslos**, bietet ihm *§ 1573 BGB* sehr detaillierte Regelungen an, wonach ihm ein Unterhaltsanspruch zusteht, obwohl ihm eine Erwerbstätigkeit durchaus zumutbar ist. Dem geschiedenen Ehegatten können auch die Kosten für eine Aus- oder Fortbildung oder eine Umschulung seines geschiedenen Partners auferlegt werden. Damit soll erreicht werden, dass der andere anschließend wieder unter zumutbaren Voraussetzungen erwerbstätig sein kann.

Natürlich kann Unterhalt nur von demjenigen bezahlt werden, der tatsächlich dazu in der Lage ist, das bedeutet, er muss im Sinne von *§ 1581 BGB* **leistungsfähig** sein. Deshalb muss ihm ein angemessener Selbstbehalt bemessen nach dem notwendigen Eigenbedarf verbleiben. In diesem Paragrafen wird auch genau festgelegt, inwieweit der Geschiedene sein Vermögen in diese Verpflichtung mit einbeziehen muss.

Das *„Maß"*, also die **Höhe des Unterhalts**, richtet sich gem. *§ 1578 BGB* nach den bisherigen ehelichen Lebensverhältnissen, also nach den jeweiligen Einkommensverhältnissen der Eheleute. Als Gedanke steht hinter dieser Regelung das Bestreben, dass der Geschiedene, der nun Unterhalt vom Ex-Ehegatten erhält, auch nach der Ehe auf gleichem Niveau wie bisher leben kann. Die Rechtsprechung geht bei der Berechnung der Unterhaltshöhe nicht von einer hälftigen Teilung aus, sondern sie belässt demjenigen, der Unterhalt bezahlen soll, einen höheren Anteil. Zu diesen Regelungen sind in den letzten Jahren einige Ausnahmen hinzugefügt worden, *§§ 1578a, 1578b BGB*. Dass diese Paragrafen erst später hinzugefügt wurden, ist bereits aus den jeweiligen Bezeichnungen *„a und b"* ersichtlich. Nach diesen Regelungen ist es möglich, den Unterhaltsanspruch des Geschiedenen herabzusetzen oder zeitlich zu begrenzen. Zusätzlich führt *§ 1579 BGB* insgesamt acht konkrete Gründe auf, wie *„kurze Dauer der Ehe"*, *„gravierende strafrechtlich relevante Verfehlungen"* des berechtigten Ehegatten oder eine *„mutwillige Herbeiführung der Bedürftigkeit"*. Auch *„schwerwiegendes Fehlverhalten"* wird als genereller Grund angeführt. Von Gerichten wurde beispielsweise die Tätigkeit als Prostituierte oder die Verhinderung des Umgangsrechts mit einem gemeinsamen Kind durch den Leistungsverpflichteten als ein solches **Fehlverhalten** angesehen. Für alle in *§ 1579 Ziff. 1-7 BGB* nicht aufgeführten Fallsituationen enthält *§ 1579 Ziff. 8 BGB* eine noch allgemeiner formulierte Auffangposition, wenn nämlich *„ein anderer Grund vorliegt"*, der in etwa den in den Ziffern 1-7 aufgezählten Gründen entspricht.

Insgesamt gesehen bedeutet das, dass die Verpflichtungen, nach der Scheidung an den Ex-Ehepartner Unterhalt zu zahlen, sehr eingeschränkt sind und dass umgekehrt der geschiedene Ehegatte nur geringe Chancen auf finanzielle Unterstützung hat. Zusätzlichen enthalten die Regelungen über die **Rangfolge** bei mehreren Unterhaltsberechtigten in *§ 1609 BGB* für den unterhaltsberechtigten geschiedenen Ehegatten weitere Einschränkungen.

Als Ergebnis kann festgehalten werden, dass sich auch der Ehegatte, der die Erziehung der Kinder und die Haushaltsführung während der Ehezeit voll übernommen hatte, keineswegs sicher sein kann, eines Tages im Scheidungsfall Unterhalt zu erhalten.

Zu den sonstigen Folgen einer Ehescheidung gehören zudem die Verteilung des **Hausrats** und der **Ehewohnung**, *§§ 1568 a und b BGB*. Von den Haushaltsgegenständen (Hausrat) behält jeder das, was ihm gehört. Nach dem aber auch hier anzuwendenden Grundsatz der **Billigkeit** wird bei einer Entscheidung über diese Frage mit berücksichtigt, ob einer von den Ehegatten einen Gegenstand auch nach der Ehezeit besonders benötigt.

Über den **Versorgungsausgleich** nach *§ 1587 BGB* i.V.m. dem sehr speziellen Versorgungsausgleichsgesetz *(VersAusglG vom 1.9.2009)* sollen die während des Bestehens der Ehe bereits erarbeiteten Renten, Pensionen und Altersversicherungen in eine gleichmäßige Verteilung unter den Ex-Ehegatten kommen. Damit soll die mögliche Schlechterstellung für den Ehepartner vermieden werden, der aus welchen Gründen auch immer während der Ehe-Phase nur eingeschränkt oder geringer bezahlt beschäftigt war.

Nach *§ 1 VersAusglG* wird jedes einzelne erworbene Anrecht zwischen den Eheleuten geteilt. Auch hier spielen wieder **Billigkeitsgründe** eine Rolle, wenn z.B. die Ehe nur von sehr kurzer Dauer (bis zu drei Jahren) war, *§§ 27, 3, 18 VersAusglG*.

Mit der Scheidung der Eheleute wird auch ihr bisheriger **ehelicher Güterstand** beendet und es erfolgt damit ein entsprechender Ausgleich des Gesamtvermögens der Ehegatten, *§ 1363 Abs. 2, S. 2, 1372 ff. BGB*. Beim Güterstand geht es um die Zuordnung der Güter, er bezieht sich also auf das Vermögen und das Eigentum der Eheleute, das während ihrer Ehezeit angesammelt wurde. Im Rahmen des gesetzlich vorgesehenen Güterstands der Zugewinngemeinschaft – er ist vom Gesetz vorgesehen, wenn die Eheleute nichts anderes festlegen – erfolgt nach Beendigung der Ehe entsprechend den *§§ 1363 ff. BGB* der **Zugewinnausgleich**. Das bedeutet, jedes

Ehepaar kommt mit dem Ja-Wort bei der Hochzeit automatisch in diesen Güterstand der Zugewinngemeinschaft.

In einem **Ehevertrag** – er kann vor der Eheschließung oder auch während der Ehe abgeschlossen werden – können die Ehepartner auch andere Formen des Güterstandes vereinbaren. Der Ehevertrag kann nur von beiden Ehepartnern gemeinsam vor einem Notar abgeschlossen werden, *§ 1410 BGB*. Üblicherweise wird eine Gütertrennung nach *§ 1414 BGB* vereinbart. Letztlich machen allerdings nur etwa 5 % der Eheschließenden von dieser Möglichkeit Gebrauch. Für besondere, für die Soziale Arbeit nicht relevante Lebenssituationen ist zusätzlich die Form der Gütergemeinschaft vorgesehen *§§ 1415 ff. BGB*.

Gütertrennung hat zwei Vermögensbereiche zur Folge. Es gibt nunmehr das Vermögen des Mannes, das der Frau und ein gemeinsames Vermögen von beiden. Kommt es dann zu einer Scheidung, nimmt der Mann sein Vermögen mit und die Frau ihres. Das gemeinsame Vermögen wird 50 % zu 50 % geteilt.

Gütertrennung ist vor allem Eheleuten zu empfehlen, die finanziell unabhängig sind und es auch während der Ehe bleiben wollen. Sobald einer von beiden zum Beispiel wegen der Kinder zu Hause bleibt und damit auf eigenes Einkommen verzichtet, ist immer der gesetzliche Güterstand, also die Zugewinngemeinschaft, vorzuziehen. Diese Regelung ist entstanden, um die nicht berufstätige Frau zu schützen, die nach dem ursprünglichen, damals üblichen Ehemodell in der „Kernfamilie" (Vater, Mutter, Kind) ausschließlich für die Kindererziehung zuständig war, auf eigene Erwerbstätigkeit und damit die Möglichkeit, Vermögen aufzubauen, verzichtet. Die Nichterwerbstätige soll durch die Zugewinngemeinschaft entschädigt werden, eine für die klassische „Hausfrauenehe" durchaus sinnvolle und gerechte Regelung. In diesen Lebenssituationen kommt der Durchführung des Zugewinnausgleichs im Streitfall, also bei einer Auseinandersetzung im Scheidungsverfahren, eine existentielle Bedeutung zu.

Während der Ehe bewirkt die Zugewinngemeinschaft letztlich genau das Gleiche wie die Gütertrennung: Es existiert ein Vermögen des Mannes und ein Vermögen der Frau und zusätzlich das Vermögen, das einer von ihnen während der Ehe erwirbt und das ihnen zu je 50% zusteht. Erst bei der Beendigung der Ehe wird der *Zugewinn* nach den Vorschriften der *§§ 1363-1390 BGB* ausgeglichen. Bei Trennung und Scheidung behält nicht jeder seines, sondern es wird genau ermittelt, wann welcher Teil des Vermögens von Mann oder Frau in der Ehe erwirtschaftet wurde. Dies ist dann der *Zugewinn*, der hälftig unter beiden aufgeteilt wird. Die Ermittlung dieses Zugewinns erweist sich oft als schwierig. Sie erfolgt in verschiedenen Schritten. Als Erstes wird für jeden Ehepartner einzeln sein Zugewinn ermittelt. Nach jahrzehntelanger Vermischung der Finanzen muss er im Einzelnen nachweisen, was er am Tag der Eheschließung an Vermögen besaß, das ist dann das *Anfangsvermögen*. Ebenso muss am Ende der Ehe – maßgeblich ist der Tag der Zustellung des Scheidungsantrags – das jeweilige Vermögen bilanziert werden, dies ist dann das *Endvermögen*. Hierbei liegen die Probleme zum einen in der Zuordnung – wem gehört was? – und in der Bewertung – wie viel ist das alte Auto noch wert oder das Wochenendhaus, der gebrauchte Computer? Aus solchen Fragen ergeben sich für die auseinandergehenden Eheleute vielfache Streitpotentiale.

In einem zweiten Schritt wird der Zugewinn beider Partner miteinander verglichen. Vom Endvermögen wird das Anfangsvermögen abgezogen und daraus errechnet sich der Zugewinn. Dieser wird unter den Eheleuten hälftig geteilt. Das beinhaltet, dass der Partner mit dem höheren Zugewinn die Hälfte des Gewinnüberschusses an den anderen abtreten muss, *§ 1378 BGB*. Der Teil, den einer der beiden geerbt oder geschenkt bekommen hat, wird zum Anfangsvermögen hinzugerechnet. Hat dieser Vermögensteil aber einen Wertzuwachs im Laufe der Ehezeit erlebt, dies könnte bei einem Haus oder bei Wertpapieren der Fall sein, dann wird dieser Wertzuwachs ebenfalls als Zugewinn angesehen, *§ 1374 Abs. 2 BGB*. Die Bewertung eines solchen Wertzuwachses ist ebenfalls nicht selten Grundlage für langwierige gerichtliche Auseinandersetzungen unter den Eheleuten.

Für **Schulden** seines Ehepartners haftet der andere grundsätzlich nicht. Es sei denn, er hat den Kreditvertrag, die Bestellung oder den sonstigen Vertrag selbst mit unterschrieben. Dann haftet er nur als Vertragspartner des Gläubigers, nicht in der Eigenschaft als Ehepartner. Der bereits bei den Folgen der Eheschließung besprochene *§ 1357 BGB* beinhaltet wegen der besonderen Lebensbeziehung von Eheleuten für Alltagsgeschäfte eine Ausnahme dazu.

§ 1374 Abs. 3 BGB legt außerdem fest, dass die eigenen Schulden eines Ehegatten nach der Scheidung vom Vermögen abgezogen werden und damit dem Anfangsvermögen zugerechnet werden können.

Bei der Aufteilung des Vermögens nach einer Ehescheidung wird wie beim Versorgungsausgleich auf eine gleichmäßige, gerechte Verteilung zwischen den Eheleuten geachtet. Bei der Vermögensberechnung fällt nach *§ 1375 Abs. 2 BGB* auch ins Gewicht, wie der jeweilige Ehegatte mit seinem Vermögen während der Ehe hantiert hat, ob er etwa *„verschwenderisch"* war.

Diese im Zusammenhang mit dem Scheidungsverfahren auftretenden notwendigen Regulierungsfragen können sich wegen finanzieller Details, aber auch wegen der persönlichen Betroffenheit von Eheleuten durch deren enge menschliche Beziehung und Bindung häufig als sehr langwierig und für die Beteiligten zermürbend gestalten. Auch deswegen wurde mit *§ 36 Abs. 1, S. 2 FamFG* festgelegt,

Güterstände

Gesetzlicher Güterstand: Zugewinngemeinschaft, §§ 1363-1390 BGB
(gilt auch für während der Ehe erworbenes Vermögen)

- während des Güterstandes: Verpflichtungs- und Verfügungsbeschränkungen, §§ 1365, 1369 BGB
- am Ende des Güterstandes: Zugewinnausgleich, §§ 1371 ff. BGB

Vertraglicher Güterstand: §§ 1408 ff. BGB, insbs. Gütertrennung, § 1414 BGB

- während des Güterstandes: keine Beschränkungen
- am Ende des Güterstandes: kein Ausgleich
- Es sind auch „Mischformen" mit individuellen Vereinbarungen möglich

Abbildung 19

dass das Familiengericht während des gesamten Verfahrens immer auf eine gütliche Einigung der Beteiligten hinwirken soll. Das Gericht hat dabei sogar die Möglichkeit, die Entscheidung über das Scheidungsbegehren insgesamt so lange auszusetzen, bis eine sinnvolle Einigung erzielt werden konnte.

5.4 Andere Partnerschaftsformen

In unserer Gesellschaft gibt es neben der bürgerlichen Ehe weitere Formen von Lebensgemeinschaften.

Eingetragene Lebenspartnerschaften

Auch **gleichgeschlechtliche Paare**, also zwei Männer oder zwei Frauen, haben seit 2001 die Möglichkeit, ihre dauerhafte Gemeinschaft rechtlich zu manifestieren, also zu legalisieren. Die Einzelheiten dazu finden sich im Gesetz über die eingetragene Lebenspartnerschaft *(LpartG)*. Die „eingetragene Lebenspartnerschaft" wurde neben dem „Rechtsinstitut Ehe" als eigenständige Rechtsform eingeführt. Die Bestimmungen im *LpartG* entsprechen im Wesentlichen den Bestimmungen über die Ehe in den *§§ 1303 ff. BGB*. Legt man die Gesetzestexte nebeneinander und liest die einzelnen Paragrafen parallel, wird deutlich, wie gleich die Vorschriften in ihren Inhalten und damit in den Auswirkungen für die Betroffenen sind. Das LpartG verwendet für gleiche Sachverhalte und gleiche Abläufe lediglich andere, neutralere Begriffe. Aus **eheliche Lebensgemeinschaft** wird **Lebenspartnerschaft**, in *§ 3 LpartG* ist die Rede von *„Lebenspartnerschaftsname"*, nicht von *„Ehename"* wie in *§ 1355 BGB* und von *„Lebenspartnerschaftsunterhalt"*, *§§ 4 ff. LpartG*. Es gibt keine *„Ehescheidung"* sondern die *„Aufhebung der Lebenspartnerschaft"* nach *§ 15 LpartG*. Die Lebenspartner sind wie Eheleute einander *„zur Fürsorge und Unterstützung"* sowie zur *„gemeinsamen Lebensgestaltung"*, *§ 2 LpartG* statt *„ehelicher Lebensgemeinschaft"*, *§ 1353 BGB* verpflichtet.

Mit diesen Bestimmungen haben gleichgeschlechtliche Paare eine gesellschaftliche Aufwertung erfahren. Die klaren Rechtsregelungen stellen sie letztlich mit Ehepartnern gleich. Daraus ergibt sich zwangsläufig die Frage, warum der Gesetzgeber den Weg eines eigenständigen Gesetzes gewählt hat, warum er nicht einfach im *BGB* gleichgeschlechtliche Paare mit in die Regelung über die Ehe einbezogen hat.

Die Antwort dazu findet sich im Grundgesetz. Das gleichrangige Nebeneinanderstellen der Begriffe *„Ehe und Familie"* in *Art. 6 Abs. 1 GG* verdeutlicht, dass nur eine Ehe, also die rechtlich geordnete Beziehung von Mann und Frau Grundlage für eine Familie, für die Familiengründung gemeint ist, denn Kinder können nur von einem Mann und einer Frau gezeugt und zur Welt gebracht werden. Gleichgeschlechtliche Paare können sich nicht miteinander fortpflanzen.

Tatsächlich leben aber auch gleichgeschlechtliche Paare genauso zusammen wie unterschiedlich geschlechtliche Ehepaare. Dieser Lebenswirklichkeit und ihrem Wunsch auf rechtliche Gleichstellung wurde mit den Regelungen des *LpartG* Rechnung getragen. Aufgrund des extra für diese Lebenssituationen geschaffenen Gesetzes mit seinen bewusst anderen Begrifflichkeiten sollte ausdrücklich verdeutlicht werden, dass mit diesem neuen Gesetz in kein Grundrecht eingegriffen wird. Anhand dieser politischen Entscheidung sollten zu erwartende Verfassungsbeschwerden von vorneherein verhindert werden. Allerdings wurden in den vergangenen Jahren zur Vereinfachung nach und nach Veränderungen auch innerhalb der Paragrafen des *BGB* vorgenommen. Dort werden dann neben Ehegatten zusätzlich auch Lebenspartner genannt, wie in *§ 563*, wo es um den Eintritt in ein Mietverhältnis geht, oder in *§ 1938* bei einer Enterbung oder § 1586 beim Erlöschen eines Unterhaltsanspruchs. Auch die Bestimmungen im *LpartG* selbst wurden nach und nach wesentlich erweitert, z.B. mit *§ 11 Abs. 1*, der nunmehr festlegt, dass ein *Lebenspartner* als *„Familienangehöriger des anderen Lebenspartners"* gilt.

Sonstige Lebensgemeinschaften

Eine weitere Form des partnerschaftlichen Zusammenlebens ist die **nichteheliche Lebensgemeinschaft** oder *„eheähnliche Gemeinschaft"*. In dieser Beziehung leben die Beteiligten zwar zusammen, sie verzichten aber auf die *Verrechtlichung* ihrer Beziehung. Sie wollen aus sehr unterschiedlichen, aus ganz persönlichen Gründen rechtlich unverbindlich zusammen leben. Bereits vor 25 Jahren wurde diese *nichtehelichen Lebensgemeinschaft* vom *BVerfG* als eine *„auf Dauer angelegte Beziehung zwischen Mann und Frau"*, die sich durch innere Bindung der beiden auszeichnet und die ein gegenseitiges Einstehen der Partner füreinander begründet, die also über die Beziehung in einer reinen Haushalts- und Wirtschaftsgemeinschaft, wie sie in einer reinen Wohngemeinschaft üblich ist, hinausgeht (vergl. *BVerfGE 87, 265*). Durch das *Lebenspartnerschaftsgesetz* hat sich die Rechtslage verändert, so dass jetzt auch gleichgeschlechtliche Paarbeziehungen, die der vom *BVerfG* beschriebenen Lebensform entsprechen, den verschiedenen geschlechtlichen Lebensbeziehungen gleichgestellt werden. Im *BGB* finden sich keine Rechtsvorschriften, die sich ausdrücklich auf das Verhältnis nicht miteinander verheirateter Personen beziehen. Ausgenommen davon sind Regelungen in Bezug auf gemeinsame Kinder. Diesbezüglich ist festzuhalten:

- Es ist ein **gemeinsames Sorgerecht** von nicht miteinander verheirateten Eltern möglich, nämlich wenn sie einander heiraten oder wenn sie eine *Sorgeerklärung* abgeben, *§ 1626 a BGB*.
- Nach *§ 1615 1 Abs. 1 BGB* hat die Mutter einen Anspruch gegenüber dem Vater auf Übernahme der Entbindungskosten und auf **Unterhalt** für einen Zeitraum von sechs Wochen vor und acht Wochen nach der Geburt.
- Gemäß *§ 1615 1 Abs. 2 BGB* wird dieser Unterhaltsanspruch auf vier Monate vor und für mindestens drei Jahre nach der Geburt ausgedehnt, wenn die Mutter auf Grund einer schwangerschaftsbedingten Krankheit nicht in der Lage ist, einer Erwerbstätigkeit nachzugehen oder ihr dies im Hinblick auf die Kinderbetreuung nicht zumutbar ist.
- Außerdem besteht für jeden Elternteil ein **Umgangsrecht** mit dem Kind, *§§ 1684 Abs. 1 BGB.*

Für die unmittelbare Beziehung unter den auf Dauer zusammenlebenden Paaren besteht also keinerlei Rechtssicherheit, das bedeutet im Einzelnen, es bestehen bei einer **Beendigung ihres Zusammenlebens**:

- **keine** Unterhaltsansprüche,
- **kein** Ausgleich der gegenseitig erbrachten Leistungen,
- **kein** Ausgleich von Vermögenszuwächsen (Zugewinnausgleich).

Im **Streitfall** gelten die **allgemeinen Vorschriften** des Bürgerlichen Rechts, nicht die speziellen Regelungen im Eherecht, das bedeutet, die Lebenspartner können und sollten spezielle Verträge abschließen, um sich für den Problemfall gegenseitig abzusichern und Ungerechtigkeiten, Nachteile, die durch ein langes partnerschaftliches Zusammenleben entstandenen sind, damit ausgleichen zu können.

Wenn Paare, die dauerhaft zusammenleben, in Beziehungen zu Dritten treten, stellt sich die Frage, ob diese Personen eher wie Eheleute oder wie Lebenspartner zu behandeln sind. Bei Mietverträgen, Darlehensverträgen und Versicherungsverträgen können sie wie Ehepartner auftreten, es erfolgt allerdings keine völlige Gleichstellung mit Eheleuten. Beim Zeugnisverweigerungsrecht nach *§ 383 Abs. 1 Nr. 1 ZPO und § 51 Abs. 1 Nr. 1 StPO* im Erbrecht beim gemeinschaftlichen Testament, *§§ 2265 ff. BGB*, im Steuerrecht, bei der Witwenrente, *§ 1587 BGB i.V.m. VersorgungsausgleichsG* sowie *§ 20 LpartG* werden dauerhaft zusammenlebende Paare nicht mit einbezogen. Paaren, die in einer nichtehelichen Lebensgemeinschaft zusammen leben, sollten daraus die Konsequenz ziehen und für alle Rechtsbereiche **extra Verträge** abschließen, um zu verhindern, dass sie bei einem möglichen Auseinanderbrechen ihrer Beziehung ohne Rechtsansprüche dastehen. Sie könnten Regelungen treffen über:

- Unterhaltsleistungen und Lebensversicherungen
- Umgangsrecht für gemeinsame Kinder
- Begleichung von evtl. fortwirkender finanzieller Verpflichtungen
- Verbleib in der gemeinsamen Wohnung
- Aufteilung des Hausrats
- Testament zur Regelung der Erbfolge

Einige Rechtspositionen gelten nur für die Ehe oder für eingetragene Lebenspartnerschaften. Sie können **nicht** in einen **Partnerschaftsvertrag** übernommen werden, dazu zählen:

- Gemeinsamer Name
- Recht, Geschäfte zur Deckung des Lebensbedarfs mit Wirkung für den Anderen zu schließen, *§ 1357 BGB*
- Öffentlich-rechtlicher Versorgungsausgleich
- Steuerliche Privilegien (Ehegattensplitting, Erbschaftssteuer)
- Gesetzliche Krankenversicherung und Altersversorgung

Einige Rechtsregelungen allerdings, die ursprünglich nur für Ehepartner galten, finden inzwischen auch Anwendung bei Paaren, die in einer eheähnlichen Beziehung leben. Bei der Prüfung, ob ein Anspruch auf **Sozialleistungen** besteht, wird auch das Einkommen und Vermögen des Partners mit eingerechnet, um damit finanzielle Belastungen der Staatskasse zu vermeiden, *§ 9 Abs. 2 SGB II i.V.m. § 7 Abs. 3 Nr. 3c oder § 20 SGB XII*. Die Behörde muss also zunächst prüfen, ob ein Antragsteller in einer **eheähnlichen Gemeinschaft** lebt. Dabei hat das *BVerfG* in seiner oben angeführten Definition zur *ehelichen Lebensgemeinschaft* auch auf die innere Einstellung der Partner und auf ihre Motivation zum Zusammenleben abgestellt. Die zuständige Sozialleistungsbehörde kann sich bei der Prüfung natürlich nur an äußeren Indizien orientieren, was zwangsläufig zu einem Übergriff auf die Privatsphäre der beteiligten Personen führen kann. Der Gesetzgeber stellt deshalb die Vermutung an, dass eine eheähnliche Gemeinschaft immer dann besteht, wenn Paare

- mit einem Kind zusammenleben oder
- wenn sie bereits länger als ein Jahr in einer Gemeinschaft leben oder
- wenn sie Angehörige im Haushalt gemeinsam versorgen oder
- wenn sie über das Einkommen oder das Vermögen des anderen Partners verfügen.

Liegen solche Voraussetzungen vor, ist jeweils der Antragsteller verpflichtet, den Gegenbeweis anzutreten.

Alles in allem: Die Lebensform einer nichtehelichen Lebensgemeinschaft ist letztlich nur privat von Relevanz. Der Gesetzgeber will damit nichts zu tun haben. Er müsste sonst Regelungen treffen, die über die Grundrechtsbestimmungen von *Art. 6 GG* hinausgehen.

5.5 Eltern und Kinder

Eltern

Der letzte Teil dieser Einführung in grundlegende Rechtsfragen gibt einen groben Überblick über familienrechtliche Rechtsbeziehungen insgesamt. Im Kernbereich geht es dabei um die Rechtsstellung von Eltern und Kindern innerhalb des gesamten Familiengefüges. Dabei sind die wesentlichen Fragen:

- Wer sind die Eltern eines Kindes?
- Welche Rechte und Pflichten bestehen zwischen Eltern und Kindern?
- Wer hat in welchen Fällen die elterliche Sorge und ein Umgangsrecht mit dem Kind und was bedeutet das?
- Welchen Namen erhält ein Kind?
- Wer kommt für seinen Unterhalt auf, also wer finanziert seinen Lebensalltag?
- Wie gestalten sich die erbrechtlichen Beziehungen?

Eltern eines Kindes sind grundsätzlich seine Mutter und sein Vater. **Mutter**, so formuliert es *§ 1591 BGB* genau, ***„ist die Frau, die es geboren hat“***. Man könnte ironisch auf den ersten Blick fragen, musste der Gesetzgeber das nun auch noch festlegen? Dieser Paragraf wurde erst im Jahre 1998 neu formuliert, um aufgetretene Unklarheiten rechtlich klarzustellen. Die gesetzliche Regelung stellt auf das Faktum der Geburt ab. Der Gesetzgeber trägt damit der selbstverständlichen biologischen Tatsache Rechnung, dass jede Frau in der Zeit der Schwangerschaft eine körperliche und psychische Bindung zu dem Kind entwickelt. Darum soll sie auch im Rechtssinne als die Mutter dieses Kindes gesehen und behandelt werden und zudem die notwendige Verantwortung für das Kind übernehmen. Damit erfolgt gleichzeitig eine Klarstellung in Blick auf die *Leihmutterschaft*, also in Bezug auf eine Mutter, die den Embryo für eine andere Frau austrägt. Im Rechtssinne wird sie als Mutter eingeordnet. Entsprechend ist nach den besonderen Regelungen im *Embryonenschutzgesetz* jede Form von Leih- oder Ersatzmutterschaft verboten, *§ 1 ESchG* und *§§ 13a ff. AdvermG*.

Komplizierter sind die Regelungen über die rechtliche **Vaterschaft**. Der biologische Vater ist nicht selbstverständlich auch rechtlich der Vater. Die Rolle des Vaters bei der Entwicklung eines Kindes beschränkt sich auf den Vorgang der Zeugung, bei dem keine weitere Person beteiligt ist. Bei einem Geschlechtsakt ist noch nicht unmittelbar erkennbar oder feststellbar, ob dieser konkrete Vorgang zur Entstehung des Kindes geführt hat. Es könnten auch andere Geschlechtsbeziehungen sein, die am gleichen oder an anderen Tagen innerhalb eines biologisch nur in etwa definierbaren Zeitfensters zum Beginn der Schwangerschaft dieses einen Kindes geführt haben.

Der Gesetzgeber zieht aus dieser unklaren Situation den Schluss, die Vaterschaft fiktiv zu definieren und stellt dabei auf verschiedene Lebenssituationen ab. Nach *§ 1592 Ziff. 1 BGB* wird der Ehemann der Mutter in Anlehnung an *Art. 6 Abs. 1 GG* zum rechtlichen Vater des Kindes. Es spielt dabei keine Rolle, ob er wirklich der biologische Vater des Kindes ist. Da Ehe und Familie unter besonderem staatlichen Schutz stehen, wird für das Kind, das während einer bestehenden Ehe geboren wird, der rechtliche Schutzschirm über diese Familie gebreitet. Nur wenn der Ehemann selbst von seiner letztlich fiktiven Position als Vater befreit werden möchte, besteht für ihn die Möglichkeit einer Anfechtung, *§ 1600 BGB*.

Ist die Mutter nicht verheiratet, hat es der Mann, der möglicherweise der Vater ist, selbst in der Hand, diese Vaterschaft rechtlich anzuerkennen. Nur wenn sich kein Mann zu dem Kind bekennt, ist der Weg frei für eine gerichtliche Feststellung der Vaterschaft, *§ 1592 Ziff. 3 BGB*. Die weiteren Einzelheiten zur rechtlichen Vaterschaft finden sich in den *§§ 1503–1600 d BGB*.

Kinder

Die wichtigste Rechtsbeziehung zwischen Eltern und Kindern, nämlich das, was die **elterliche Sorge** beinhaltet, ist in den *§§ 1626 ff. BGB* detailliert dargelegt. Dort wird genau definiert, was die elterliche Sorge im Einzelnen ausmacht. Sie besteht aus der **Personensorge**, geregelt in den *§§ 1631 ff. BGB* und der **Vermögenssorge**, *§§ 1638 ff. BGB*. Für Tätigkeiten in Berufsfeldern der Sozialen Arbeit liegt der *Kernbereich* in der *Personensorge*.

Im Allgemeinen steht die *elterliche Sorge* den Personen zu, die im Rechtssinne die Eltern sind, *§§ 1591, 1592 BGB*. Der Gesetzgeber unterscheidet erneut danach, ob die Eltern miteinander verheiratetet sind oder ob sie nicht oder nicht mehr miteinander verheiratet sind. Zusätzlich wird auf das Interesse des Kindes, also auf sein Wohl abgestellt. Für die Fälle, in denen die Ausübung der *elterlichen Sorge* durch einen Elternteil diesem **Kindeswohl** zuwiderläuft, kann die Ausübung der *elterlichen Sorge* durch diesen Elternteil und die damit verbundene Einflussnahme auf die Entwicklung des Kindes begrenzt werden. Die Regelungen hierzu finden sich im Einzelnen in den *§§ 1666 ff. BGB*.

Zum Fragekomplex der *elterlichen Sorge* gehören ebenfalls die Regelungen zum **Umgangsrecht**, *§§ 1684 ff. BGB*. Hier stellt der Gesetzgeber in erster Linie auf die Rechtsposition, auf den Rechtsanspruch des Kindes gegenüber seinen Eltern und anderen familiären oder sozialen Bezugspersonen ab. Dieser Rechtsanspruch auf Kontakt mit dem genannten Personenkreis – gemeint sind das Sich-Sehen, das Miteinander-Sprechen und jede sonstige Form von Kommunikation, wie Telefonate, E-Mails, Briefe – bedingt umgekehrt eine Pflicht der betroffenen Person, diesem Umgangsanspruch nachzukommen.

Bei all diesen Fragen ist nach dem Willen des Gesetzgebers, wieder angehängt an die entsprechenden verfassungsrechtlichen Grundlagen, das **Kindeswohl** immer besonders zu berücksichtigen. In mehreren Paragrafen wird in diesen Zusammenhängen expliziert jeweils auf dieses Kindeswohl abgestellt. Zusätzlich enthält *§ 1697 a BGB* den Hinweis für ***„das Gericht"***, also das Familiengericht (siehe dazu im Einzelnen die Regelungen im *FamFG*), jeweils die Entscheidung zu treffen, die ***„dem Wohl des Kindes am besten entspricht"***.

Kindern stehen selbstverständlich auch **Unterhaltsleistungen** durch ihre Eltern zu, *§§ 1601 ff. BGB*. Detailregelungen dazu wie auch zur **erbrechtlichen Position** des Kindes, *§§ 1922 ff. BGB*, sprengen den Rahmen dieser Grundlagenbeschreibung des Rechts.

Rechtsstellung eines Kindes

- **Abstammung (Status eines Kindes)**
  §§ 1591-1600 e, 1754, 1755 BGB
- **Elterliche Sorge und Umgangsrecht**
  §§ 1626-1698 b, 1712-1717, 1754, 1773-1895, 1909-1921 BGB
- **Name, Wohnsitz, Staatsangehörigkeit**
  §§ 1616-1618, 1757; BGB §§ 1; §§ 3-6 StaatsangG
- **Unterhalt**
  §§ 1589, 1601-1615, 1615 o, 1754, 1755 BGB
- **Erbrecht**
  §§ 1922-2385, 1754 BGB

Abbildung 20

Vormundschaft, Pflegschaft, Rechtliche Betreuung

Zur Unterstützung bei oder anstelle der elterlichen Sorge gibt es Ersatzmöglichkeiten. Jedes Kind bedarf auf irgendeine Weise immer einer rechtlichen Betreuung auch dann, wenn die Eltern aus sehr unterschiedlichen Gründen nicht zur Verfügung stehen.

Vormundschaft bedeutet immer Ersatz für fehlende *elterliche Sorge, §§ 1773 ff. BGB*. Hier kann der Bogen zu den Bestimmungen über die elterliche Sorge gezogen werden. Nach *§ 1626 Abs. 1 BGB* haben die Eltern die elterliche Sorge für ihre *„minderjährigen Kinder“*. Aus *§ 2 BGB* ist zu entnehmen, dass die Volljährigkeit mit der *„Vollendung des 18. Lebensjahres“* beginnt. Also stehen alle Kinder, die unter 18 Jahre alt sind, damit automatisch unter *elterlicher Sorge*. Fehlt nun diese *elterliche Sorge* der Eltern aus irgendeinem Grunde, dann muss Ersatz her. Diesen Ersatz für die *elterliche Sorge* nennt man *Vormundschaft*. Eine *Vormundschaft* bezieht sich also immer auf *minderjährige Kinder*, bei denen beide Elternteile ausfallen. Sollen Teilbereiche der elterlichen Sorge nicht mehr bei den Eltern bleiben – das Kind lebt z.B. in einer fremden Familie und die dortigen Pflegeeltern sorgen für seine Erziehung –, dann können diesen Personen Teilbereiche der *elterlichen Sorge* übertragen werden. Ein anderer wird dann nicht Vormund, sondern er übernimmt im Rechtsinne eine **Pflegschaft**. So können den Pflegeeltern Teile aus der *Personensorge* der Eltern, *§ 1631 Abs. 1 S. 1 BGB*, wie *„die Pflicht und das Recht für das Kind zu sorgen"*, übertragen werden. Im Einzelnen vgl. dazu *§§ 1773 ff. und 1909 ff. BGB*.

Volljährige Menschen, also Erwachsene, erhalten folglich niemals einen *Vormund*. Sie können also auch nicht, wie oft angenommen, entmündigt werden. Der Gesetzgeber hat für die Fälle, in denen ein Erwachsener nicht fähig ist, seine Angelegenheiten selbst zu regeln, die besondere Rechtsform der **rechtlichen Betreuung**, *§§ 1896 ff. BGB* geschaffen. Der Aufgabenbereich dieses *„Betreuers"* richtet sich ganz nach den individuellen Gegebenheiten und Notwendigkeiten der betroffenen Person.

Adoption

Als letzter Punkt in diesem Kontext der Varianten staatlicher Unterstützung für Familien soll noch auf die Besonderheit der sogenannten **Annahme als Kind**, allgemein geläufig unter dem Begriff der **Adoption**, hingewiesen werden.

Adoption bedeutet, ein Kind wird von fremden Eltern angenommen. Das Kind erhält damit die rechtliche Stellung dieser neuen Eltern mit allen rechtlichen Konsequenzen der Elternschaft, wie sie in den vorangegangenen Kapiteln beschrieben wurde. Die bisherigen tatsächlichen Eltern spielen ab diesem Zeitpunkt keine Rolle mehr, sie haben keinerlei Rechte und Pflichten. Die Voraussetzungen, unter denen minderjährige Kinder – die Adoption unter Volljährigkeit soll eine Ausnahme bleiben – adoptiert werden, sind in den *§§ 1741 ff. BGB* geregelt. Es wird genau festgelegt, wer ein Kind annehmen darf. Außerdem ist das *Adoptionsvermittlungsgesetz (AdVermG)* mit heranzuziehen. Es beinhaltet genaue Bestimmungen zum Ablauf des Verfahrens. Es verdeutlicht außerdem das notwendige Zusammenwirken zwischen dem Jugendamt als ausführender Behörde, *§ 50 Ziff. 3 SGB VIII,* und dem Familiengericht, das die rechtlichen Entscheidungen trifft, *§ 1752 BGB*.

Verwandtschaft, §§ 1589 ff. BGB

Abstammung	Unterhalt	Verhältnis Eltern-Kinder	Adoption
§§ 1591 ff. BGB	§§ 1601 ff. BGB	§§ 1616 ff. BGB §§ 1626 ff. BGB	§§ 1741 ff. BGB

Vormundschaft	Rechtliche Betreuung	Pflegschaft
§§ 1773 ff. BGB	§§ 1896 ff. BGB	§§ 1909 ff. BGB

Abbildung 21

Schlussbemerkung

Mit der Lektüre dieses Buches wurde Ihnen der rechtliche Rahmen Sozialer Arbeit in seinen wesentlichen Grundzügen zugänglich gemacht. Sie können nun die Systematik unserer Rechtsordnung verstehen und die Gesetze entsprechend anwenden. Ihnen ist die verfassungsrechtliche Dimension Sozialer Arbeit bewusst geworden. Dies ist auch deswegen besonders wichtig, weil der Sozialen Arbeit ein wesentlicher Gestaltungsauftrag für die Sicherung eines menschenwürdigen Lebens ihrer Klienten zukommt. Dabei sind immer die Grenzen rechtsstaatlichen Handelns zu beachten. Ihnen wurden dazu auch die vertraglichen und haftungsrechtlichen Grundlagen vermittelt und Sie haben Grundkenntnisse des Familienrechts erworben, mit denen Sie einen Zugang zum rechtlichen Lebensumfeld des Klienten erhalten.

Nach diesem einführenden rechtlichen Überblick verweisen wir weiterführend auf die im Anhang aufgeführte vertiefende Literatur.

Literatur

Zum Weiterlesen

Falterbaum, Johannes 2009: Rechtliche Grundlagen Sozialer Arbeit, 3. Auflage, Stuttgart

Kievel, Winfried/Knösel, Peter/Marx, Ansgar 2010: Recht für soziale Berufe, 6. Auflage, Köln

Marx, Ansgar 2011: Familienrecht für soziale Berufe, 1. Auflage Köln

Münder, Johannes/Ernst, Rüdiger 2009, Familienrecht, 6. Auflage Köln

Schleicher, Hans 2010: Jugend- und Familienrecht, 13. Auflage, München

Trenczek, Thomas/Tammen, Britta/Behlert, Wolfgang, 2011, Grundzüge des Rechts, 3. Auflage, München

WOCHEN SCHAU VERLAG

... ein Begriff für politische Bildung

Grundlagen Sozialer Arbeit

Die Reihe GRUNDLAGEN SOZIALER ARBEIT bietet kompakte, wissenschaftliche Grundlagenliteratur, die speziell für die gestrafften Studienanforderungen der Bachelor- und Masterstudiengänge konzipiert wurde.

Die Bücher orientieren sich an zentralen Themen der Wissenschaft sowie an Praxisfeldern und Handlungsformen der Sozialen Arbeit. Zurückgegriffen wird dabei auch auf relevante Wissensbestände benachbarter Sozial- und Geisteswissenschaften sowie inter- und transdisziplinäre Zugänge zu Themen der Sozialen Arbeit. Sie präsentieren wissenschaftliche Sachverhalte in einer für Studierende verständlichen Sprache und bilden die Voraussetzung für eine weitergehende vertiefende Lektüre.

Bernd Birgmeier, Eric Mührel:
Wissenschaftliche Grundlagen der Sozialen Arbeit
ISBN 978-3-89974635-8

Joachim Birzele, Lutz Thieme: Sozialmarketing
ISBN 978-3-89974320-3

Gudrun Ehlert: Gender in der Sozialen Arbeit,
ISBN 978-3-89974377-7

Angelika Ehrhardt: Methoden der Sozialen Arbeit
ISBN 978-3-89974476-7

Ina Hermann-Stietz: Praxisberatung und Supervision in der Sozialen Arbeit
ISBN 978-3-89974527-6

Winfred Kaminski (Hrsg.): Medienkompetenz in der Sozialen Arbeit, ISBN 978-3-89974376-0

Carola Kuhlmann: Geschichte Sozialer Arbeit I, Studienbuch, ISBN 978-3-89974860-4

Carola Kuhlmann (Hrsg.): Geschichte Sozialer Arbeit II, Textbuch, ISBN 978-3-89974392-0

Jürgen Nowak: Soziologie in der Sozialen Arbeit
ISBN 978-3-89974315-9

Armin Schneider: Forschungsperspektiven in der Sozialen Arbeit, ISBN 978-3-89974469-9

Armin Schneider: Soziales Managen
ISBN 978-3-89974613-6

Sigrid Tschöpe-Scheffler:
Familie und Erziehung in der Sozialen Arbeit
ISBN 978-3-89974318-0

alle Titel kosten € 9,80

INFOSERVICE: Neuheiten für Ihr Fachgebiet unter **www.wochenschau-verlag.de** | Jetzt anmelden!

A.-Damaschke-Str. 10, 65 824 Schwalbach/Ts., Tel.: 06196/86065, Fax: 06196/86060, info@wochenschau-verlag.de

10|18
12, avenue d'Italie — Paris XIIIᵉ

LE MYSTÈRE DE LA RUE FENCHURCH

I

L'étrange vieil homme qui se trouvait dans le coin, à la table voisine de la mienne, posa son verre de lait et s'accouda.

— Des mystères ? dit-il. Il n'y a de mystère en aucun crime si les investigations sont intelligentes !

Stupéfaite, je le regardai par-dessus les journaux que j'étais en train de lire. Avais-je commenté à haute voix l'article qui m'intéressait tant, je n'en sais rien, mais les paroles de ce bonhomme se trouvaient en directe réponse à mes pensées.

Son apparence, en tout cas, suffit à m'intriguer. Je n'avais jamais vu un vieillard si blême, si mince, et muni de si drôles de cheveux pâles, comiquement ramenés en travers d'un crâne glabre.

Il paraissait timide et nerveux. Incessamment, il tourmentait une cordelette entre ses doigts maigres et longs ; il y accumulait, pour les défaire ensuite, des nœuds extraordinairement compliqués...

Je m'aperçus par la suite qu'il ne pouvait guère parler sans manier quelque ficelle.

— Et cependant, ainsi que cet article l'expose, rien que dans l'année dernière, six crimes ont complètement dérouté la police et leurs auteurs sont encore en liberté !... répondis-je.

— Pardonnez-moi, dit-il doucement, je ne me suis jamais aventuré jusqu'à prétendre qu'il n'y a pas de mystères pour la police : j'ai simplement fait remarquer qu'il ne saurait y en avoir lorsque le crime est examiné avec intelligence.

— Même dans l'affaire de la rue Fenchurch ? demandai-je, d'un ton sceptique.

— Surtout pas dans le prétendu mystère de la rue Fenchurch, répliqua-t-il tranquillement.

À cette époque, le « mystère de la rue Fenchurch », ainsi que l'on disait, déroutait tous les esprits en Angleterre. Et cela depuis un an. L'attitude de ce petit vieux était donc un peu prétentieuse.

Je répliquai, non sans ironie :

— Quel dommage, vraiment, que vous n'offriez pas vos services à la police, ils lui seraient fort utiles.

— Je crois bien qu'elle ne les accepterait pas. Et puis, si je devenais un détective officiel, mon sentiment et mon devoir se trouveraient trop souvent en conflit direct. Il arrive, en effet, que mes vives sympathies vont au criminel assez subtil pour rouler nos détectives.

Certainement le cas auquel vous venez de faire allusion commença par me dérouter, moi comme les autres, poursuivit-il.

Vous le rappelez-vous bien ?... Le 12 décembre dernier, une femme pauvrement vêtue, mais qui semblait, par je ne sais quoi dans sa démarche et son regard, avoir connu des jours meilleurs, informa Scotland Yard [1] de la disparition de son mari, un M. William Kershaw, sans occupation fixe depuis quelque temps. Elle était accompagnée par un ami, un gros Allemand bouffi, blême, quasi huileux. Tous deux racontèrent une histoire qui mit immédiatement la police en mouvement.

Il paraît que le 10 décembre, à environ deux heures de l'après-midi, Karl Muller, l'Allemand, avait été voir son ami William Kershaw pour lui réclamer une petite somme — quelque chose comme dix livres — que ce dernier lui devait. En arrivant au malpropre logement de la rue Charlotte, il trouva William Kershaw dans un extraordinaire état d'émotion et sa femme, qui est très nerveuse, tout en pleurs...

Muller essaya d'exposer l'objet de sa visite, mais Kershaw, gesticulant et bavardant, ne l'écouta pas et eut l'aplomb de lui demander un nouveau prêt de deux livres. Cette somme, déclara-t-il, procurerait une fortune et à lui-même et à l'ami qui l'aiderait.

Après un quart d'heure de tergiversations, Kershaw, pour convaincre l'Allemand qui ne voulait rien savoir, se décida à lui expliquer le grand secret qui, affirmait-il, leur rapporterait des millions.

... J'avais posé mon journal. Cet étrange bonhomme, avec son air nerveux, ses yeux timides et son toupet filasse, avait une façon de raconter extraordinairement intense, presque fascinante...

---

1. Le bureau central de la police de Londres.

— Brièvement, voici l'histoire, continua-t-il, que l'Allemand raconta à la police et qui fut confirmée dans tous ses détails par Mme Kershaw :

Une trentaine d'années auparavant, Kershaw, alors âgé de vingt ans et étudiant en médecine dans un hôpital de Londres, avait un camarade intime nommé Barker avec lequel il vivait.

Un de leurs amis habitait avec eux. Ce dernier rapporta un soir à la maison une grosse somme d'argent gagnée par lui aux courses. Et, le lendemain, il fut trouvé assassiné dans son lit.

Kershaw, heureusement pour lui, put produire un net alibi. Il avait passé toute la nuit à l'hôpital. Quant à Barker, il disparut aussitôt et la police ne put le retrouver. Mais Kershaw affirmait avoir été plus heureux que la police.

Selon lui, Barker était parvenu à quitter le pays et, après diverses vicissitudes en Amérique et ailleurs, avait fini par s'établir à Vladivostok, en Sibérie asiatique, où, sous le nom de Smethurst, il avait amassé une énorme fortune dans le commerce des fourrures. Là-bas, tout le monde connaissait Smethurst, le millionnaire sibérien.

L'affirmation de Kershaw, d'après laquelle Smethurst se serait appelé jadis Barker et aurait commis un meurtre il y a trente ans, ne fut jamais prouvée, notez-le... Je relate seulement ce que Kershaw dit à son ami l'Allemand et à sa femme, ce mémorable après-midi du 10 décembre dernier...

Selon lui, Smethurst, dans sa si adroite carrière, avait commis plusieurs fois la gaffe énorme de correspondre avec son ancien ami William Kershaw !...

II

Le bonhomme, dans le coin, avait achevé son verre de lait. Ses petits yeux bridés contemplaient avec satisfaction l'intérêt évident que je prenais à ses paroles.

— Ce ne fut que le 31 décembre, reprit-il, qu'un cadavre abominablement décomposé fut trouvé par deux débardeurs au fond d'une barque hors d'usage... Cette barque avait été un certain temps amarrée au pied de l'un de ces escaliers qui, entre de grands entrepôts, mènent à la Tamise, dans l'est de Londres. J'ai une photographie de l'endroit. Tenez !

Il la prit dans son portefeuille et la plaça devant moi.

— Vous voyez cet escalier sinistre, aux marches branlantes, qui se continue, au sommet, par cette sombre ruelle... La barque n'y était plus quand je pris cet instantané, mais, hein ! quel endroit parfait pour couper la gorge à quelqu'un, confortablement, sans nul risque d'être interrompu !

Le corps, ainsi que je l'ai dit, était décomposé d'une façon terrible et se trouvait là, probablement, depuis huit à dix jours, mais la taille, l'aspect général, et divers objets, tels qu'une bague d'argent, une épingle de cravate et des boutons de manchettes, permirent à Mme Kershaw de déclarer que ce cadavre était bien celui de son mari. Naturellement elle désigna à grands cris Smethurst comme le meurtrier !

La police trouva cette accusation très légitime et deux jours après la découverte du corps dans la barque, le millionnaire sibérien était arrêté dans son appartement luxueux de l'hôtel *Cecil*.

Dès que le récit de Mme Kershaw et les lettres de Smethurst parurent dans les journaux, je recherchai anxieusement le motif du crime attribué par la police à Smethurst. Mais, à ce moment, je n'y voyais encore pas clair dans ce cas compliqué. La théorie généralement acceptée était que le faux Russe avait voulu se débarrasser d'un maître chanteur gênant. Eh bien ! ne vous a-t-il pas paru que ce motif était peu sérieux ?

En réponse à la question du bonhomme, je dus reconnaître qu'au contraire ce motif m'avait, alors et toujours, paru fort important.

— Vous avez mal réfléchi, répliqua-t-il. Certainement un homme qui avait réussi à édifier une immense fortune par ses propres efforts ne pouvait être assez imbécile pour redouter quoi que ce soit d'un type comme Kershaw. Il devait savoir que ce dernier ne détenait pas de preuves définitives contre lui... Avez-vous jamais vu le portrait de Smethurst ?

Je répondis que j'avais vu le portrait de Smethurst, au moment de l'affaire, dans les journaux illustrés.

Le bonhomme fouilla une fois de plus dans son portefeuille et plaça devant moi une petite photographie.

— Qu'est-ce qui vous frappe le plus dans cette figure ?

— Une expression curieusement étonnée, due à l'absence totale de sourcils et à la coupe singulière des cheveux.

— C'est ce qui me sauta aux yeux quand, en me frayant péniblement un chemin dans le public du tribunal, le jour de l'enquête du coroner [1], j'aperçus pour la première fois le millionnaire au banc des accusés. Il m'apparut comme un homme de haute taille, l'air militaire, raide, la face bronzée et tannée. Il ne portait ni moustache ni barbe et ses cheveux étaient tondus d'aussi près que possible, comme ceux d'un conscrit français. Mais ce qui ressortait surtout dans sa physionomie devenue vraiment un peu slave, c'était cette totale absence de sourcils et même de cils qui lui donnait un air, comme vous disiez, sans cesse étonné.

Il était très calme. Il bavardait et même plaisantait avec son avocat, Sir Arthur Inglewood. Pendant les dépositions, il se tint assis très placidement, la tête dans les mains, comme un homme qui rêve.

Muller et Mme Kershaw sanglotante recommencèrent le récit qu'ils avaient déjà fait à la police.

Vous m'avez dit, je crois, que vous n'eûtes pas la curiosité d'assister à la séance du tribunal, ce jour-là.

---

1. En Angleterre l'instruction judiciaire est publique et prend la forme d'une séance de tribunal ordinaire. Ce n'est pas le juge, nommé « coroner », mais un jury qui renvoie l'accusé en cour d'assises ou qui l'acquitte. La séance a lieu peu de temps après l'arrestation.

Voici un instantané que j'ai pu y prendre de Mme Kershaw. Voyez-la telle qu'elle se tenait à la barre, étouffant de sanglots, avec un chapeau qui avait jadis porté des roses et sur lequel des débris de pétales rouges pendillaient encore parmi le noir intense du deuil !

Elle avait certes une haine atroce contre le prisonnier... Elle s'étranglait de douleur et de colère en parlant. Les larmes inépuisables, qu'elle devait sans cesse essuyer, rendaient sa déposition peu compréhensible... J'imagine qu'elle avait beaucoup aimé son vagabond de mari, car, autour de son annulaire gauche, une énorme alliance était garnie de noir !...

Quant à Muller, il était obèse, pompeux et conscient de son importance. Ses doigts gras couverts de bagues de cuivre serraient les deux lettres que vous savez.

Il fut abondant en réponses et multiplia les accusations solennelles contre le millionnaire qui avait attiré et tué son cher ami « Filliam Gershaw » dans un horrible coin de l'Est [1] de Londres !...

Je crois que l'avocat de Smethurst, Sir Arthur Inglewood, désappointa beaucoup Muller en ne le questionnant pas !

Lorsque l'Allemand eut emmené hors de la salle Mme Kershaw presque évanouie, l'agent D 21 vint déposer sur l'arrestation :

Le prisonnier, dit-il, paraissait stupéfait quand on l'arrêta et ne rien comprendre à l'accusation portée contre lui. D'ailleurs, se rendant sans doute compte que toute résistance était inutile, il avait suivi paisiblement l'agent dans un cab sans que personne, dans

1. L'Est de Londres — l'« *East end* » — comporte les quartiers les moins sûrs, Whitechapel, les Docks, Poplar, etc.

l'élégant et encombré hôtel *Cecil*, pût même soupçonner que quelque chose d'anormal venait d'avoir lieu.

L'agent sorti, un grand mouvement de curiosité courut parmi les spectateurs, car James Buckland, porteur à la gare de la rue Fenchurch, commençait sa déposition très attendue.

Au fond, elle ne contenait pas grand-chose : À six heures de l'après-midi du 10 décembre, au milieu d'un brouillard terriblement épais, le train 55, venant de Tilbury, arriva avec une heure de retard. Buckland, qui se trouvait sur le quai, fut appelé par un voyageur de première classe.

Celui-ci était emmitouflé dans une énorme pelisse et portait un grand bonnet de fourrure. Il avait beaucoup de bagages marqués F. S. et il ordonna à James Buckland de les amarrer tous sur une voiture, à l'exception d'un petit sac qu'il garda à la main.

Lorsque tout fut placé et attaché convenablement, l'étranger à la pelisse paya le porteur, dit au cocher d'attendre, et se dirigea vers la salle d'attente des premières — tenant toujours à la main le petit sac.

« Je restai un instant, ajouta James Buckland, à causer avec le cocher du brouillard et du retard général des trains, puis, comme le rapide de Southampton venait d'être signalé, je m'éloignai. »

Le magistrat insista beaucoup sur l'heure à laquelle l'étranger s'était dirigé vers la salle d'attente.

Le porteur fut formel, il n'était pas une minute de plus que six heures quinze.

Sir Arthur Inglewood, cette fois encore, ne posa pas de question[1].

---

1. En Angleterre, les avocats questionnent d'ordinaire beaucoup les témoins ; c'est ce qu'on appelle « *cross examination* ».

On appela le cocher. Son témoignage corrobora celui de James Buckland quant à l'heure où le gentleman à la pelisse l'avait engagé, et lui avait dit d'attendre après avoir garni de bagages l'intérieur et l'extérieur de sa voiture.

Le brave homme attendit, en effet. Il attendit même si longtemps dans le brouillard épais qu'il pensait déjà à déposer tous les bagages au bureau des objets perdus, quand, vers neuf heures moins le quart, il vit revenir le gentleman à la pelisse et au bonnet de fourrure qui monta dans la voiture en donnant l'adresse de l'hôtel *Cecil*.

Cette fois encore, Sir Arthur Inglewood ne fit pas de commentaires. Quant à Francis Smethurst, il s'était mis à sommeiller !...

On a rarement vu défense et accusé faire preuve d'une pareille indifférence.

Le témoin suivant, l'agent Thomas Taylor, déclara avoir remarqué un individu mal vêtu, aux cheveux et à la barbe peu soignés, qui traînait à la station et dans les salles d'attente l'après-midi du 10 décembre et semblait guetter l'arrivée des trains sur le quai de Tilbury et Southend.

Deux autres témoins, qui ne se connaissaient pas, avaient également vu le même type errer dans la salle d'attente de première classe à six heures quinze, le mercredi 10 décembre, et aller droit à un gentleman en pelisse et bonnet de fourrure qui venait justement d'entrer là. Gentleman et miséreux conversèrent pendant quelque temps sans que personne pût les entendre, ensuite ils sortirent ensemble. Pour quelle direction ? Cela, nul ne le savait !

Francis Smethurst s'éveillait de son apathie : il s'entretint tout bas avec son avocat qui s'inclina affirmativement et sourit.

Les employés de l'hôtel *Cecil* déposèrent simplement que M. Smethurst était arrivé le mercredi 10 décembre, vers neuf heures et demie du soir, dans un cab, avec quantité de bagages.

Cela termina l'audition des témoins.

On lut ensuite une lettre du chef de la police de Vladivostok. Elle disait grand bien de Smethurst, anglais naturalisé russe, et elle confirmait tout ce que l'on savait déjà de lui, notamment la vente de son négoce et son départ sur le yacht *Tsarskoë-Selo*.

L'audience — très élégante — attendait impatiemment que Sir Arthur Inglewood prît la parole.

Celui-ci, vous le savez, est l'avocat le plus « chic » de ce temps ; ses attitudes penchées, son parler dédaigneusement traînard, sont célèbres et même très copiés dans le monde.

Mais, cette fois, la cause était bien mauvaise !

Le millionnaire sibérien semblait déjà presque suspendu à la potence quand Sir Arthur Inglewood se leva et prit une attitude élégante derrière sa table...

Il y eut des sourires. Lorsqu'on court à une défaite, la pose n'est-elle pas spécialement insupportable ?

Il attendit, pour mieux produire son effet — c'est un acteur-né ! — et certainement il ne le « rata » point quand, en traînant la voix, il dit :

« On nous accuse d'avoir assassiné un certain William Kershaw le mercredi 10 décembre, entre six heures quinze et huit heures quarante-cinq ? Je répondrai en présentant simplement deux témoins qui ont vu ce même William Kershaw vivant le mardi

16 décembre dans l'après-midi, c'est-à-dire six jours après le prétendu assassinat. »

Vous devinez l'effet !... Ce fut comme si une bombe avait fait explosion dans la salle.

Le président même était frappé de stupeur. On n'en revenait pas. Je n'ai jamais vu une foule aussi violemment surprise !

— Quant à moi, ajouta le vieux dans le coin, avec cet étrange mélange de nervosité et de vanité candide qui le caractérisait, quant à moi, j'avais déjà ma petite opinion décisive sur l'affaire et je ne fus pas autrement surpris. Le patron d'un hôtel de Commercial Road [1], nommé Torriani, et un garçon à son service, déposèrent alors tous deux en ce sens :

Le 10 décembre, à environ trois heures et demie de l'après-midi, un type mal vêtu entra dans la salle publique de l'hôtel et demanda du thé. Il était aimable et exubérant. Il dit au garçon que bientôt tout le monde parlerait de lui, et que, grâce à un coup inattendu de fortune, il allait devenir très riche — et autres vantardises.

À peine venait-il de partir que le garçon s'aperçut qu'il avait oublié son parapluie. Il courut après le client bavard, mais ne l'aperçut pas. Selon la coutume, le Signor Torriani mit le parapluie soigneusement de côté dans son bureau.

Or, presque une semaine plus tard, le mardi 16, à environ une heure de l'après-midi, le même type mal soigné vint chercher son parapluie. Il déjeuna là et bavarda encore, longuement, avec le garçon. Ce der-

---

1. Rue importante de Whitechapel.

nier et le Signor Torriani donnèrent de lui une description qui coïncidait exactement avec celle fournie par Mme Kershaw et par Muller.

Et à peine le prétendu assassiné venait-il de tourner le dos — en état évident d'ivresse — que, sous la table où il avait déjeuné, le garçon trouva un portefeuille contenant diverses lettres et notes, toutes adressées à William Kershaw.

Ce portefeuille fut aussitôt remis au tribunal par le Signor Torriani, et Karl Muller, rappelé, le reconnut immédiatement pour celui de son cher et tant pleuré ami « Filliam ».

Cela vous démolissait sérieusement l'accusation, n'est-ce pas ?

Pourtant, il fallait encore expliquer le rendez-vous donné par lettre, la rencontre à la gare, et fournir un exact emploi du temps pendant deux heures et demie de ce soir brumeux...

Le vieux dans le coin fit une longue pause comme pour taquiner à plaisir mon impatience.

Il n'y avait pas un pouce de sa ficelle qui ne fût rempli de nœuds extraordinairement compliqués.

— Je vous assure, reprit-il enfin, qu'à ce moment même tout le « mystère » était pour moi aussi clair que le jour !... Je me demandais même comment le président pouvait perdre son temps — et le mien — à questionner l'accusé, d'une façon qu'il croyait serrée, sur son passé...

Francis Smethurst, qui avait dépouillé toute sa somnolence, répondait avec un curieux nasillement et un très léger accent étranger. Il démentit avec calme le récit de Kershaw et déclara qu'il ne s'était jamais appelé Barker et n'avait jamais été mêlé à aucune affaire de meurtre.

— Mais vous connaissiez ce Kershaw, demanda le président, puisque vous lui avez écrit.

— Pardon, je n'ai jamais, à ma connaissance, vu ce Kershaw et je jure que je ne lui ai jamais écrit.

— Vous ne lui avez jamais écrit ? répliqua le président. C'est une affirmation hardie, puisque j'ai dans les mains deux lettres de vous adressées à lui !

— Mais je n'ai pas écrit ces lettres ! Elles ne sont aucunement de mon écriture.

— Et cela nous le prouvons aussitôt, ajouta Sir Arthur Inglewood de son ton le plus fatigué en faisant passer une liasse de papiers au président. Voici un grand nombre de lettres écrites par mon client depuis qu'il a débarqué en Angleterre et certaines le furent sous mes yeux !

La preuve supplémentaire était d'ailleurs facile.

L'accusé, à la requête du président, écrivit et signa quelques lignes sur une feuille de papier.

Il fut aisé de lire, dans la contenance ahurie du magistrat, que les deux écritures n'offraient pas la plus petite similitude.

Alors, qui avait donné rendez-vous à William Kershaw à la gare de la rue Fenchurch ?

L'accusé exposa de la façon la plus satisfaisante son emploi du temps depuis son débarquement :

— J'arrivai en Angleterre sur le *Tsarskoë-Selo*, un yacht appartenant à un de mes amis. Quand nous fûmes à l'embouchure de la Tamise, le brouillard était si épais que je dus attendre vingt-quatre heures avant de pouvoir aborder.

« Mon ami, qui est russe, ne voulut pas m'imiter car cette contrée obscure le terrifiait vraiment. Il avait hâte d'arriver sous des cieux plus souriants, et il continua aussitôt sa route pour Madère.

« Quant à moi, dès à terre, je pris le train pour Londres... Je fis placer mes bagages sur une voiture ainsi que le porteur et le cocher vous l'ont dit, puis je cherchai le buffet où je désirais me rafraîchir. Comme je traversais la salle d'attente, je fus accosté par un individu pauvrement vêtu, qui se mit à me raconter une lamentable histoire.

« Qui était-il réellement, je n'en sais rien ! Il se donnait pour un ancien soldat qui après avoir servi avec cœur son pays se trouvait dans un dénuement extrême. Il me demanda de l'accompagner jusqu'à son logis où je pourrais voir, affirmait-il, sa femme et son enfant mourant de faim et vérifier ainsi son récit.

« Or, remarquez-le, c'était mon premier jour dans la vieille patrie, où je revenais après trente ans d'absence, les poches pleines d'or, et c'était aussi la première requête qui m'était présentée !... D'autre part, je suis très *businessman*, même dans la charité, et j'ai horreur d'être « mis dedans ». Je suivis donc cet homme à travers des rues pleines de brouillard... Il marchait silencieusement à côté de moi. Je n'avais pas la moindre notion de l'endroit où je me trouvais. Soudain, je me tournai vers mon solliciteur pour lui poser quelque question et je m'aperçus qu'il n'était plus là !... Comprenant sans doute que je ne lui donnerais pas d'argent avant d'avoir vu sa famille affamée, il avait pris la poudre d'escampette et cherché un bienfaiteur plus crédule...

« L'endroit où je me trouvais était lugubrement désert : ni omnibus, ni cab ; et il faut être londonien pour savoir combien il est aisé de se perdre dans nos brouillards [1].

« Je retournai sur mes pas et essayai de revenir vers la gare, mais je ne réussis qu'à m'enfoncer dans des endroits plus déserts encore. J'errai à tâtons pendant environ deux heures et demie. Je suis même surpris d'avoir pu tout de même retrouver la gare, ou plutôt de m'être cogné à un policeman qui me montra le chemin.

— Et comment expliquez-vous que Kershaw ait pu connaître votre départ, le nom du yacht, la date de votre arrivée à Londres et tous vos mouvements ? demanda le juge.

— Je ne peux expliquer rien de tout cela. Je prouve, n'est-ce pas, que je n'écrivis jamais ces lettres et que ce Kershaw ne fut pas tué par moi ! Le reste ne me regarde pas.

— Connaissez-vous quelqu'un, ici ou ailleurs, qui ait pu être au courant de vos déplacements, et de la date de votre arrivée ?

— Mes anciens employés de Vladivostok étaient au courant de mon départ, naturellement, mais ils ne peuvent avoir écrit ces lettres, puisque aucun d'eux ne connaît un mot d'anglais.

— Ainsi, vous ne pouvez jeter aucune lumière sur cette affaire mystérieuse et vous ne pouvez aider en rien la police ?

— L'affaire est aussi mystérieuse pour moi que pour vous et pour la police.

1. Pareille aventure dans la brume de Londres est extrêmement vraisemblable.

Francis Smethurst fut renvoyé indemne par le jury, naturellement.

Les deux points écrasants de sa défense étaient :

1°) La preuve qu'il n'avait jamais écrit les lettres annonçant et donnant le rendez-vous, et 2°) le fait que l'homme qu'on l'accusait d'avoir assassiné le 10 décembre avait été vu en vie et bien portant le 16.

Mais, alors, qui donc avait instruit Kershaw des mouvements de Smethurst le millionnaire ?

....

Ici le lecteur est prié de se recueillir et d'essayer d'expliquer lui-même ce mystère.

....

III

Le vieux dans le coin me regarda plaisamment, la tête inclinée de côté, puis il reprit son morceau de ficelle et commença, tout en parlant, à défaire les nœuds qu'il y avait élaborés.

— Repassons, si vous le voulez bien, par la série de raisonnements que je suivis moi-même et qui vous mènera inévitablement, comme elle m'y mena, à la solution du mystère.

C'est bien simple, allez ! Il suffit de ne pas avoir de parti pris, et de laisser parler les faits.

D'abord, il est impossible que Smethurst n'ait pas connu Kershaw puisque son arrivée en Angleterre était indiquée avec précision à celui-ci dans deux lettres. Je n'ai jamais cru, même lorsque je ne voyais pas encore clair dans l'affaire, qu'un autre que Smethurst eût écrit ces deux lettres. Vous répondrez qu'à l'audience il fut prouvé que cette lettre n'avait pas été écrite par l'accusé. C'est exact.

— Mais... commençai-je.

— Attendez, attendez, interrompit-il en continuant à libérer sa ficelle. On prouva bien que, six jours après le meurtre, William Kershaw était vivant et déjeunait à l'hôtel *Torriani*, où, très à propos, il laissait un portefeuille, comme pour qu'il n'y eût aucune erreur sur son identité — mais on ne s'est jamais demandé où Smethurst, le millionnaire, se trouvait ce même après-midi.

— Vous ne voulez pourtant pas dire...

— Un instant, s'il vous plaît !... Comment se fait-il que le patron de l'hôtel *Torriani* ait été cité en témoignage ?...

— Grâce aux légitimes recherches accomplies à la requête de Sir Arthur Inglewood !

— Oui, mais — attention, voilà mon point de départ ! — les hôtels sont littéralement innombrables dans Londres... Il est curieux qu'en si peu de temps on ait découvert celui que William Kershaw visita deux fois. D'autant plus curieux quc la police avait tenu l'affaire sous le boisseau jusqu'à l'arrestation et n'avait pas fait insérer dans les journaux la question ordinaire : « Si quelqu'un peut donner des renseignements sur... *etc.* » !

Sir Arthur Inglewood a eu vraiment la main heureuse !... Si heureuse que certainement son client avait dû, peu à peu, d'une façon ou d'une autre, très adroitement, l'aiguiller sur la bonne voie... C'est la facilité avec laquelle cet hôtel fut retrouvé qui me mit moi aussi sur la bonne voie !...

Ensuite on ne demanda jamais à Mme Kershaw de produire un spécimen de l'écriture de son mari. Pourquoi ?... Parce que notre intelligente police prit dès le début la fausse piste. Persuadée que Kershaw est mort, elle s'en tient à rechercher son cadavre.

Le 31 décembre, dans un coin sinistre, on trouve un corps : on présume que c'est celui de William Kershaw. Je vous ai montré la photographie de l'endroit, qui est affreusement noir et désert. N'est-ce pas celui qu'une lâche canaille choisirait pour amener un quasi-étranger — par temps de brouillard, c'est facile —, l'égorger d'abord, le voler ensuite de ses valeurs, de ses papiers, *de son identité* ?... On trouva le cadavre dans une vieille barque qui avait été amarrée quelque temps contre le mur au pied de cet escalier. Il était dans un état de décomposition avancée et, rappelez-vous, ne put être *vraiment* identifié, mais, comme il portait des vêtements et divers bijoux ayant appartenu à William Kershaw, la police ne devina pas que c'était *le corps de Francis Smethurst et que William Kershaw était l'assassin.*

Ah ! ce fut artistement conçu et merveilleusement exécuté. Kershaw *est un génie* ! ... Un génie, je dis !...

Admirez tout cela, depuis sa bague qu'il passe au doigt de sa victime encore chaude, son épingle qu'il lui accroche à la cravate et ses boutons qu'il lui met aux manchettes, jusqu'au déguisement qu'il prend : il rase sa barbe et ses cheveux incultes, il rase même ses sourcils et coupe ses cils ; puis il endosse les riches vêtements du mort. Il avait une démarche traînarde et le dos voûté, il fait l'effort — surtout, plus tard, devant le juge ! — de se tenir droit et de marcher raide comme un fantassin allemand.

Peut-être aussi a-t-il recours à une de ces préparations à base de pyrogallol qui, adroitement employées et à petite dose, brunissent et tannent la peau d'une façon remarquable et qui ne se peuvent discerner. Il s'attendait à être arrêté. Le loisir ne lui manqua point de prendre toutes ses précautions, puisque le meurtre eut lieu le 10 décembre et que la police ne se présenta que le 2 janvier à l'hôtel *Cecil.* Entre son arrestation

III

Je lus dans les journaux du soir le récit de ce double vol et me mis à y réfléchir profondément. Aidé par cela, ajouta le bonhomme avec un sourire vers le bout de ficelle sur lequel il élaborait encore des nœuds compliqués, oui, aidé par ce petit collaborateur, j'écrivis un plan sur la façon de découvrir l'habile voleur qui, en une seule nuit, avait su acquérir une vraie fortune. Naturellement, ma méthode n'est pas celle d'un détective londonien !

Celui qui s'occupait du cas en question commença par interroger soigneusement le malheureux bijoutier sur ses serviteurs.

« J'ai trois domestiques, expliqua M. Schipman. Deux d'entre elles sont à mon service depuis très longtemps, mais la bonne pour les gros ouvrages n'est ici que depuis environ six mois. Un de mes amis me l'avait vivement recommandée et ses certificats sont excellents. Elle et la femme de chambre couchent dans la même pièce. La cuisinière, qui me sert depuis mon enfance, a une chambre pour elle seule, à côté... Toutes trois dorment donc à l'étage au-dessus du mien. Hier soir, j'enfermai les bijoux dans mon coffre-fort qui se trouve *dans ma chambre à coucher*.

« Je ne puis comprendre comment les bandits... D'ailleurs, veuillez monter voir !... On a dû prendre les clés à mon chevet, ouvrir le coffre et replacer les clés. Tout cela pendant que je dormais !... Mon sommeil, notez-le bien, *est extrêmement léger...* Un rien me réveille ! J'aurais certainement découvert le vol avant d'aller à mon magasin, car je comptais y emporter les diamants... »

Le détective et l'inspecteur examinèrent le coffre-fort, qui n'avait été nullement forcé, mais bien ouvert avec sa propre clé. Le détective parlait de chloroforme, mais M. Schipman déclara qu'en s'éveillant le matin, à environ sept heures et demie, il n'avait senti aucune odeur suspecte dans la chambre, et qu'en outre il n'avait pas ressenti les nausées qui suivent toujours l'absorption de cet anesthésique.

Un examen minutieux de la maison montra que le voleur était entré par la porte vitrée du jardin, mais qu'il avait, cette fois, soigneusement coupé une vitre puis tiré les verrous et tourné le pêne.

— Vos domestiques savaient-elles que vous aviez ces diamants chez vous ? demanda le détective.

— Certainement non... pourtant la femme de chambre qui servait à table a peut-être entendu M. Knopf et moi discuter le prix.

— Vous ne vous opposez pas à ce que nous fouillions dans les malles et effets de vos domestiques ?

— En aucune façon, et elles ne s'y opposeront pas. Elles sont parfaitement honnêtes.

Ces recherches ne donnèrent aucun résultat.

Le détective et l'inspecteur, je leur rends cette justice, firent leur travail d'investigation minutieusement et intelligemment.

Leurs déductions purent établir que le voleur avait commencé son petit travail au n° 26 de Phillimore Terrace et, ensuite, s'était rendu jusqu'à la maison n° 22, probablement en passant par-dessus les murs des jardins. Rien de plus simple que cela. Mais le mystère n'en restait pas moins épais... Comment le voleur s'était-il arrangé pour savoir que des diamants se trouvaient dans les deux maisons ?

Évidemment, ce voleur était plus au courant des affaires de M. Knopf que de celles de M. Schipman, puisqu'il avait su employer le nom de son frère pour l'éloigner... Mais c'était là un indice bien vague !... Et l'on ne trouva rien dans l'une ou l'autre maison qui constituât une trace plus sérieuse...

Il était à ce moment environ dix heures du matin. Les détectives quittèrent M. Schipman et s'en retournèrent au n° 22 pour voir si M. Knopf n'était pas de retour.

La vieille femme de ménage ouvrit la porte et leur dit qu'en rentrant de faire ses provisions elle avait trouvé son maître de retour. Il était en train de déjeuner dans la salle à manger.

M. Ferdinand Knopf était un homme d'âge moyen, au teint jaune, aux cheveux et à la barbe noirs et bouclés et au type israélite. Il parla aux détectives avec un accent yiddish marqué et très courtoisement.

« J'étais préparé à la mauvaise nouvelle que Robertson m'apprit à mon arrivée, car la lettre qu'on m'envoya la nuit dernière était apocryphe. Il n'y a aucun docteur J. Collins à Brighton et mon frère ne s'est jamais mieux porté de sa vie... Vous trouverez bientôt, j'en suis sûr, le gredin qui m'a envoyé cette lettre... Ce matin, furieux, je pris le premier train, et sitôt arrivé à Londres, je courus chez moi le plus vite possible... Ce pauvre Robertson a attrapé un froid terrible... Ma perte est très sérieuse. Si je n'avais pas fait cette affaire avec M. Schipman la nuit dernière, je serais certainement ruiné en ce moment-ci... Les pierres que j'avais hier en ma possession étaient : d'abord des diamants brésiliens magnifiques — ceux-là je les ai vendus, pour la plupart, à M. Schipman, après dîner, heureusement pour moi ! —, ensuite de beaux diamants du Cap, tous volés ! puis de très jolies pierres fausses parisiennes, des imitations, mais d'un travail et d'un fini merveilleux, qui m'avaient été confiées pour les vendre par une grande maison française. Disparues aussi !... Ma perte, je vous le dis, messieurs, sera de vingt mille livres au bas mot ! »

Il essayait de supporter virilement, et ainsi qu'il convient à un homme d'affaires, son triste sort. Il refusa de porter le blâme, même le plus léger, sur Robertson, un vieux serviteur admirablement honnête et dévoué qui, dans son zèle, avait peut-être attrapé la mort. L'idée de diriger le moindre soupçon sur ce pauvre homme lui paraissait absurde.

Quant à la vieille femme de ménage, M. Knopf ne savait rien d'elle sinon qu'elle lui avait été recommandée par un commerçant du voisinage et qu'il était très satisfait de ses services.

Le rôdeur, M. Knopf ne le connaissait pas, naturellement, et ne pouvait imaginer comment lui ou toute autre personne avait pu savoir qu'il y avait des diamants à son domicile cette nuit-là.

Le pauvre Robertson dormait dans sa chambre d'un sommeil agité et fiévreux et M. Knopf insista pour qu'on le laissât complètement en repos, ce à quoi les détectives consentirent d'autant plus volontiers qu'ils avaient tiré de lui toutes les informations qu'il pouvait donner.

Sur leurs instances, M. Ferdinand Knopf se rendit au poste, examina le vagabond suspect et déclara ne l'avoir jamais vu.

M. Schipman, en allant à son magasin, s'était, lui aussi, rendu au poste, et avait fait la même déclaration...

Amené devant le magistrat, le vagabond ne fournit sur lui-même que très peu de renseignements. Il donna un nom et une adresse qui furent vite reconnus faux. Après cela, il refusa absolument de parler. Il semblait se moquer d'être en prison. Les plus adroits interrogatoires n'en tiraient que des ricanements. Bientôt on comprit qu'au moins pour le présent on ne pouvait rien espérer de lui...

M. Francis Howard, le détective qui avait la charge de l'affaire, ne savait à quel saint se vouer...

Vous vous rappelez combien ce vol, dans sa simplicité, semblait mystérieux !

Les écuries qui faisaient face à l'arrière des maisons de Phillimore Terrace et constituaient avec cet arrière l'impasse d'Adam-et-Ève appartenaient toutes à des voisins. Les cochers, leurs familles et les palefreniers qui y dormaient furent questionnés. Tous, unanimement, déclarèrent n'avoir rien vu, rien entendu, jusqu'au moment où les clameurs de Robertson les avaient éveillés.

Quant à la fausse lettre venue de Brighton, elle était absolument banale. M. Howard parvint à retrouver l'endroit où le papier avait été acheté : c'était une boutique dans la rue Nelson, à Brighton même. Mais le commerce est là fort actif : des rames et des rames de papier semblable à celui-là avaient été vendues. Allez donc chercher ! L'écriture était probablement déguisée. Il aurait fallu des circonstances nouvelles et exceptionnelles pour qu'elle mît sur la trace du voleur.

Le rôdeur, lorsqu'on le pria de signer son nom, montra une écriture malhabile et tout à fait différente.

Le mystère ne semblait pas devoir s'éclaircir quand une découverte eut lieu, qui donna au bon M. Howard une idée pas trop sotte...

IV

Cette découverte fut celle de quelques-uns des diamants de M. Knopf qui, à l'évidence, avaient été enfouis dans le sol par le voleur tandis qu'il s'enfuyait à travers le jardin du n° 22 de Phillimore Terrace.

Au bout de ce jardin, se trouvent : d'abord un petit atelier bâti par un des précédents propriétaires de la maison, puis, derrière cet atelier, un étroit terrain vague, large d'environ sept pieds carrés et où sont, çà et là, de grosses pierres.

Or, quelques jours après le vol, Robertson se trouvant justement avoir besoin d'une grosse pierre vint la prendre là. Il eut la surprise de trouver dessous plusieurs diamants.

M. Knopf les reconnut comme lui appartenant — c'étaient des diamants « parisiens » — et il les porta aussitôt au poste de police...

C'est alors que M. Howard décida de laisser le rôdeur anonyme en liberté.

Une bonne idée !... Si cet homme était soit l'auteur, soit l'un des auteurs du vol, ou il rejoindrait ses complices ou bien il irait chercher le restant de son butin dans quelque cachette. Inutile de dire qu'il serait consciencieusement suivi. Il devait mener ou à ses comparses ou aux diamants.

Donc le vagabond fut mis en liberté...

Il quitta la prison en se serrant dans son mince manteau, car l'après-midi était glacial. Il s'empressa d'aller prendre à la première taverne un déjeuner solide et bien arrosé.

M. Francis Howard remarqua qu'il dévisageait soupçonneusement les entrants et les sortants...

Il s'attarda à finir une bonne bouteille de vin et il ne quitta la taverne qu'à environ quatre heures.

Alors commença pour l'infortuné M. Howard une des poursuites les plus longues et lassantes à travers les dédales des rues de Londres qu'il se rappelle avoir faites. De Nottinghill, jusqu'aux bouges de Hammersmith et à travers Shepherd's Bush, l'apache anonyme fit passer l'infortuné détective dans des endroits épouvantables, et cela sans se presser, entrant de temps à autre boire un bon coup et se reposer en quelque cabaret, tandis que M. Howard restait à grelotter au-dehors.

Il tombait une bruine glaciale. Les réverbères clignotaient lamentablement... C'était une de ces affreuses nuits où il fait si bon demeurer chez soi au coin du feu, et où la joie d'être dans une bonne pièce tiède, sous le rond de lumière de la lampe, s'augmente involontairement d'une pensée égoïste pour ceux qui se trempent au-dehors...

Pourtant l'espoir du détective grandissait de demi-heure en demi-heure car l'homme s'efforçait évidemment de tuer le temps, et peut-être aussi de déconcerter ceux qui auraient pu le suivre. À diverses reprises il se retourna pour voir si on était après lui, mais M. Howard connaît son métier, c'est un suiveur hors pair.

Certes, un dénouement était proche...

Enfin, éreinté, à moitié mort de froid, mais le cœur battant, le détective constata que le rôdeur revenait peu à peu, avec de grands détours, vers Kensington.

Onze heures du soir venaient de sonner. L'homme erra de long en large dans la rue Haute, puis, après avoir semblé hésiter entre diverses petites rues transversales, il pénétra dans l'impasse d'Adam-et-Ève.

Il ne se pressait aucunement. Il s'arrêta même au milieu du chemin afin d'allumer sa pipe, ce qui, par le violent vent d'est qu'il faisait, lui prit beaucoup de temps, puis, d'un pas de flâneur, il continua son chemin vers le fond de l'impasse — avec M. Howard toujours sur ses talons.

Bien entendu, plusieurs agents prêts à accourir au premier appel se tenaient cachés dans cette impasse où les coins noirs ne manquent pas.

Le vilain gibier n'était pas encore à moitié chemin, que, sur un petit sifflement de M. Howard, toute retraite lui fut barrée. Il se trouvait pris comme un rat dans une trappe.

D'entre deux gros nuages un peu de lumière lunaire tomba. Elle était propice, l'homme ne pourrait s'évader.

Les murs des jardins projetaient une ombre étendue et épaisse, mais si l'homme escaladait un de ces murs — n'importe lequel — sa silhouette ne pouvait manquer d'être nettement aperçue...

M. Howard était sûr que le voleur venait prendre dans quelque coin de jardin le reste des bijoux volés et qu'il allait se faire prendre en flagrant délit. Sous la menace d'une lourde condamnation, il nommerait ses complices...

M. Francis Howard se frottait les mains ! Certes, cette heureuse solution lui vaudrait de l'avancement !

Le plus grand silence régnait dans l'impasse sombre. Les minutes s'écoulaient... Si ce plan avait réussi, nous aurions lu de grands articles admiratifs sur l'astuce de notre police. Mais il échoua !...

Le vagabond disparut dans l'impasse comme si la terre et l'ombre l'avaient avalé. Personne ne le vit passer par-dessus l'un des murs. Personne ne l'entendit fracturer une porte, et pourtant les observateurs attentifs ne manquaient pas !... Il s'abrita un instant de la lumière lunaire dans l'ombre des murs, et on ne vit et on n'entendit plus rien !

— Un des domestiques de Phillimore Terrace était complice.

— Lequel ? rétorqua le bonhomme dans le coin, en faisant un dernier et admirable nœud à son morceau de ficelle... La police a multiplié les efforts pour mettre la main sur le rôdeur qu'elle avait tenu ainsi quelques jours puis lâché, mais elle ne l'a jamais retrouvé — ni lui ni les diamants... Elle a eu beau interroger et espionner tout le monde !... Ni vu ni connu je t'embrouille !

V

Dès l'escamotage de l'apache, M. Francis Howard se démena avec l'énergie du désespoir. Retournant sur le devant de Phillimore Terrace, il vit que la maison du n° 26, celle de M. Schipman, était encore éclairée. Il sonna. Quelques amis du bijoutier, que celui-ci avait eus à dîner, buvaient des *whisky and soda* avant de se retirer. Les domestiques finissaient de tout ranger : ni eux, ni M. Schipman, ni ses invités n'avaient rien vu ni entendu de suspect...

Le détective s'en fut ensuite chez M. Ferdinand Knopf, qui, à ce qu'annonça Robertson, était en train de prendre son tub chaud, comme chaque soir, avant de se mettre au lit. Pourtant M. Knopf voulut parler à M. Howard à travers la porte de la salle de bains. Avec son accent israélite ordinaire il le remercia cordialement pour toute la peine qu'il prenait. Il ajouta qu'il espérait que M. Schipman et lui seraient bientôt remis en possession de leurs diamants grâce à sa persévérance et à son adresse.

— Ha ! ha ! ha ! ricana lc bonhommc dans lc coin, pauvre M. Howard, il persévéra !... Oui, oui !... Mais il n'obtint rien de plus, lui ni personne...

Moi-même, dès ce moment, je n'aurais pu rien prouver contre le voleur !...

....

Ici le lecteur est prié de se recueillir et d'essayer d'expliquer lui-même ce mystère.

....

— Maintenant suivez mon raisonnement point par point, reprit le bonhomme en levant un horrible index maigre et pareil à une longue griffe : *Point n° 1*. Qui était au courant de la présence des diamants et dans la maison de M. Schipman et dans celle de M. Knopf ? D'abord M. Schipman, puis M. Knopf, ensuite Robertson et le vagabond. Laissez le vagabond tranquille, puisqu'il a disparu, et prenez le *point n° 2* : M. Schipman fut médicamenté. Rien de plus évident, on n'aurait pu sans cela lui prendre ses clés, ouvrir son coffre-fort, voler les diamants et replacer les clés sans qu'il s'éveillât, lui qui a le sommeil exceptionnellement léger...

M. Howard a bien pensé à quelque anesthésique, mais comment le voleur aurait-il pénétré dans la chambre de M. Schipman sans le tirer de son sommeil naturel ? Et puis le chloroforme laisse une odeur spéciale et provoque des nausées caractéristiques. N'est-il pas plus simple de supposer que le voleur avait drogué le bijoutier avant que celui-ci ne se couchât ?

— Mais...

— Attendez, et prenez le *point n° 3* : quoiqu'il fût prouvé que M. Schipman avait chez lui pour vingt-cinq mille livres de diamants, puisque M. Knopf tenait de lui un chèque équivalant à cette somme, rien ne démontre que la maison de M. Knopf en contînt même pour dix shillings ! Il y a mieux, continua le vieux mannequin en s'animant et en se mettant à défaire avec fièvre, presque sans les regarder, les nœuds de sa ficelle. Vous n'avez pas remarqué, ni vous ni personne d'ailleurs, que pas une seule fois, pendant que le rôdeur était en prison, on ne vit ensemble M. Knopf et son domestique Robertson ! Quand on voyait le domestique, le maître était à Brighton, quand on voyait le maître, le domestique était malade et endormi dans son lit...

Ah ! vous saisissez maintenant : deux remarquables bandits bien pourvus de fonds (probablement mal acquis) sont déterminés à risquer un grand coup. Ils affectent pendant un certain temps une stricte respectabilité. Sans doute appartiennent-ils l'un et l'autre au commerce des diamants. L'un joue le maître, l'autre le valet. Ils louent une maison dans la même rue que leur future victime, et se lient d'amitié avec elle. Nous les voyons même faire avec M. Schipman deux ou trois affaires honnêtes mais petites.

Les diamants brésiliens ?... Faux ! Archifaux ! !... Rappelez-vous que les diamants parisiens retrouvés sous la pierre étaient de si parfaites imitations qu'il eût presque fallu une analyse chimique pour reconnaître qu'ils n'étaient pas authentiques ! Eh bien, les brésiliens furent vendus non pas au magasin ni dans la journée, mais le soir après un dîner très arrosé... Les brésiliens de M. Knopf *semblent* très beaux. Le prix demandé est relativement minime et laissera un gros bénéfice à l'acheteur. Parfait ! Achetons ! D'ailleurs M. Knopf n'est-il pas un marchand de diamants bien connu ! Un voisin ! Et ne fera-t-il pas jour demain pour un examen plus minutieux !

M. Schipman acheta — mais le matin il aurait découvert la fraude, arrêté le paiement du chèque et fait pincer le voleur.

Non, ces merveilleux diamants brésiliens n'étaient que des imitations et n'avaient jamais été destinés à reposer dans le coffre-fort de M. Schipman jusqu'au matin !...

Cette bouteille de porto contenait un puissant soporifique, et le canon tiré dans ses oreilles n'eût pas réveillé M. Schipman !

Ah ! rappelez-vous tous les détails, ils sont si admirables ! La lettre postée à Brighton par le coquin lui-même, et son secrétaire qu'il cambriole, et sa porte qu'il force ! Et l'autre, le prétendu Robertson, quel sang-froid ! quel à-propos ! Il attend son complice, s'aperçoit que l'agent D 37 le suit et va peut-être à tout hasard le coffrer jusqu'au lendemain. Il se précipite sur lui, et dans cette prétendue bataille les diamants de M. Schipman passent facilement des poches du rôdeur dans celles du pseudo-domestique.

Plus tard, lorsque son maître revient, Robertson est invisible, la fièvre le tient au lit !... Ensuite, le double rôle joué par un seul homme, pendant quelques jours, personne ne s'en est aperçu ! Rappelez-vous d'ailleurs que le détective et l'inspecteur, eux, n'avaient vu Robertson qu'au lit, éternuant dans son mouchoir, les yeux pleurants, la tête enveloppée d'un cache-nez.

Mais il fallait que le prisonnier fût élargi, car ce double rôle ne pouvait tout de même pas être tenu bien longtemps, d'où l'histoire des diamants trouvés dans le jardin du n° 22.

Les adroites canailles se doutaient bien que, selon la coutume de la police en pareilles circonstances, on mettrait le prisonnier en liberté afin qu'il conduisît lui-même au butin caché.

Robertson veille. Le rôdeur s'arrête dans l'impasse quelque temps pour allumer sa pipe. Cela suffit à bien prévenir le complice qui se précipite à la porte du jardin et en tire les verrous...

Cinq minutes plus tard, M. Knopf était dans la maison, prenant un bain chaud, débarrassé des nippes et de la crasse de notre ami le vagabond. Il put même, en affectant l'accent israélite, parler à Howard à travers la porte. Dorénavant, ce sera lui M. Knopf et l'autre demeurera constamment Robertson [1].

Sans doute les complices étaient-ils deux frères : d'ailleurs, les juifs se ressemblent souvent beaucoup, même sans être parents. Quelques postiches et un peu de maquillage répondaient à toutes les nécessités possibles.

— Et qu'est devenu ce M. Knopf ?

— Regardez dans l'annuaire des commerçants de Londres, vous verrez « Knopf and Co, marchands de diamants », à telle adresse dans la Cité.

Renseignez-vous sur la maison : on vous dira qu'elle a une base financière extrêmement solide. Son succès est considérable. Et, pardieu, elle le mérite. Je suis toujours heureux de voir réussir les gens intelligents !...

---

1. Au moment où ce livre va être imprimé, on nous informe que cette aventure fut vécue réellement en Autriche, l'année dernière. Un hasard inouï permit de découvrir les coupables, alors qu'ils étaient en droit de se croire sûrs de l'impunité. (*N.d.T.*)

LA MORT MYSTÉRIEUSE DANS LE MÉTROPOLITAIN

I

— Voulez-vous être assez aimable pour me décrire le gentleman qui était assis à côté de vous tandis que vous dégustiez votre tasse de café et votre beurrée ? me dit le bonhomme dans le coin.

Pendant tout mon modeste déjeuner il était resté assis et silencieux à sa place ordinaire. À peine avait-il répondu à mon bonjour et soudain, à brûle-pourpoint, il me jetait cette remarque !

— Savez-vous s'il était grand ou petit, brun ou blond ? De quoi avait-il l'air ? insista-t-il.

— Je serais certes embarrassée pour répondre, répliquai-je, mais je ne vois pas en quoi ma non-description de l'un des clients d'ici peut avoir la plus légère importance !

Il se tut un instant, ses doigts nerveux fouillèrent dans ses poches en quête de son inévitable bout de ficelle. Quand il eut trouvé cette nécessaire amusette, il continua, tout en me regardant à travers ses paupières à demi closes :

— Mais supposons qu'il soit d'une importance considérable que vous donniez une description précise de l'homme qui s'est tenu à côté de vous pendant une demi-heure. Voyons, essayez !

— Il me semble qu'il était de taille moyenne.

— Cinq pieds, huit, neuf ou dix pouces ?

— A un pouce près, je ne saurais dire...

— Brun ou blond ?

— Il m'a paru... voyons !... Ni brun ni blond... châtain !

— Comment était son nez ?... Voulez-vous le dessiner ?... Et ses yeux ?

— Je ne suis pas forte en dessin... son nez était moyen et à peu près droit. Quant à ses yeux...

— Oui, ni bruns ni bleus, mais entre les deux, et ses cheveux aussi étaient entre les deux ! Il n'était ni petit ni grand, et son nez n'était ni aquilin ni retroussé, imita ironiquement le bonhomme.

— Enfin, quoi ! il était comme tout le monde !

— Le reconnaîtriez-vous demain, dans la foule ?

— Je ne crois pas.

— Voilà ! Et pourtant vous êtes une romancière, et, professionnellement, vous devriez remarquer et ensuite pouvoir décrire les gens. Je ne veux pas dire seulement un bel homme aux traits parfaits et au corps noble et classique, ou un pauvre infirme, un monstre. Ceux-là, n'importe qui s'en souviendrait, mais le monsieur Tout-le-Monde, qui représente quatre-vingt-dix pour cent des Anglais, le citoyen ordinaire qui n'est ni très grand ni très petit, qui a une moustache ni brune ni blonde mais masquant sa bouche et un chapeau haut de forme cachant la forme de sa tête et son front ; un homme qui s'habille comme tous ses concitoyens, qui marche comme eux, parle comme eux et qui n'offre aucune particularité !...

Si vous sentez combien il est difficile de se rappeler celui-là — à moins qu'on ne soit entraîné spécialement selon les principes de la police française —, vous comprendrez alors pourquoi une des plus grandes crapules de ce temps est encore *impendue* et en liberté, et pourquoi le « Mystère du Métropolitain » ne fut pas et ne sera jamais éclairci... Ah ! ce fut, je crois bien, la seule fois dans ma vie où je fus sérieusement tenté de donner à la police le bénéfice de mes réflexions ! Vous vous rappelez les faits ?

Le 18 juin, vers quatre heures de l'après-midi, un train s'arrêta à la station d'Aldgate. Le conducteur parcourait la plate-forme, visitant les voitures selon l'usage, quand il remarqua une dame assise dans le coin opposé, la tête tournée vers la vitre, et qui oubliait évidemment qu'Aldgate était la station terminus. « Où allez-vous, madame ? » demanda-t-il.

La dame ne répondit ni ne bougea. L'employé monta dans le compartiment, pensant qu'elle dormait. Et il eut plutôt, comme il le dit ensuite, un « sale trac » en constatant à ses yeux vitreux et à la pâleur épouvantable de son visage que la malheureuse était morte. Il referma la porte du compartiment et envoya chercher en hâte le chef de gare et les policiers de service.

À cette heure-là, ce quai n'est pas très encombré, tout le mouvement se trouvant alors dans l'autre sens, vers l'ouest, et ce fut seulement lorsque deux agents et un détective arrivèrent, accompagnés par un docteur et par les autorités de la gare, et pénétrèrent dans le compartiment, que les badauds comprirent qu'il se passait quelque chose d'anormal. Le soir et sous le titre sensationnel de : « Un suicide mystérieux dans le Métropolitain », les dernières éditions des journaux purent rendre compte de cet événement sinistre.

Le conducteur ne s'était pas trompé : la voyageuse était bien morte. Elle était jeune et aurait été jolie sans une expression d'effroi et d'horreur qui distordait ses traits. Ses vêtements étaient très élégants. Les journaux décrivirent en détail sa robe, son corsage, ses souliers, ses gants et son chapeau. Un de ses gants, celui de la main droite, était partiellement enlevé, laissant nus le pouce et le poignet. La main tenait un petit réticule où se trouvaient quelques pièces d'argent, un flacon de sels et une petite bouteille vide que le médecin examina aussitôt.

C'est à cause de cette petite bouteille que l'on avait aussitôt prononcé le mot de suicide, et aussi parce que rien dans les vêtements et dans l'attitude de la pauvre femme n'indiquait qu'il y avait eu la moindre lutte...

Seul, ce dernier regard, figé dans les yeux de la malheureuse, disait l'épouvante d'une mort atroce soudain surgie...

II

Le cadavre fut envoyé à la Morgue. Beaucoup de gens vinrent l'examiner, sous le prétexte d'une amie ou d'une parente récemment disparue.

Vers onze heures du soir, un jeune et élégant gentleman se présenta au superintendant de la Morgue : c'était M. Hazeldene, agent de navigation, 19, rue Addison, Kensington.

Il était dans le plus pitoyable état de détresse morale. Sa main serrait en tremblant un numéro du *Saint-James's Gazette* qui contenait l'information. Il déclara qu'une personne qui lui était très chère n'était pas rentrée ce soir, contrairement à toute attente.

Son anxiété n'avait pourtant pas été considérable jusqu'à une demi-heure auparavant. À cet instant, la description de la suicidée, lue dans la dernière édition d'un journal du soir, l'avait affreusement alarmé.

Il demandait à voir le corps. Le chagrin du pauvre garçon fut pitoyable... La morte mystérieuse n'était autre que sa femme...

— Je deviendrais mélodramatique si je vous décrivais, en détail, la scène déchirante qui eut lieu à la Morgue, dit le bonhomme dans le coin en me regardant avec un suave sourire — tandis que ses doigts nerveux tentaient en vain d'ajouter un nœud au bout de ficelle avec lequel, comme d'ordinaire, il ne cessait de jouer — et j'aurais peur que mon histoire vous semblât du même goût que les feuilletons populaires. Mais vraiment cette scène fut des plus pathétiques !

On n'ennuya pas par trop de questions, ce soir-là, l'infortuné mari de la morte. Il n'était évidemment pas en état de déposer d'une façon cohérente...

Ce fut à l'enquête du coroner, le lendemain matin, que certains faits semblèrent d'abord éclaircir le mystère qui entourait la mort de Mme Hazeldene, pour le replonger ensuite dans des ténèbres plus profondes encore.

Le premier témoin fut naturellement M. Hazeldene lui-même. La sympathie de tous allait vers le pauvre jeune homme qui, ayant peine à se tenir debout devant le coroner, essayait de donner le plus de renseignements possible. Il était vêtu comme la veille, mais il semblait malade et affreusement chagrin, et le fait qu'il ne s'était pas rasé donnait à sa figure un air plus hagard encore...

M. et Mme Hazeldene étaient mariés depuis six ans et formaient un couple extrêmement uni et heureux. Ils n'avaient pas d'enfant. Mme Hazeldene jouissait de la meilleure santé du monde ; pourtant elle avait eu récemment une légère attaque d'influenza. Le docteur Arthur Jones, qui l'avait alors soignée, était présent et dirait si, par hasard, elle n'était pas cardiaque.

Le coroner, avec le plus grand tact, très prudemment, et en employant de nombreuses circonlocutions, questionna M. Hazeldene sur l'état mental de sa femme...

M. Hazeldene ne répondit qu'à contrecœur. Sans doute l'avait-on averti que le réticule de son épouse contenait une petite bouteille suspecte.

— Oui... peut-être m'a-t-il semblé que ma femme depuis quelque temps n'était plus elle-même, finit-il par admettre de mauvais gré. Jadis, elle était toujours gaie, étourdie même. Or, récemment, je l'ai parfois vue absorbée en des pensées dont elle ne me faisait point part.

Le coroner risqua alors, discrètement, une allusion à la petite bouteille.

— Je sais, répondit le jeune homme avec un profond soupir. On envisage la possibilité d'un suicide. Je ne peux rien y comprendre... c'est si soudain, si terrible... Certes, elle semblait quelquefois troublée et inattentive mais seulement quelquefois, et, hier matin, quand je me rendis à mon travail, elle était très gaie. Elle devait aller à l'Opéra le soir, ce qui paraissait lui faire grand plaisir. Elle m'exprima son intention de faire des achats et de rendre quelques visites dans l'après-midi.

— Savez-vous où elle allait quand elle prit le Métropolitain ?

— Pas avec certitude. Il se peut qu'elle ait eu le projet de descendre à la station de Baker Street et d'aller faire ses achats dans le voisinage, mais elle fréquentait aussi une boutique près de Saint-Paul et dans ce cas elle aurait pris un ticket pour Aldgate. Je ne puis rien affirmer.

— Maintenant, pouvez-vous dire si, à votre connaissance, il y avait dans la vie de Mme Hazeldene quelque chose qui aurait pu expliquer, au moins dans une certaine mesure, la tristesse que vous avez remarquée ? Des difficultés financières, peut-être ?

Existait-il quelque ami dont la correspondance avec Mme Hazeldene ou ses assiduités auprès d'elle vous auraient semblé valoir la peine de faire des observations à votrc femme ? En résumé — ajouta le coroner à voix plus haute et comme heureux d'en avoir terminé avec une allusion nécessaire et déplaisante —, pouvez-vous me donner des indications, même légères, qui tendraient à confirmer les soupçons selon lesquels la malheureuse femme se serait suicidée dans un instant d'anxiété mentale ?

Il y eut un grand silence. M. Hazeldene semblait tourmenté par quelque terrible doute moral. Il se tenait courbé et était très pâle. Il agita à diverses reprises des lèvres muettes, puis balbutia, se tut, et finit par dire à peine intelligiblement :

— Non, aucune difficulté financière !... Ma femme avait une jolie fortune [1]... Et ses goûts n'étaient pas extravagants.

— Et pas d'amis dont les assiduités auprès d'elle aient pu vous déplaire ?

— Non... je... pas d'ami... jamais !... bredouilla le malheureux jeune homme qui faisait évidemment un effort pour répondre.

— J'étais présent à l'enquête, reprit le bonhomme dans le coin, après avoir vidé son verre de lait, et je peux vous assurer que même les personnes obtuses de l'assistance comprirent que M. Hazeldene disait un mensonge.

Il fut évident aux plus ordinaires intelligences que la malheureuse femme n'était pas tombée pour rien

1. En Angleterre, la fortune de l'épouse et celle du mari sont absolument séparées.

dans un tel état de détresse morale et qu'il existait une troisième personne capable d'éclaircir, mieux que l'infortuné jeune veuf, cette énigme tragique.

Qu'elle fût, cette mort, plus mystérieuse même qu'elle n'avait d'abord semblé, cela devint bientôt très apparent.

Vous avez suivi ce cas, à l'époque, certainement, et vous devez vous rappeler l'émotion causée dans le public par le témoignage des deux médecins.

Le docteur Arthur Jones, médecin habituel de la morte, et qui l'avait soignée pour sa légère attaque d'influenza, déclara de la façon la plus absolue que Mme Hazeldene n'avait aucune lésion organique capable de causer une mort soudaine. De plus, il avait assisté le docteur Andrews Thornton, médecin légal, dans l'autopsie, et tous deux attribuaient formellement le décès à l'acide prussique, mais ni lui ni son collègue ne pouvaient dire comment le poison avait été administré.

— Donc, docteur Jones, vous affirmez que le poison fut de l'acide prussique ?

— C'est mon opinion formelle.

— Le flacon trouvé dans son réticule avait contenu de l'acide prussique ?

— Certainement.

— Alors cette dame s'est suicidée en prenant de l'acide prussique ?

— Elle est morte empoisonnée par de l'acide prussique, mais comment le poison fut-il donné, je n'en sais rien. Par injection sous-cutanée, sans doute ; elle n'a sûrement pas absorbé la drogue, il n'y en avait aucune trace dans l'estomac... La mort a dû suivre presque immédiatement. Sans doute le corps n'a-t-il manifesté qu'une vive et soudaine convulsion.

Personne dans la salle ne comprit l'importance de la déposition du docteur... Non, je me trompe un peu : trois personnes comprirent la gravité de la situation et le stupéfiant développement que l'affaire allait prendre. Naturellement, j'étais la première de ces trois personnes — déclara mon drôle d'interlocuteur avec son inimitable et candide vanité et tout en agitant le chapelet de nœuds qu'était devenue sa ficelle ! — et je voyais nettement l'impasse où s'engageait la police. Dès lors, je compris que l'« Affaire du Métropolitain » serait bientôt le « Mystère du Métropolitain ».

Les deux autres personnes étaient : 1°) le détective qui avait examiné officiellement le compartiment ; 2°) M. Hazeldene.

C'est à cet instant, d'ailleurs, que l'élément le plus intéressant de toute l'affaire apparut, et cela, grâce à la déposition de la caméristе de Mme Hazeldene, Emma Funnel.

— Ma maîtresse déjeuna à la maison, expliqua Emma avec timidité et en parlant très bas. Elle était gaie et en bonne santé. Elle sortit à environ trois heures et demie et me dit qu'elle allait essayer des robes chez Spencer, un tailleur qui a ses magasins près de Saint-Paul. Mme Hazeldene avait eu l'intention d'y aller le matin, mais une visite de M. Errington l'en avait empêchée.

— Qui est ce M. Errington ? demanda le coroner.

Emma ne répondit pas aisément. M. Errington était... était M. Errington, voilà tout... un ami de la famille... il habitait tout près. Il venait très souvent chez les Hazeldene, et d'ordinaire il restait tard...

Pressée de questions, Emma dit enfin que récemment Mme Hazeldene était allée au théâtre plusieurs fois avec M. Errington, et que ces jours-là son mari était de mauvaise humeur.

Elle devait aller le soir à l'Opéra avec cet « ami de la maison ».

Rappelé à la barre, le jeune veuf eut d'étranges réticences. Il ne répondit qu'avec une répugnance évidente, et le coroner s'estima heureux d'obtenir de lui les informations désirées après seulement un quart d'heure.

M. Errington était un ami de sa femme, un gentleman très riche. Certes, il n'éprouvait pas pour lui une affection bien vive, mais il n'avait jamais fait d'observations à sa femme à son propos.

— Mais qui est ce M. Errington ? répéta le coroner. Que fait-il ? où habite-t-il ? quel est son métier ?

— Il n'a pas de métier.

— Une occupation, alors ?

— Il n'a pas d'occupation spéciale. Je vous ai dit qu'il est très riche. Pourtant, il s'occupe beaucoup de chimie, à titre d'amateur.

— Quelle branche spéciale de la chimie ?

— C'est, paraît-il, un toxicologue très distingué.

III

C'est ainsi que M. Errington, le riche célibataire, membre du Grosvenor et autres clubs de jeunes dandys, se trouva un beau jour devant les magistrats, inculpé de l'assassinat de Marie-Béatrix Hazeldene.

La presse et le public étaient littéralement abasourdis !...

M. Errington, fort connu dans la société élégante de Londres, abonné de l'Opéra, très considéré dans les milieux scientifiques, auteur de deux livres excellents : *l'Action du curare* et *l'Intoxication par l'oxyde de carbone*, avait naturellement beaucoup d'amis. La salle était plus que comble le matin où on l'interrogea.

Voici ce que l'on racontait :

Ayant lu dans les journaux les résultats de la première enquête, deux gentlemen s'étaient présentés à Scotland Yard pour donner des renseignements nouveaux sur l'affaire.

La police regretta bien que ces renseignements vinssent si tard !... Ils avaient une extrême importance.

C'étaient ces deux témoins, d'ailleurs très honorablement connus, qui avaient conduit, par leurs déclarations, M. Errington devant les magistrats.

L'accusé était pâle et semblait très déprimé, quand je l'aperçus pour la première fois ce jour-là. Rien d'étonnant, d'ailleurs, sa position était terrible...

Il avait été arrêté à Marseille alors qu'il se préparait à en partir pour Colombo. Les formalités nécessaires à l'extradition avaient demandé une quinzaine de jours.

Je crois qu'il ne comprit pleinement l'horreur de sa situation que lorsque Emma Funnel eut répété son témoignage...

M. Hazeldene n'ajouta rien à sa précédente déclaration. Il avait vu sa femme en vie pour la dernière fois le matin du jour fatal. Elle semblait, alors, en parfait état physique et mental...

Chacun dans l'audience comprenait qu'il essayait d'en dire aussi peu que possible, de peur de nuire à la réputation de la défunte.

Et cependant, le témoignage de la servante était net : Mme Hazeldene, jeune, un peu étourdie, et qui aimait qu'on l'admirât, avait certainement flirté avec M. Errington et, à cause de ce flirt, s'était plusieurs fois disputée avec son mari...

L'attitude digne du veuf et ses paroles modérées firent la plus heureuse impression.

Tenez, voici sa photographie. Vous le voyez tel qu'il apparut à la barre, en grand deuil, naturellement, mais sans ostentation. Il avait laissé pousser sa barbe, ce qui ajoutait une certaine austérité à son aspect. Vint ensuite la plus sensationnelle déposition du jour. Un homme un peu courtaud, brun, aux vêtements amples et sans élégance, l'air confiant — le type même du *businessman* de la Cité ! — jura de « dire la vérité et rien que la vérité ». Il s'appelait André Campbel, chef de la maison Campbel & C°, agent de change dans la rue d'Oxford.

L'après-midi du 18 juin, M. Campbel, voyageant dans le Métropolitain, remarqua une très jolie femme dans le même compartiment que lui. Elle lui demanda si elle se trouvait bien dans le train allant vers Aldgate. M. Campbel répondit affirmativement et s'enfouit ensuite dans le compte rendu de la Bourse du jour. À la station de la rue Gower, un monsieur, en complet de cheviotte bleue et chapeau melon était entré dans la voiture et s'était assis en face de la dame qui avait paru très étonnée de le voir, mais M. Campbel ne se rappelait pas ses paroles exactes. Tous deux conversèrent beaucoup. La dame était animée et souriante.

Le témoin ne s'occupa pas beaucoup d'eux, absorbé qu'il était dans sa lecture et ses calculs. Il remarqua pourtant que l'homme en complet de cheviotte bleue descendit avec lui à la station de la rue Farrington, après avoir serré la main de la dame et lui avoir dit gaiement : « Au revoir, n'arrivez pas en retard ce soir. »

M. Campbel n'entendit pas la réponse de la dame et perdit aussitôt l'homme de vue dans la foule. Le public était « sur des charbons ardents » et attendait anxieusement l'instant où le témoin décrirait l'homme qui avait parlé pour la dernière fois à la pauvre femme — cinq minutes environ avant sa mort étrange.

Personnellement, je me doutais bien de ce qu'allait être la description donnée par l'agent de change.

J'aurais pu l'écrire d'avance !... Cette description du meurtrier probable aurait aussi bien convenu à l'homme qui a déjeuné près de vous qu'à huit sur dix des jeunes Anglais que nous connaissons... L'individu était de taille moyenne, portait une moustache, qui n'était ni très blonde ni très brune, et ses cheveux étaient quelque chose comme châtains. Il avait un chapeau melon et un complet de cheviotte bleue et... et... c'était tout !... Peut-être M. Campbel aurait-il pu le reconnaître, peut-être pas. À ce moment-là, il n'avait pas fait grande attention à ce gentleman qui se trouvait du même côté du compartiment que lui et n'avait pas retiré son chapeau. Lui-même était très occupé avec ses journaux... Oui, peut-être aurait-il pu le reconnaître, mais vraiment sans certitude...

Le témoignage de M. André Campbel n'était pas très important, direz-vous. Non, en lui-même il ne l'était point et il n'aurait peut-être pas justifié une arrestation sans celui de M. James Verner, imprimeur.

M. Verner est un ami personnel de M. André Campbel et, le jour en question, à la station de la rue Farrington, alors qu'il attendait son train, il vit M. Campbel sortir du compartiment de première classe. Il lui parla quelques secondes et, comme le train s'ébranlait, il sauta dans le compartiment d'où venaient de sortir l'agent de change et l'homme en cheviotte bleue.

Il se rappelait une dame assise du côté opposé au sien, la figure tournée vers la vitre, et paraissant endormie, mais il n'avait pas fait spécialement attention à elle.

Il était, comme à peu près tous les *businessmen* quand ils voyagent à cette heure, complètement accaparé, lui aussi, par les journaux. Mais notez ceci : à un moment, ayant une note à prendre sur un cours, il ramassa un morceau de carton qui se trouvait par terre et il y griffonna quelques mots au crayon.

« Ce ne fut que deux ou trois jours plus tard, ajouta M. Verner, au milieu d'un grand silence, que j'eus à me référer à cette note. Pendant ce laps de temps, les journaux avaient été pleins de la mort mystérieuse survenue dans le Métropolitain et les noms des personnes qui s'y rattachaient m'étaient familiers. Ce fut donc avec grand étonnement qu'en regardant le morceau de carton que j'avais ramassé par hasard dans le compartiment, je vis ce nom gravé du côté opposé à ma note : « "Franck Errington" ».

— L'effet produit par cette déclaration fut formidable ! continua le bonhomme.

Depuis les jours du mystère de la rue Fenchurch et du procès Smethurst, je n'avais vu autant d'émotion... M. Errington ne fit aucune difficulté pour reconnaître qu'il s'agissait bien d'une de ses propres cartes de visite !

Mais rappelez-vous bien que *moi je n'étais pas ému* ! Dès lors, je connaissais tous les détails de ce meurtre comme si je l'avais commis moi-même !... Je dois même dire que je ne l'aurais pas mieux commis, quoique j'étudie l'art du crime depuis des années...

On pria MM. Campbel et Verner de regarder attentivement M. Errington, qui portait à ce moment même un *complet de cheviotte bleue et un chapeau melon*, et chez lequel on avait trouvé deux autres complets de même étoffe et plusieurs chapeaux melon ! Ils hésitèrent... Certes, c'était bien la silhouette générale, c'étaient les traits aussi... Mais ils ne se sentaient pas assez sûrs pour risquer une affirmation dont dépendait la vie d'un homme... Ils n'osèrent jurer.

Néanmoins, tout le monde dans la salle considérait M. Errington comme condamné, même ses amis. Et lui aussi, me sembla-t-il !... Son visage était affreusement pâle et il passait souvent sa langue sur ses lèvres sèches...

En effet, il se trouvait dans la situation terrible d'avoir les plus graves présomptions contre lui et aucun moyen de prouver un alibi. Le crime — si crime il y avait ! — avait été commis trois semaines auparavant. Un mondain comme Franck Errington, dont la vie est très agitée, ne peut guère se rappeler, après un pareil laps de temps, où il passa tel ou tel après-midi. Si pourtant il était assez heureux pour cela, ce serait un miracle s'il trouvait un ami capable de se souvenir lui aussi et de vérifier sous serment sa déclaration.

Outre les divers témoignages, d'autres circonstances parlaient contre M. Errington. Ses talents de toxicologue amateur, par exemple !... Et la police avait trouvé chez lui toutes sortes de poisons — y compris de l'acide prussique...

Puis aussi ce voyage à Marseille et ce départ pour Colombo ! On pouvait supposer qu'il s'agissait là d'une de ces fuites hâtives et maladroites dont les assassins sont coutumiers.

Selon l'accusation, il avait voulu se débarrasser d'une liaison gênante : célibataire, riche, beau garçon, très mondain, très considéré dans les milieux scientifiques, il comptait sans doute faire quelque brillant mariage, mais, auparavant, il fallait que disparût son « fil à la patte ».

On désignait même plusieurs familles aristocratiques qui avaient vu en lui un gendre très possible...

... Sir Arthur Inglewood, le célèbre avocat, déploya une fois de plus une habileté merveilleuse ; il « retourna » complètement les témoins à charge. Il fit tout d'abord redire à M. Campbel qu'il ne reconnaissait pas nettement en l'accusé l'homme au complet de cheviotte, puis dix minutes de contre-interrogatoire lui suffirent pour bouleverser si à fond l'esprit du pauvre agent de change qu'ensuite celui-ci n'aurait pu reconnaître son propre groom ! Mais, malgré son ahurissement, M. Campbel resta sûr que la dame était vivante et alerte et qu'elle parlait gaiement avec l'homme au complet de cheviotte au moment où ce dernier, après lui avoir serré la main, la quitta en lui disant : « Au revoir, n'arrivez pas en retard ce soir. » À son avis, si l'individu avait administré à sa compagne une dose de poison, cela n'avait pu être qu'avec le plein consentement de celle-ci. Pourtant cette dame n'avait ni l'allure ni la conversation d'une personne qui va se suicider !...

M. James Verner affirma aussi positivement qu'il était resté près de la porte du compartiment depuis l'instant où M. Campbel en était sorti jusqu'à ce qu'il y montât lui-même, et qu'il n'y avait eu dans ce compartiment personne d'autre que lui et la défunte entre les stations de la rue Farrington et d'Aldgate et que la pauvre dame n'avait fait aucun mouvement, pas le moindre, durant ce court trajet...

IV

— Non, M. Franck Errington ne fut pas condamné, dit le fantoche dans le coin avec un de ses curieux sourires à la fois naïfs et sardoniques et en s'abîmant les ongles pour défaire les nœuds de sa ficelle, mais ce fut bien grâce à l'adresse et à l'éloquence de Sir Arthur Inglewood...

L'accusé jura solennellement que l'homme en complet de cheviotte n'était pas lui, et qu'il n'avait pas vu Mme Hazeldene depuis onze heures du matin de ce jour fatal. Quant à sa carte de visite, il ignorait comment elle avait pu se trouver là.

Il n'y avait contre son serment aucune preuve nette. D'autre part, selon la déposition de M. Campbel, l'homme en complet de cheviotte ne pouvait pas être le meurtrier. Le sens commun n'admet pas, en effet, qu'une femme puisse avoir un poison mortel comme l'acide prussique injecté dans ses veines tandis qu'elle bavarde avec son meurtrier et lui dit gentiment au revoir !

... M. Errington vit à l'étranger maintenant. Après une aventure semblable, après avoir frôlé la potence, sa situation ne serait plus tenable à Londres.

Sa fortune, sa réputation d'élégant homme de science, ses succès de tout genre, lui avaient fait beaucoup de jaloux, qui s'empressèrent de lui battre froid et d'obtenir que l'opinion publique ne l'acquittât pas, elle. La police n'a pourtant pas encore cessé de l'épier, elle espère toujours qu'il se trahira... Elle a même eu la candeur de faire suivre et espionner M. James Verner, quoique ce témoin, déjà âgé et en une haute situation, soit d'une honnêteté absolue et n'ait jamais eu les moindres rapports avec la famille Hazeldene !

....

Ici le lecteur est prié de se recueillir et de tâcher d'expliquer lui-même l'affaire.

....

— Voyez-vous un peu clair dans cette affaire ?... Non !... Ah ! elle est pourtant bien simple !... Il suffit de grouper tous les faits prouvés, indéniables, et de conclure.

Récapitulons :

À la station de la rue Farrington, la dame est encore vivante et parle gaiement, ce qui détruit l'hypothèse du meurtre. De la rue Farrington à Aldgate, elle ne fait aucun mouvement, ce qui détruit l'hypothèse du suicide. En effet, la mort par l'acide prussique n'a pas lieu sans une ou deux secondes de convulsions et de soupirs qui eussent certainement attiré l'attention de M. Verner.

— Alors ?

— C'est bien simple, le coupable ne sera jamais puni parce qu'il n'y a aucune preuve contre lui, parce qu'il est une de ces adroites canailles qui pensent à tout, prévoient tout, connaissent à merveille la nature humaine, devinent exactement quels témoignages naîtront contre eux, et agissent en conséquence.

Dès le début, la canaille en question se masqua avec la figure et la personnalité de M. Franck Errington. Si vous me permettez d'employer une métaphore incorrecte mais expressive, M. Franck Errington fut la poussière avec laquelle l'assassin aveugla la police !

Je vois clairement toute cette tragédie ! La frivolité de la jeune femme, son flirt, sans doute innocent, avec l'ami, ah ! comme tout cela fut bien employé !

Cherchez à qui le crime profite, dit l'adage français. Notre police, qui s'en inspire parfois trop, ne s'en est cette fois pas assez inspirée ! J'ai pris la peine, moi, d'examiner les finances du ménage Hazeldene : il ne me fut pas difficile d'apprendre que le testament de Marie-Béatrix Hazeldene désignait son mari comme légataire universel. J'ai trouvé aussi que cet héritier de quarante mille livres n'était qu'un pauvre employé sans le sou quand il épousa cette fille d'un riche constructeur de bateaux.

Si au lieu d'espionner ce pauvre M. Errington et aussi M. Verner, la police avait simplement pris des informations sérieuses sur le veuf, depuis le procès, elle saurait qu'il vit maintenant à Nice avec une femme dont il est follement épris et avec laquelle il peut vivre constamment depuis la mort de Mme Hazeldene. Auparavant il semblait aussi amoureux qu'aujourd'hui, mais il ne pouvait voir cette personne que rarement.

Hélas, la police crut dès le début M. Errington coupable. Elle s'hallucina et dépensa tous ses efforts sur cette très fausse piste.

À vouloir trouver des preuves contre cet innocent, elle oublia celles qu'un peu de réflexion et quelques recherches lui eussent fournies contre Hazeldene.

— Ah ! c'est un habile et hardi gredin, cria soudain le fantoche à la ficelle en se penchant frénétiquement par-dessus la table et en me criant dans la figure... Savez-vous comment il fit pénétrer ce terrible poison dans le corps de la malheureuse femme ? Par un moyen vieux comme le monde, classique, étonnamment simple, celui des Borgias : une bague, oui, qui porte une courte et mince aiguille creuse et un piston que l'on fait agir en rapprochant les doigts ; elle contient suffisamment d'acide prussique pour tuer trois ou quatre personnes ! Des bagues meurtrières comme celle-là, je sais où l'on en vend à Londres, je peux même vous indiquer l'arrière-boutique : elle se trouve entre Whitechapel et les Docks.

L'homme en complet de cheviotte serre la main de sa belle compagne à l'instant où il la quitte, et le tour est joué.

Sans doute Mme Hazeldene sentit-elle à peine la piqûre, insuffisamment en tout cas pour la faire crier (car, à ce moment, M. Campbel était encore sur le quai !). D'ailleurs la mort par l'acide prussique est quasi foudroyante : en deux à trois secondes c'est fait. Si elle eut un râle, il fut bref et léger et se perdit dans le brouhaha de la gare.

Peut-être, si elle eut le temps de sentir quelque chose, crut-elle que la poignée de main lui avait pincé la peau contre ses bagues...

Rappelez-vous que, grâce à ses cordiales relations avec M. Errington, le coquin a eu toute facilité pour se procurer le poison et aussi la carte de visite... La bouteille ? Rien de plus facile que de la glisser dans le réticule soit en descendant, soit durant le voyage : ainsi on croirait d'abord à un suicide...

Il s'était fait faire, auparavant, chez quelque tailleur éloigné de son domicile, et probablement sous un faux nom, un complet de cheviotte bleue comme en porte souvent M. Franck Errington, et, celui-ci arborant toujours des chapeaux melon, il achète un chapeau melon. Sans doute copie-t-il aussi sa cravate et ses souliers...

Notez que les deux hommes, sans se ressembler, étaient de la même taille et également minces. L'assassin, par un simple coup de fer, relève sa moustache que d'ordinaire il porte tombante et qui devient ainsi semblable à celle de son ami.

Il suit sa femme, voyage dans le même train et, à la station de la rue Gower, voyant qu'elle n'a qu'un seul compagnon, il monte dans son compartiment. Les paroles échangées alors entre elle et lui, si elles avaient été retenues par M. André Campbel, pouvaient, j'en suis sûr, être attribuées indifféremment à un mari ou à un flirt, Hazeldene a dû y veiller.

— Tout de même, le risque terrible d'être reconnu par M. Campbel existait !

— En toute affaire, il y a un risque. M. Hazeldene a agi sagement en choisissant celui-là. Il observa certainement le gentleman qui voyageait avec sa femme et lui et qui se trouva être M. Campbel. Si ce gentleman, au lieu d'être un *businessman* enfoui dans ses journaux et très inattentif, avait été quelque oisif examinant les deux autres personnes qui se trouvaient dans le compartiment, il eût remis l'assassinat à une autre date. Mais l'occasion qu'il cherchait peut-être depuis longtemps se présenta. Notez que si le hasard avait voulu que la victime s'affaissât sur les coussins dans une position susceptible d'inquiéter M. James Verner, le bon mari, déjà disparu dans la foule, ne risquait rien : on eût découvert le meurtre une station plus tôt, voilà tout !

Et puis, il prévoyait que plusieurs jours se passeraient avant que le voyageur ne le revît. En changeant ses vêtements et l'allure de sa moustache, en laissant pousser sa barbe, en convulsant ses traits grâce à une feinte douleur, toutes les chances étaient pour qu'on ne le reconnût pas.

Et puis, aussi, il se fiait à cette insuffisance d'observation qui fait que les neuf dixièmes des personnes, même les plus intelligentes, sont incapables de donner un signalement exact des gens qui, par exemple, ont déjeuné auprès d'elles...

Le vieil homme remit sa ficelle — maintenant libre de tout nœud — dans son gousset, me fit un salut cassé de marionnette, paya ses deux verres de lait et s'en fut, silhouette falote...

LE VOL DE LA BANQUE DE PRÉVOYANCE

I

— Cherchez à qui profite le crime !... Voilà une indication hardie et difficile à suivre ! me dit, ce déjeuner-là, mon drôle de bonhomme à la ficelle en sortant ses maigres doigts d'énormes gants en peau de chien...

Des éclaircisseurs de mystères criminels trouvent que c'est là un infaillible axiome. Peut-être, en beaucoup de cas, mais la cupidité n'est pas le seul mobile qui guide l'humanité, il y a bien d'autres passions. Les détectives français — qui connaissent rudement leur métier ! — ont une autre devise à laquelle j'attache une valeur particulière. C'est simplement : « Cherchez la femme ! »

Ah ! les femmes, quand il y en a une dans un cas, si elle est passionnée mais simple d'esprit, cela facilite les choses ; si au contraire elle est intelligente, le diable ne s'y reconnaîtrait pas !

Tenez, le vol de Phillimore Terrace, dont nous avons tant parlé, restera un mystère parce qu'aucune femme de mentalité inférieure n'y fut mêlée...

Le vieux type m'avait fait cette tirade en s'accotant dans le coin et en tirant lentement de son gousset son inévitable bout de ficelle... Cette fois, c'était une cordelette mince, rouge, et telle que les papetiers en emploient pour les paquets délicats.

Je me gardai bien de l'interrompre, car s'il aimait avoir un auditeur, il avait horreur d'être interrompu, même par la plus timide observation : il s'irritait alors et devenait presque malpoli... Et pourtant, quelquefois, son regard semblait solliciter une interruption qu'il fallait aussitôt lui présenter ! Ah ! ce n'était pas un type facile à manier !

— Quand je serai vieux et que je n'aurai plus rien à faire, je crois que j'entrerai dans la police : elle a décidément beaucoup à apprendre, soupira-t-il.

Comme il gardait le silence, je me risquai à lui dire :

— Ne me donnerez-vous pas quelques lumières sur le vol de la Banque de Prévoyance ?

Il me regarda avec hostilité et tentation, comme si je lui avais proposé quelque agréable complicité dans un beau crime. Il hésitait.

Enfin, ses doigts minces esquissèrent un premier nœud ; son visage s'éclaira, et il commença le récit :

— Vous connaissez naturellement la Banque de Prévoyance, dans la rue d'Oxford. Voici, en tout cas, une photographie que j'ai prise moi-même, du dehors. Remarquez que le bureau a une entrée séparée du reste de l'habitation. Cette maison était et est encore habitée par le directeur.

Il y a quatre ans, celui-ci se nommait M. Ireland. Il vivait avec sa famille composée de sa femme, d'un fils employé dans la maison, et de deux enfants plus jeunes.

Le bureau comprenait : 1°) un hall avec des rangées de pupitres pour les employés, des cases à registres, des chaises, des tables, etc. ; 2°) en face de la porte d'entrée, après une porte vitrée, le cabinet du directeur, où se trouvait le grand coffre-fort.

Retenez bien tous ces détails !

Ce cabinet communique par une porte — une seule porte — avec l'antichambre de la maison. Ainsi, le directeur n'est pas obligé de passer par la rue pour se rendre à son bureau. À part cette porte, le bureau n'a aucune communication avec le reste de la maison et celle-ci n'a pas de cave.

Je suis forcé de vous donner ces renseignements architecturaux : ils semblent fastidieux mais ils sont absolument nécessaires à la clarté de mon récit.

La nuit, la porte du bureau est fermée et verrouillée, et un veilleur séjourne dans le hall jusqu'au matin.

Comme je vous l'ai déjà dit, entre le hall et le cabinet privé du directeur, il n'y a qu'une porte vitrée. J'insiste là-dessus, car, la mémorable nuit dont je vais vous parler, le veilleur entendit à travers cette porte vitrée des choses bien curieuses.

Le matin de cette nuit-là, M. Ireland descendit vers neuf heures et demie dans son bureau, un peu avant le premier déjeuner.

Ne le voyant pas revenir, Mme Ireland envoya la bonne lui dire que le déjeuner refroidissait. Bientôt, les cris perçants de la bonne mettaient en émoi toute la maison. Mme Ireland se précipita en bas dans l'antichambre, elle trouva ouverte la porte qui menait au cabinet de son mari et c'était de ce cabinet que partaient les cris de la servante :

« Mon maître, madame !... mon pauvre maître !... »

En outre, on entendait le veilleur crier de dedans le hall, tout en tapant contre la porte vitrée :

« Pourquoi n'ouvrez-vous pas cette porte, au lieu de faire tant de vacarme ? »

Mme Ireland eut aussitôt l'horreur d'apercevoir dans un fauteuil, la tête renversée en arrière, les yeux clos, le visage blême, son mari, qui semblait mort ou très profondément évanoui. Quelque terrible choc avait dû lui retirer soudain toute conscience...

Quel choc ?... Il était aisé de le deviner ! La porte du coffre-fort se trouvait grande ouverte !... M. Ireland avait évidemment chancelé d'épouvante devant l'horrible fait, puis, après s'être appuyé un instant sur une chaise maintenant renversée, il était tombé raide dans le fauteuil.

Tout ceci, qui prend un certain temps à décrire, pénétra en une seconde dans le cerveau de Mme Ireland. Elle tourna rapidement la clé de la porte vitrée — qui se trouvait en dedans — et, avec l'aide de James Fairbairn, le veilleur, elle porta son mari dans sa chambre à coucher, en haut, et envoya immédiatement chercher un docteur et la police.

M. Ireland était dans un état inquiétant. Le docteur ordonna un repos absolu et interdit toutes questions. Le patient n'était plus jeune, le choc avait été violent. C'était un cas léger *mais net* de congestion cérébrale. Non seulement la raison, mais même la vie de M. Ireland seraient mises en danger, déclara-t-il, si on essayait trop tôt de le faire se souvenir des circonstances qui avaient précédé cet évanouissement.

Le détective envoyé par Scotland Yard se trouvait très handicapé, puisque l'un des principaux acteurs du drame était incapable de le renseigner !

La porte du coffre-fort ne présentait aucune trace d'effraction. Il n'existait qu'une clé, que le directeur portait toujours sur lui.

Le voleur, ou les voleurs, n'avaient évidemment pas pénétré dans le bureau privé du directeur en passant par la banque où James Fairbairn était resté toute la nuit, l'électricité allumée. Personne n'aurait pu forcer la porte, lourdement barrée et verrouillée, puis traverser le hall, sans attirer l'attention du veilleur.

Restait l'autre porte, c'est-à-dire celle qui donnait dans l'antichambre de la maison. Il n'y avait pas d'autre accès dans le cabinet, à l'exception d'une fenêtre solidement grillée et qui n'eût pas laissé passage même à un chat. Cette porte était toujours fermée par M. Ireland lui-même. Pendant ses vacances annuelles, alors qu'il s'en allait à la mer avec sa femme et ses plus jeunes enfants, son fils aîné gardait la maison avec le sous-directeur (celui-ci s'installait alors dans la chambre de M. Ireland) et fermait lui-même et cette porte et le coffre-fort dès sept heures du soir.

Comme je vous l'ai déjà dit, il n'y a qu'une porte vitrée entre le hall et le cabinet du directeur. James Fairbairn laissait toujours cette porte grande ouverte afin de pouvoir, au besoin, entendre le plus léger bruit qui se produirait dans le cabinet. Aucune lumière ne demeurait dans le cabinet et l'autre porte, menant dans l'antichambre de la maison, était fermée non seulement *en dehors* par M. Ireland, mais aussi *en dedans* par James Fairbairn, dès qu'il commençait sa veillée.

Une sonnerie électrique communiquait avec la chambre à coucher de M. Ireland et celle de son fils. En outre, il eût été très facile à Fairbairn, grâce au téléphone, d'appeler la police.

Vers neuf heures trois quarts du matin, dès que le premier caissier était arrivé, le veilleur nettoyait et cirait le cabinet du directeur, puis déverrouillait l'intérieur de la porte donnant dans l'antichambre. Après cela, il s'en allait vers son déjeuner et son lit.

Vous voyez que la position de James Fairbairn était de confiance. D'ailleurs, dans toutes les banques et maisons de commerce, il y a des gens qui détiennent des positions semblables — gens toujours de caractère connu et éprouvé, d'ordinaire de vieux soldats ayant de beaux états de services.

James Fairbairn est un grand et solide Écossais qui venait à peine de dépasser la cinquantaine. Il était veilleur de nuit à la banque depuis déjà quinze ans.

Ce fut son témoignage qui fit tout l'intérêt de l'affaire...

Il déclara qu'à huit heures du soir, le 25 mars, après avoir clos et verrouillé la porte du hall donnant sur la rue, il aurait fermé aussi, comme d'ordinaire, celle qui mène du cabinet du directeur à l'antichambre, si, du premier étage, M. Ireland ne lui avait ordonné de laisser cette porte ouverte, et ne lui avait annoncé qu'il aurait à faire en son bureau plus tard dans la soirée, vers onze heures sans doute.

Fairbairn demanda s'il devait laisser la lumière allumée et M. Ireland répondit : « Non. Éteignez-la, je l'allumerai si je viens. »

Le veilleur de la Banque de Prévoyance a la permission de fumer. Il est aussi pourvu d'un bon feu, d'un plat de sandwiches et d'une bouteille de bière.

James Fairbairn s'installa devant le feu, alluma sa pipe, ouvrit son journal et commença à lire. À environ dix heures moins le quart, il lui sembla entendre claquer la porte allant de l'antichambre de M. Ireland à la rue. Il supposa que son patron s'en allait au club.

Mais, cinq minutes plus tard, il entendit la porte allant de cette antichambre dans le cabinet du directeur claquer, quelqu'un entrer, et, aussitôt, ce quelqu'un fermer la porte vitrée et tourner la clé à l'intérieur.

Il supposa qu'il s'agissait de M. Ireland... De l'endroit où il était assis, il ne pouvait voir dans la chambre. Il remarqua que la lumière électrique n'avait pas été allumée et que le directeur semblait n'avoir d'autre lumière qu'une simple allumette.

« Cela n'étant pas dans les habitudes du patron, dit Fairbairn, et supposant que peut-être quelque chose de pas naturel se passait, je jetai mon journal et me dirigeai vers la porte vitrée. L'allumette s'éteignit. Le cabinet du directeur était maintenant tout à fait sombre et je ne pouvais rien y voir, mais la porte donnant de ce cabinet dans l'antichambre était ouverte et naturellement par là, il venait un peu de lumière. J'étais tout contre la porte et je vis alors Mme Ireland, debout dans l'embrasure de la porte de l'antichambre, et je l'entendis s'écrier sur un ton stupéfait : “Mais comment, Louis, je croyais que vous étiez parti à votre club depuis longtemps ! Que diable faites-vous là, dans l'obscurité ?” Louis est le prénom de M. Ireland. Je n'entendis pas sa réponse, mais comme, évidemment, rien d'anormal ne se passait, je m'en retournai à ma pipe et à mon journal. Presque aussitôt, j'entendis le directeur quitter son cabinet, traverser l'antichambre et s'en aller par la porte de la rue.

« Après son départ, je m'aperçus qu'il avait oublié de déverrouiller la porte vitrée. Ainsi, il me devenait impossible de pousser les verrous de la porte allant du cabinet dans l'antichambre et je suppose que c'est ainsi que ces voleurs, que le diable les emporte, parvinrent à accomplir leur besogne. »

Ainsi parla l'honnête Fairbairn. Et cette déposition donna beaucoup à penser !...

D'ailleurs, tant que l'état du directeur ne s'améliorerait pas, il était impossible de préciser même l'importance de la somme volée. Pourtant le caissier en chef estima la perte à environ dix mille livres en or et en billets, sans compter ce que M. Ireland pouvait avoir d'argent personnel et d'objets précieux dans le coffre-fort.

II

À peine avait-on eu le temps de s'étonner de la singulière déposition du veilleur de nuit que le côté le plus sensationnel de ce cas mystérieux apparut.

Mme Ireland, après trente-quatre heures de veille ininterrompue auprès de son époux — si malade ! —, venait d'être enfin interrogée par les détectives, et cet interrogatoire que l'on n'accomplissait guère que par formalité, dont on n'espérait rien, se révéla, au contraire, extraordinairement intéressant.

Représentez-vous la tête des policiers lorsqu'elle déclara avec force et netteté que James Fairbairn avait dû rêver ou être en proie à quelque hallucination pour avoir cru l'apercevoir dans le cadre de la porte de l'antichambre à dix heures, la nuit en question, et avoir imaginé entendre sa voix.

Il se pouvait qu'à cette heure-là elle soit descendue dans l'antichambre, car il lui arrivait souvent d'aller voir si la dernière distribution postale n'avait pas apporté de lettres. Mais certainement elle n'avait pas vu M. Ireland ni ne lui avait parlé, pour la bonne raison qu'il était parti depuis déjà une heure et qu'elle l'avait elle-même conduit jusqu'à la porte de la rue !...

Pas un instant elle ne varia dans son extraordinaire déposition.

La clé du coffre-fort, M. Ireland la portait sur lui le soir en question, on l'avait retrouvée dans la poche de son gilet.

La police questionna alors une autre personne, M. Robert Ireland, le fils aîné du directeur, qui pouvait connaître dans une certaine mesure les affaires de son père. L'opinion que peut-être de graves difficultés financières avaient déterminé le malheureux financier à s'approprier l'argent de la Société commençait en effet à se répandre.

Robert Ireland ne put dire grand-chose. Son père ne lui exposait pas ses affaires. Mais l'argent n'était jamais rare à la maison, et M. Ireland n'avait pas des goûts dispendieux.

Quant à lui, ce soir-là, il avait dîné dehors avec un ami et était allé ensuite au music-hall *Empire*. Il rencontra son père au coin de la rue Vigo, à environ onze heures et demie, et ils rentrèrent ensemble. Le directeur n'offrait rien d'anormal dans son maintien et ses propos et il monta se coucher, en même temps que son fils, avec la plus grande gaieté.

— Quelle stupéfaction unanime ! continua le bonhomme en riant. Dans le public, il n'y eut qu'une opinion, à savoir que Mme Ireland disait un mensonge, un noble mensonge, un mensonge vertueux, mais un mensonge. Elle essayait de sauver son mari. D'ailleurs, elle prenait la plus mauvaise voie. James Fairbairn, après tout, *ne pouvait* avoir rêvé tout ce qu'il déclarait avoir vu et entendu !

Personne, bien entendu, ne suspectait celui-ci : il n'y avait aucune raison pour cela. C'était un Écossais non seulement honnête mais lourdaud, et complètement dépourvu des pouvoirs inventifs que l'étrange déposition de Mme Ireland semblait lui prêter. Sa probité était, de l'avis de tous, absolument indiscutable. Si tel était l'avis du public, cet avis restait pourtant hésitant. Un fait, qui frappait tout le monde, empêchait de condamner le directeur définitivement : que M. Ireland ait été dans son cabinet à dix heures moins dix soustraire dix mille livres en or et en billets au coffre-fort de la banque, qu'il ait voulu donner à ce détournement l'apparence d'un vol nocturne, que sa femme l'ait surpris et que, n'arrivant pas à le contraindre à la restitution, elle se soit courageusement efforcée de le sauver, soit ! Tout cela était admissible.

Mais alors pourquoi, le lendemain matin, en voyant son coffre-fort ouvert, serait-il tombé dans un évanouissement des plus sérieux et que compliquait une *très réelle* congestion cérébrale ? Un évanouissement est à la rigueur simulable, mais non pas une fièvre à haute température et une congestion *absolument constatée* par plusieurs médecins légaux !

Selon les diverses dépositions, M. Ireland était sorti peu après le vol, revenu une heure et demie plus tard en compagnie de son fils, puis avait parlé gaiement avec celui-ci en allant se coucher. Pourquoi ces neuf heures d'attente avant de tomber gravement et vraiment malade à la vue de son propre crime ?

Malheureusement, le pauvre homme se trouvait incapable de donner le moindre renseignement sur cette nuit tragique.

Il était encore très faible. Selon les ordres rigoureux des médecins, on lui laissait ignorer les lourdes charges qui s'accumulaient progressivement sur lui. Il avait souvent interrogé les personnes ayant accès auprès de lui quant aux résultats de l'enquête et à la capture des voleurs, mais on se bornait strictement à lui dire que jusqu'alors les recherches de la police étaient demeurées sans résultat.

Vraiment pathétique, la situation de ce malheureux rendu incapable par la maladie de se défendre contre une si puissante accusation !... C'est pour cela, d'ailleurs, que toute la sympathie du public ne l'abandonnait pas.

Et la position de sa femme n'était-elle pas aussi terrible ? Elle le savait coupable et elle attendait avec patience et horreur le moment où il reviendrait à la santé et où il aurait à combattre des accusations précises !...

III

Ce moment n'arriva que six semaines après le vol.

Durant ce temps, parmi les personnes nombreuses qui, directement ou indirectement, avaient eu à souffrir de cette mystérieuse affaire, je crois que celui à qui l'on témoignait le plus de pitié était Robert Ireland, le fils aîné du directeur.

Vous vous rappelez qu'il était employé à la banque. Dès l'instant où les soupçons commencèrent à peser sur son père, sa position dans la maison devint peu tenable. Certes, tout le monde était très poli pour lui. M. Sutherland French, notamment, nommé directeur intérimaire pendant « la regrettable absence de M. Louis Ireland », fit tout ce qu'il put pour entourer de sympathie le jeune homme. Néanmoins, celui-ci n'étonna personne en déclarant que, vu les circonstances, il croyait devoir démissionner.

On lui fournit les recommandations les meilleures et il fut entendu que, dès le rétablissement de son père, on essayerait de lui obtenir quelque emploi à l'étranger. Il parlait de s'engager dans un corps de volontaires récemment organisé pour maintenir l'ordre dans nos nouvelles colonies. On comprenait son désir de quitter Londres...

D'ailleurs, l'attitude du fils, quoique absolument justifiée étant donné la rumeur qui grondait dans les milieux de Bourse, n'était pas pour améliorer la position du père...

Elle semblait dire que la culpabilité du pauvre directeur était reconnue même par sa famille !... Il était pourtant innocent !

Vous devez vous souvenir comme cela apparut clairement dès que le pauvre homme put parler !

Ses explications furent nettes. Il était, et vraisemblablement il est encore, grand amateur de musique. Le jour en question, après dîner, il vit, dans un journal du soir, l'annonce d'un concert à Queen's Hall particulièrement intéressant. Il n'était pas en habit, mais néanmoins un désir irrésistible le prit d'aller entendre deux ou trois morceaux. Il se rendit à pied au Hall et y passa la soirée. Cette sorte d'alibi aurait été assez difficile à établir, si le hasard n'avait favorisé M. Ireland ce soir-là...

Il eut des difficultés à propos d'un fauteuil acheté au guichet et que, néanmoins, il trouva occupé à tort par une vieille dame très obstinée qui refusa de bouger. La direction et les policemen durent s'en mêler. Les employés se rappelaient non seulement l'incident et sa date, mais aussi la personne du gentleman qui en avait été l'innocente cause.

Aussitôt que M. Ireland put parler, il mentionna et cet incident et les personnes qui y avaient assisté. Celles-ci le reconnurent absolument, à la grande surprise de la police et de la partie du public qui avait décidé que le coupable ne pouvait être que le directeur de la banque lui-même.

D'autre part, M. Ireland donna ses comptes de fortune personnelle et il apparut alors comme un homme très riche.

Évidemment, s'il avait eu besoin de dix mille livres, il eût pu emprunter cette somme sur ses valeurs, en une heure de temps.

Il se rappelait parfaitement avoir demandé au veilleur, la nuit fatale, de ne pas fermer la porte allant de son cabinet dans l'antichambre, car il pensait écrire deux ou trois lettres en rentrant, mais la musique, outre qu'elle le fit revenir plus tard qu'il ne s'y attendait, lui enleva tout goût de se mettre à la besogne. Après le concert, il rencontra son fils dans la rue d'Oxford, non loin de la maison, causa avec lui, et il ne pensa plus à cette porte.

En outre, il nia absolument s'être trouvé dans son cabinet à l'heure où James Fairbairn affirmait positivement avoir entendu Mme Ireland dire sur un ton stupéfait : « Mais comment, Louis, je croyais que vous étiez parti à votre club depuis longtemps ! Que diable faites-vous là, dans l'obscurité ? »

À cette heure-là, ainsi que plusieurs témoins l'affirmaient, il était depuis longtemps à Queen's Hall, très occupé à écouter béatement de la musique.

Donc James Fairbairn avait eu une hallucination !

En tout cas, aucune charge ne restait contre le directeur et il ne fut en aucune façon inquiété mais il abandonna pourtant sa position de directeur de la Banque de Prévoyance. Sa femme et lui sentaient que l'on avait trop bavardé. Et puis, sa santé n'était pas aussi bonne qu'avant sa congestion. Il vit maintenant dans une jolie maison de Sittingbourne et se distrait à faire de l'horticulture et de la musique de chambre.

Moi qui, seul à Londres, en dehors des personnes qui furent au fond de l'affaire, sais la vraie solution de l'énigme, je me demande souvent s'il la connaît, lui — complètement ou en partie ?

... Le bonhomme dans le coin se tut. J'avais suivi avec attention son récit, point par point, en y ajoutant mes souvenirs et mes idées personnelles pour tâcher d'arriver seule à une conclusion et de devancer la sagacité du vieux mannequin. Et pourtant, quand il garda le silence, je ne sus quelle opinion émettre ! Une ou deux personnes avaient bien suspecté la femme du directeur mais évidemment à tort. Mme Ireland, une bonne grosse bourgeoise, recevait de son mari tout l'argent qu'elle désirait. De plus, le vol avait eu lieu deux ans auparavant, et depuis la police n'avait pas cessé de la surveiller, elle aussi bien que son mari, et cela sans aucun résultat...

— Vous êtes absolument sur la mauvaise piste, dit la voix coupante du bonhomme — en réponse comme toujours incroyablement directe à mes pensées. Si vous voulez améliorer votre pouvoir de raisonnement, suivez donc mon système. D'abord, occupez-vous des faits positifs, indiscutables, nettement établis.

....

Ici le lecteur est prié de se recueillir et de s'efforcer d'expliquer lui-même cette énigme.

....

— Il n'y a jamais de faits de ce genre, le doute existe toujours, m'écriai-je.

— Ne dites pas cela, répondit-il tranquillement. Dix mille livres disparaissent du coffre-fort de la banque, le 25 mars, avant onze heures du soir, n'est-ce pas un fait indiscutable ?

— Oui, mais c'est le seul...

— Ne trouvez-vous pas indiscutable encore que la serrure du coffre-fort n'ayant pas été forcée, elle fut certainement ouverte grâce à sa propre clé ?

— Certes... C'est même une des charges les plus graves contre M. Ireland et l'une des raisons pour lesquelles il ne vint à l'idée de personne de soupçonner James Fairbairn.

— Mais une autre de ces raisons, à savoir que la porte vitrée étant fermée à l'intérieur, James Fairbairn ne pouvait être soupçonné, constitue encore un fait indiscutable !... Il est indiscutable également que si le coffre-fort fut ouvert par sa clé, il ne put être ouvert que par une personne qui pouvait se procurer cette clé, ou une copie de cette clé ?

— Mais l'homme dans le cabinet ?...

— Parfaitement, l'homme dans le cabinet, qui était-il ? Quelqu'un qui pouvait se procurer la clé, ou une fausse clé, du coffre-fort sans éveiller les soupçons du directeur et c'était aussi quelqu'un pour qui Mme Ireland n'hésiterait pas à faire aussitôt un mensonge. Elle l'aurait certainement fait pour son mari, ce mensonge, et le public pensait même qu'elle l'avait fait, mais il ne frappa personne qu'elle aurait pu le faire *pour son fils* !...

— Son fils ?

— Ah ! c'était une femme intelligente, pleine de courage et de présence d'esprit !... Elle descend dans l'antichambre avant de se coucher pour voir si la dernière distribution postale n'a pas apporté quelque lettre. La porte du cabinet de son mari est entrouverte, contrairement à l'habitude. Surprise, elle l'ouvre tout à fait et dans le voleur qui se tient devant le coffre-fort ouvert et qui y fouille à la lueur furtive d'une allumette, elle a l'effroi abominable de reconnaître son fils !

Après un instant de stupeur, elle entend le pas du veilleur qui s'approche de la porte vitrée, elle ignore que cette porte a été fermée par Robert. James Fairbairn peut entrer, croit-elle, allumer l'électricité et surprendre le jeune homme en flagrant délit de vol. A cette heure de la nuit, une seule personne a le droit d'être là, et pour rassurer aussitôt le veilleur, elle prononce sans hésitation le nom de son mari.

Je crois qu'à ce moment la pauvre femme voulait gagner du temps et qu'elle espérait que son fils se refuserait à placer sur sa conscience un poids si lourd.

Que se passa-t-il alors entre la mère et le fils ? Jamais nous ne le saurons, mais le jeune filou partit avec son butin, convaincu que sa mère n'oserait pas le trahir. Son absence de l'*Empire* avait pu n'être que d'une dizaine de minutes. Dans les couloirs, pendant les entractes, il a pu rencontrer assez de camarades pour se constituer, le cas échéant, un net alibi.

Il devait guetter depuis longtemps une occasion favorable d'exécuter ce beau coup. La fausse clé ? il l'avait fait faire pendant les vacances alors que la vraie clé était à sa disposition. Rien de plus simple !

Pauvre Mme Ireland, quelle nuit elle a dû passer ! Et, ne l'oublions pas, elle mentit pour sauver son fils, non seulement de la police, mais de la fureur de son père !

Elle connaissait, car il le lui avait certainement raconté, en rentrant, l'incident du fauteuil à Queen's Hall donc elle savait que son mari pourrait aisément se justifier. Mais elle ne se doutait pas que son émotion serait assez violente pour lui valoir cette congestion, pour le tenir silencieux pendant six semaines

— et que pendant ce temps les soupçons s'accumuleraient.

Je crois savoir que le jeune Robert Ireland, las de la banque, voulait tout simplement, et contre l'avis de son père, aller s'établir aux colonies. Il en reviendra avec une énorme fortune. Ou bien il y sera pendu. Peut-être aussi s'agissait-il d'une inavouable et énorme dette. Peu importe...

... Un salut, une pirouette burlesque, et le drôle de bonhomme était déjà parti. Je n'ai jamais vu personne traverser aussi subrepticement une salle encombrée !

Comme toujours, il me laissait, comme trace de son passage, un morceau de ficelle effilochée, sur laquelle il avait accumulé, puis défait, des nœuds innombrables, pendant qu'il m'exposait, puis m'expliquait, le problème.

L'ASSASSINAT DANS LE PARC DU RÉGENT

I

J'étais maintenant habituée à mon extraordinaire vis-à-vis dans le coin du restaurant.

Il se trouvait toujours là lorsque j'arrivais, mince et long dans son complet à carreaux. Rarement me disait-il bonjour. Il prenait en silence un léger repas exclusivement végétarien, puis il sortait un morceau de ficelle de sa poche et, la tenant tout près de ses yeux myopes, il commençait à y fignoler de beaux nœuds.

— Le crime du parc du Régent vous a-t-il intéressée ? me demanda-t-il un jour, soudain.

— Les détails de cette affaire ne sont plus très présents à ma mémoire, mais je me rappelle l'émotion qu'elle causa, répondis-je.

— Surtout dans le monde des courses et des cercles où l'on joue gros jeu, compléta le fantoche. Tous ceux qui directement ou indirectement y furent mêlés faisaient de fortes « différences » dans divers grands clubs. C'est de là que vint tout le scandale. Vous connaissez, n'est-ce pas, le tranquille square qui s'étend entre la place de Portland et le parc du Régent et que l'on nomme le Croissant du Parc à son extrémité sud, et, des deux autres côtés, square du Parc est et square du Parc ouest.

La large et très fréquentée avenue de Marylebone sépare en deux parties ce morceau de campagne égaré dans Londres.

Les deux tronçons du square sont réunis par un passage souterrain qui passe sous la route [1].

... Le 6 février 1899, la nuit fut extrêmement brumeuse. Néanmoins, M. Aaron Cohen, domicilié au 30, Parc Square Ouest, après avoir empoché les gros bénéfices qu'il venait de faire sur le tapis vert du *Harewood Club*, se mit pourtant en chemin, seul, pour rentrer chez lui. Il était alors deux heures du matin.

Une heure plus tard, tous les habitants du square du Parc ouest furent éveillés par le bruit d'une violente altercation sur le boulevard. Ils entendirent des exclamations furieuses et des injures pendant quelques instants. Puis des cris frénétiques : « Au secours ! à l'assassin ! » éclatèrent... Deux violentes détonations soudain retentirent... et le silence reprit.

Vous savez, peut-être par expérience, combien il est difficile de discerner d'où vient un son lorsqu'on se trouve dans le brouillard. Et le brouillard de cette nuit-là était, je l'ai déjà dit, extrêmement épais.

1. Imaginez une très longue et vaste place partiellement occupée par un square : place et square sont coupés en deux par une avenue, mais on peut aller d'une partie du square à l'autre, grâce à un tunnel.

Pourtant, il ne se passa pas plus d'une minute ou deux avant que le policeman F 18, de faction au coin du boulevard, parvînt à l'endroit supposé du meurtre. Après avoir sifflé pour appeler ceux de ses collègues qui pouvaient se trouver dans le voisinage, il essaya de retrouver l'homme qui avait appelé au secours.

Les habitants, penchés à leurs fenêtres, l'embrouillaient avec leurs renseignements contradictoires.

— Près de la grille, agent.

— Plus haut sur le boulevard.

— Non, plus bas.

— C'était sur ce trottoir, j'en suis sûr.

— Non, sur l'autre.

Enfin, un autre policeman, F 22, alors qu'il arrivait dans le square du Parc ouest, venant du nord, trébucha contre un corps gisant sur le trottoir, la tête contre la grille du square.

Pendant ce temps, toute une petite foule était sortie de différentes maisons, anxieuse de savoir ce qui venait d'arriver.

Le policeman dirigea la clarté de sa lanterne sourde sur la figure de la victime.

« Il a été étranglé », murmura-t-il à son camarade en désignant la langue sortie et enflée, les yeux presque sortis de leur orbite et injectés de sang, la couleur presque noire du visage barbu — qui avait nettement le type israélite.

Un des spectateurs qui, moins sensible que les autres, s'approcha et regarda le cadavre, eut aussitôt une exclamation de surprise :

— Mais c'est M. Cohen, du n° 30.

Ce nom, familier dans la rue, fit que deux ou trois personnes osèrent venir regarder, elles aussi, la figure convulsée de l'assassiné.

— Aucun doute, c'est notre voisin, déclara M. Ellison, un jeune avocat qui habitait au n° 31.

— Que diable faisait-il dans ce brouillard, à pied et tout seul ? demanda une autre personne.

— Il rentre souvent tard. Il devait appartenir à quelque club où l'on joue. N'a-t-il pu trouver un cab pour le ramener ? D'ailleurs, je ne sais pas grand-chose à son sujet, nous ne nous connaissions que de vue.

— Le pauvre homme ! Peut-être a-t-il été attaqué par des étrangleurs comme on raconte qu'autrefois il y en avait, les nuits de brouillard ?

— En tout cas, l'assassin, quel qu'il soit, voulait être sûr d'avoir tué son homme, ajouta l'agent F 18 en ramassant un objet sur le trottoir. Voici le revolver : deux coups ont été tirés. Vous avez entendu les détonations, n'est-ce pas, messieurs ?

— Oui, mais il ne semble pas avoir été atteint. Le pauvre homme n'a été qu'étranglé.

— Certainement, déclara le jeune avocat, c'est lui qui a tiré sur son assassin.

— S'il a réussi à blesser le bandit, peut-être pourrait-on suivre sa trace ?

— Dans ce brouillard ?... Les chances ne seraient pas grandes.

Bientôt l'arrivée d'un inspecteur, d'un détective et d'un médecin mit fin à la discussion.

On sonna au n° 30 et les domestiques — quatre femmes — vinrent voir le corps. Avec des cris d'horreur et d'effroi, elles reconnurent leur maître, M. Aaron Cohen.

II

La police avait là une besogne malaisée.

Les indications utiles étaient presque nulles. La première enquête révéla bien peu de choses. Dans le voisinage on ne savait rien sur Aaron Cohen. Ses domestiques ignoraient même le nom des divers clubs qu'il fréquentait le soir. Il se rendait chaque matin à son bureau de la rue Throgmorton et déjeunait au restaurant. Il dînait d'ordinaire chez lui et invitait quelquefois des amis. S'il se trouvait seul, il allait invariablement à un club où il restait jusqu'aux petites heures du matin.

Le soir précédant sa mort, il était sorti vers neuf heures. Ses domestiques ne devaient plus le revoir.

Quant au revolver, celles-ci déclarèrent positivement qu'elles ne l'avaient jamais vu et qu'à moins que M. Cohen ne l'eût acheté pendant son dernier jour, il ne lui appartenait pas.

En outre, on ne trouva aucune trace sérieuse du meurtrier.

Le matin qui suivit le crime, quand le brouillard se fut dissipé, deux clés réunies par une courte chaîne en métal furent ramassées près de la porte opposée du square, celle qui fait face à la place de Portland. La première était la clé de la maison de M. Cohen, la seconde, sa clé d'entrée dans le square [1].

On supposa donc que l'assassin, son acte féroce accompli, avait trouvé les clés dans une poche du cadavre et qu'elles avaient rendu sa fuite plus prompte et plus sûre en traversant le square, au lieu d'en faire le tour, puis, en suivant le tunnel [2], et en sortant par la porte opposée. Il avait alors pris la précaution de ne pas emporter les clés, mais de les jeter au hasard avant de disparaître dans le brouillard.

La police multiplia ses efforts... Et les recherches aboutirent, peu de temps après le crime, à l'arrestation sensationnelle d'un des plus élégants viveurs de Londres.

Les présomptions qui s'élevaient contre lui étaient les suivantes :

Le 6 février, vers minuit, la partie était très forte au *Harewood Club*, dans le square du Hanovre. M. Aaron Cohen tenait la banque contre vingt ou trente de ses camarades, pour la plupart des jeunes gens étourdis et riches.

Depuis quelque temps il avait une chance insensée et rentrait chaque soir avec un bénéfice de plusieurs centaines de livres.

Par contre, un des « pontes », le jeune John Ashley, qui appartient à une famille extrêmement respectable de province, perdait tout ce qu'il voulait. C'est à peine s'il parvenait à gagner un coup de temps en temps.

1. En Angleterre, la plupart des squares sont privés. Un certain nombre de personnes habitant la place où se trouve le square — place que l'on désigne elle-même sous le nom de square — y ont seules accès.
2. Se reporter à la description faite au début de ce récit.

Les détails que je vais vous résumer ici en peu de mots, il fallut plusieurs jours pour les obtenir de différents témoins...

Ce M. Ashley, quoique reçu et fort apprécié dans le grand monde londonien, se trouvait dans une situation difficile. Il était à la fois dans les dettes jusqu'au cou et terriblement effrayé par son père, un vieillard pas commode qui l'avait déjà menacé à plusieurs reprises de l'envoyer en Australie avec simplement un billet de cinq livres dans sa poche s'il faisait encore d'extravagants appels à sa bourse. Ce rude papa, quoique fort riche, ne servait à son fils qu'une pension très modique...

Le jeune homme, affolé par le désir de faire figure dans le monde, essayait souvent de tirer du tapis vert de plus sérieux revenus et d'ordinaire la chance lui souriait.

L'opinion générale du club était que le jeune M. Ashley avait risqué ses toutes dernières ressources contre M. Aaron Cohen, la nuit du 6 février. Ses amis, et notamment le plus intime, M. Walter Hatherell, avaient essayé de l'empêcher de jouer gros jeu contre M. Aaron Cohen qui se trouvait à ce moment dans une veine extraordinaire. Mais M. Ashley, échauffé par le vin et exaspéré par sa malchance, ne voulut rien entendre. Il jetait des billets de cinq livres les uns après les autres sur le tapis vert. Puis il emprunta à ceux de ses camarades qui voulurent bien lui en prêter.

Ayant tout perdu, pendant un certain temps il joua sur parole. Enfin, à une heure et demie du matin, il se trouva sans un penny en poche et devant — dette de jeu, dette d'honneur ! — mille cinq cents livres à M. Aaron Cohen.

Rendons d'ailleurs justice à celui-ci. Il avait conseillé à diverses reprises à M. Ashley d'abandonner la partie, mais le jeune homme semblait chaque fois l'accuser de vouloir se retirer sur bénéfice avant que la chance ne tournât.

M. Aaron Cohen, qui fumait le meilleur des havanes, disait alors en haussant les épaules : « Comme il vous plaira ! » Mais à une heure et demie, il finit par en avoir assez de cet adversaire qui perdait toujours et ne payait jamais — et, sans doute, ne pourrait jamais payer. Il refusa donc, à cet instant, d'accepter les enjeux sur parole de M. John Ashley.

Quelques mots aigres furent échangés entre eux. Cela devint même une vraie dispute, vite arrêtée d'ailleurs par la Direction.

M. Hatherell, avec beaucoup de bon sens, persuada le jeune M. Ashley de quitter le club et ses tentations et de rentrer se coucher. Il lui fallut d'ailleurs de grands efforts.

Pourtant, M. Ashley, sans doute calmé par ses terribles pertes, finit par se laisser entraîner loin de ce lieu de perdition.

Il était alors environ *deux heures moins vingt minutes*, rappelez-vous cette heure.

— Ici, la situation se complique, continua le bonhomme. Rien d'étonnant à ce que la police ait dû interroger au moins une douzaine de témoins pour arriver à tout éclaircir.

M. Walter Hatherell, après environ dix minutes d'absence, c'est-à-dire à *deux heures moins dix*, retournait au club.

En réponse à diverses questions, il déclara avoir quitté son ami, M. Ashley, au coin de New Bond

Street, et que celui-ci lui avait annoncé l'intention de se promener dans Piccadilly avant d'aller se coucher, l'air et l'exercice ne pouvant lui faire que du bien, après tant d'émotions.

À *deux heures*, M. Aaron Cohen abandonnait la banque, empochait ses gros bénéfices et s'en allait.

M. Walter Hatherell quittait le club à *trois heures moins vingt*.

À *trois heures*, exactement, les cris de « À l'assassin ! » et les détonations d'arme à feu réveillaient tout le square du Parc ouest et l'on trouvait M. Cohen étranglé, en dehors des grilles du jardin.

III

Le crime apparut aussitôt à la police et au public comme aussi maladroit qu'horrible. Certainement il ne devait pas être difficile d'amener à l'échafaud son auteur. Le motif n'était pas malaisé à trouver. « Cherchez à qui profite le crime », disent nos confrères français.

Il y avait même quelque chose de plus que cela.

Le policeman James Batley, en entrant dans le Croissant du Parc, la nuit tragique, quelques minutes *après* avoir entendu *deux heures et demie* sonner à l'église voisine, avait aperçu deux gentlemen en pardessus et chapeau haut de forme qui, bras dessus, bras dessous, s'appuyaient contre la grille du square, près de la porte.

Naturellement, il ne put distinguer leurs visages, mais il entendit l'un d'eux dire :

« Ce n'est qu'une question de temps, monsieur Cohen, mon père me grondera mais il paiera. Vous ne perdrez rien pour attendre. »

L'agent qui avait déjà dépassé les deux hommes n'entendit pas la réponse. Quand sa ronde le ramena à cet endroit, il n'y avait plus personne, mais ce fut là que l'on trouva le lendemain les deux clés de M. Cohen.

— Un autre fait intéressant, ajouta le bonhomme dans le coin, avec un de ces sourires à la fois naïfs et sarcastiques, et tel que je n'en ai jamais vu qu'à lui — ce fut bien cette fameuse trouvaille du revolver sur la scène du crime !

On montra cette arme au valet de M. Ashley qui la reconnut formellement comme appartenant à son maître !...

Tous ces faits constituaient évidemment une solide chaîne de présomptions. Rien d'étonnant à ce que la police soit venue l'arrêter, un matin, chez lui — exactement une semaine après la perpétration du crime.

Le jour de l'enquête du coroner, à mesure que les témoins à charge défilaient, la situation de l'accusé devint de plus en plus sérieuse ! Les membres du *Harewood* avaient vu la colère de M. Ashley après ses grosses pertes et entendu ses menaces. Quant à M. Hatherell, malgré son amitié pour M. Ashley, il fut forcé de reconnaître qu'il l'avait quitté au coin de Bond Street *à deux heures moins un quart* et qu'il ne l'avait revu que le lendemain.

La foule élégante qui emplissait la salle, et où l'on remarquait un grand nombre de personnalités connues, jugeait le cas très mauvais pour l'accusé.

Le témoignage d'Arthur Chipps, valet de M. John Ashley, fut spécialement grave : il déposa que la nuit en question son maître était revenu à la maison à environ *deux heures moins dix*. Chipps n'était pas encore couché. Cinq minutes plus tard, M. Ashley ressortit et dit au valet de ne plus l'attendre. Chipps ne savait pas précisément à quelle heure le gentleman était revenu.

Cette courte visite chez lui — sans doute pour y prendre le revolver — fut considérée comme très significative.

Les amis de M. John Ashley sentaient que son cas devenait presque désespéré...

La déposition du valet et celle de James Batley, l'agent qui avait entendu les propos échangés entre M. Cohen et M. Ashley, contre les grilles du square, constituaient en effet deux preuves presque accablantes !

... M. John Ashley, solidement bâti, un peu le type classique de l'« homme de cheval », manifestait, au banc des accusés, une grande tranquillité.

De temps en temps, il disait, sans aucune nervosité, deux mots à son avocat.

Il écouta gravement avec à peine, parfois, un imperceptible haussement d'épaules, le récit du crime tel que la police le reconstituait devant l'audience horrifiée.

Selon ce récit, M. Ashley, affolé par ses pertes au jeu, était tout d'abord rentré chez lui prendre une arme, puis s'était posté sur le chemin de M. Aaron Cohen. Il avait demandé un délai probablement refusé par le juif. Il l'avait poursuivi de supplications importunes jusqu'à sa porte.

Voyant son créancier intraitable, il s'était alors précipité sur lui à l'improviste et l'avait étranglé, puis, craignant de ne l'avoir pas tué, il lui avait tiré deux coups de revolver, mais d'une main si énervée et si tremblante que les balles n'avaient fait que frôler le cadavre.

L'assassin avait alors vidé les poches de sa victime. Y ayant trouvé les clés, il avait naturellement pensé qu'un excellent moyen d'échapper aux poursuites imminentes serait de traverser le square — en passant sous le tunnel — et de sortir par la porte la plus éloignée, qui fait face à la place de Portland.

Dans son affolement, il avait oublié le revolver auprès du corps de sa victime. Les criminels, même expérimentés, commettent souvent des actes plus dangereusement étourdis que celui-là.

M. John Ashley ne semblait pas ému outre mesure par le récit de son crime.

Il n'avait pas pris pour avocat une de ces « lumières du barreau » qui savent si bien amener les témoins à se contredire. Oh ! Dieu non ! il s'était contenté d'un bon gros avocat de métier à l'air très provincial et dépourvu du désir de faire sensation.

Celui-ci se leva tranquillement et, dans un silence religieux, appela le premier des témoins à décharge qu'il avait convoqués.

Il produisit trois membres — il aurait pu en produire douze ! — du cercle des Beaux-Arts de la rue de Portland, qui déclarèrent formellement qu'*à trois heures du matin*, le 6 février, c'est-à-dire *au moment même* où les cris de : « À l'assassin ! » éveillaient les habitants du square du Parc ouest, M. John Ashley, confortablement assis dans un fauteuil de ce club, jouait au bridge avec eux !

Arrivé quelques minutes avant trois heures, ainsi que le portier du club l'affirmait, il était resté à jouer environ une heure et demie !... Or il y a bien dix minutes de marche du square du Parc au club des Beaux-Arts...

Je n'ai pas besoin de vous dire que cet alibi indiscutable fut une véritable bombe dans l'édifice de l'accusation.

Le criminel le plus accompli nc peut être à deux endroits à la fois !

Le club des Beaux-Arts est relativement fermé et ses membres appartiennent à la bonne société. Une vingtaine au moins, dont le témoignage était au-dessus de tout soupçon, avaient vu M. Ashley et lui avaient parlé au moment même où le crime se commettait.

L'attitude de M. John Ashley pendant cette étonnante phase de l'audience resta parfaitement calme et correcte. C'était sans doute la certitude de pouvoir prouver son innocence qui lui donnait cette impassibilité, et ces immédiates réponses — qui furent claires même en ce qui concernait le délicat sujet du revolver.

« Je quittai le *Harewood Club*, expliqua-t-il, absolument déterminé à avoir un entretien avec M. Cohen et à lui demander un délai pour le règlement de ma dette. Vous comprendrez aisément que je ne tenais pas à faire cela en présence d'autres personnes... Je rentrai chez moi et y restai une ou deux minutes, non pas pour prendre le revolver, ainsi que la police le prétend, car j'en porte toujours un sur moi par les temps de brouillard, mais afin de voir si une lettre d'affaires extrêmement importante et que j'attendais n'était pas arrivée en mon absence.

« Je ressortis et rencontrai M. Aaron Cohen non loin du *Harewood Club*. Je m'excusai des paroles un peu vives que, dans l'énervement d'avoir tant perdu, je m'étais laissé aller à prononcer et notre conversation retrouva dès lors le caractère le plus amical.

« Je le reconduisis jusque près de chez lui et nous nous séparâmes en haut de la place de Portland, près de l'entrée du square, là où le policeman nous a vus... M. Cohen voulait rentrer chez lui en traversant le square, ce qui, naturellement, était beaucoup plus court que d'en faire le tour.

« Je lui fis remarquer que le square, avec son tunnel, était dangereux par un tel brouillard, surtout pour quelqu'un qui portait une forte somme, et que des malfaiteurs avaient pu s'y introduire en escaladant la grille. Finalement, je le persuadai de prendre mon revolver, car pour aller au cercle des Beaux-Arts, puis pour rentrer chez moi, je ne passais que par des rues assez fréquentées et je n'avais rien de précieux sur moi... J'ajoute que j'étais très heureux de faire une politesse à mon créancier !

« Après s'être fait un peu prier, M. Cohen accepta de prendre le revolver et c'est ainsi que l'on put trouver cette arme sur la scène du crime... J'ai quitté M. Cohen quelques minutes après avoir entendu sonner à une église trois heures moins le quart. Il s'engageait dans le square. J'arrivai au cercle des Beaux-Arts vers trois heures moins cinq, car il y a environ dix minutes de marche de l'endroit où je quittai ce pauvre M. Cohen jusqu'au cercle. »

... Cette explication était d'autant plus plausible que l'accusation n'avait jamais bien expliqué la présence du revolver à côté du cadavre !... Quelqu'un qui a réussi à étrangler sa victime ne s'attarde pas, d'ordinairc — quoique cela puisse arriver —, à lui tirer encore des coups de revolver, au risque d'attirer des passants, et il faudrait vraiment une nervosité inouïe pour manquer un homme inanimé sur lequel on fait feu à bout portant — quoique encore, cela soit possible...

L'opinion selon laquelle c'était M. Cohen qui avait tiré en l'air, au hasard, alors qu'on venait de l'attaquer par-derrière, était beaucoup plus plausible.

Vous comprendrez donc comment les magistrats, le jury, la police et le public tombèrent d'accord pour proclamer que l'accusé pouvait quitter la salle librement et que rien ne restait de l'accusation.

IV

— Oui, mais les soupçons ne se détournèrent-ils pas de M. Ashley pour se porter aussitôt sur son ami ?

— Vous pensez bien que la police examina de très près les faits et gestes de M. Hatherell, mais vous oubliez qu'à l'heure où le policeman a vu les deux hommes bras dessus, bras dessous, près du square du Parc, c'est-à-dire *à deux heures et demie précises*, M. Walter Hatherell était encore assis au *Harewood Club*, d'où il ne partit pas avant *trois heures moins vingt* — heure nettement constatée.

Pour guetter au passage et voler M. Aaron Cohen, il n'aurait pas attendu jusqu'à une heure à laquelle, selon toutes probabilités, ce dernier était déjà chez lui et couché ! En plus, il lui était absolument impossible, de l'avis unanime, de venir à pied du square du Hanovre où se trouve le *Harewood Club* jusqu'au square du Parc, *d'y chercher quelqu'un dans la nuit et l'épais brouillard* et, après une discussion préalable, de l'assassiner et de vider ses poches, tout cela *en vingt minutes* !

....

Ici le lecteur est prié de vouloir bien essayer de trouver l'assassin lui-même.

....

— Alors ? Comment éclaircissez-vous ce mystère ?

Le bonhomme dans le coin inclina sa tête de côté et me regarda ironiquement, tout en défaisant avec ses dents un nœud qu'il avait trop serré sur son bout de ficelle.

— Vous ne savez pas comment ce meurtre fut commis ? Alors, si vous aviez été dans la difficile situation de M. John Ashley, vous n'auriez pas vu aussitôt le moyen de vous débarrasser de M. Aaron Cohen, de le voler et ensuite de vous moquer de la police de votre pays en lui offrant un indiscutable alibi ?

— J'avoue que je ne pourrais faire en sorte d'être à la fois en deux endroits !

— Certes, vous ne pourriez — à moins que vous ayez un ami...

— Mais, vous dites...

— J'admire infiniment M. John Ashley, car ce fut lui qui conçut toute l'affaire, mais il n'aurait pu accomplir ce drame terrible et fascinant sans l'aide d'un camarade dévoué.

— Mais, même alors...

— C'est pourtant simple : M. John Ashley et son ami, M. Walter Hatherell, quittent ensemble le club et établissent prestement leur plan de campagne, puis M. Hatherell retourne au club et M. Ashley va prendre chez lui le revolver qui joua en effet un rôle important dans le drame — mais non celui que lui assigna la police.

Maintenant, observons bien M. Ashley pendant qu'il suit les pas de M. Aaron Cohen. Croyez-vous qu'il entra en conversation avec lui ? qu'il marcha à son côté ? qu'il demanda un délai ?... Pas du tout ! Il le rejoint à l'instant où celui-ci va traverser le square au lieu d'en faire le tour. Il se précipite sur lui par-derrière et le saisit au cou, comme les garrotteurs de jadis le faisaient les nuits de brouillard. M. Cohen était apoplectique et M. Ashley est jeune et très musclé. Peut-être cet habitué de tous les sports employa-t-il une des prises terribles du jiu-jitsu, le *neck lock from behind*[1] ?

— Mais M. Cohen et M. Ashley parlèrent ensemble en dehors des portes du square !... L'agent Batley les a vus et entendus !

— Pardonnez-moi, vous vous trompez, s'écria le vieux maniaque en sautant sur sa chaise comme un singe sur son bâton, il n'y eut pas deux hommes causant en dehors des portes du square. Selon le témoignage de l'agent James Batley, deux hommes, bras dessus, bras dessous, s'appuyaient contre la grille et *l'un d'eux* parlait. L'UN D'EUX !

— Alors vous pensez que...

— À l'heure où James Batley entendit sonner deux heures et demie, M. Aaron Cohen *était déjà mort*. Considérez comme cela est simple, facile et merveilleusement intelligent !

Pour s'assurer un témoignage qui sera précieux, le vigoureux et adroit M. Ashley parle haut à ce cadavre, qu'il maintient aisément debout contre la grille. Le hasard lui fournit non pas un passant distrait et qui peut-être ensuite ne viendrait pas témoigner, mais un policeman, professionnellement attentif et qui, si le brouillard ne lui permettait pas, même à quelques mètres, d'apercevoir guère plus que les silhouettes

1. Mot à mot « étreinte du cou par-derrière ».

des deux individus, ne pouvait en tout cas manquer d'entendre les paroles...

Aussitôt que Batley est passé, M. John Ashley ouvre la porte du square et traverse tout le jardin en portant le cadavre. Le square est désert et le brouillard ne gêne pas pour trouver le chemin : il n'y a qu'à aller tout droit... Oh ! ce dut être une promenade pas drôle que celle-là, avec ce cadavre dans les bras, dans la nuit et le brouillard. M. Ashley a des nerfs excellents !... Avec des nerfs pareils, il ira loin, ce jeune homme, s'il ne se heurte pas à la potence...

Mais voici qu'à ce moment M. Hatherell a quitté le *Harewood Club* à toutes jambes : il se précipite au long de la rue d'Oxford vers le square. Comme convenu, il en trouve la porte fermée seulement avec le pêne. Il traverse lui aussi les jardins — gagnant ainsi du temps, car il est long d'en faire le tour —, atteint l'autre porte du square, rejoint son complice et tous deux déposent le corps, en une attitude vraisemblable, sur le trottoir, non loin des grilles.

Il est alors *trois heures moins dix ou douze*. Sans un instant de délai, M. Ashley retraverse les jardins et se précipite en courant vers le cercle des Beaux-Arts, après avoir jeté les clés du mort près de la grille, à l'endroit même où tout à l'heure il le maintenait debout contre lui. Il arrive au club, grâce à la vitesse de sa course, *à trois heures moins cinq*.

M. Hatherell *attend qu'il soit trois heures*. À ce moment, son complice est arrivé au cercle depuis cinq minutes. Il commence donc à simuler une altercation violente et enfin il éveille tout le voisinage avec des cris de : « À l'assassin ! » et avec deux détonations de revolver afin d'établir que le crime fut commis à une heure où l'homme que l'on soupçonnerait aussitôt, et qui était d'ailleurs le meurtrier, jouait aux cartes à deux kilomètres de là !... Vrai, je voudrais connaître ces deux amis et leur présenter mes félicitations les plus vives. C'est mieux que du beau travail, c'est de l'art ! Quel jugement, quelle spontanéité, quel calme !

Récapitulons :

À deux heures, M. Aaron Cohen quitte le *Harewood Club*.

À deux heures vingt-cinq environ, il est assassiné par M. Ashley, près du square.

À deux heures et demie, ce dernier simule, avec le cadavre qu'il maintient debout contre la grille, une conversation qui, entendue à travers le brouillard par l'agent Batley, établira un alibi indiscutable en faveur de M. Hatherell. Celui-ci est encore au *Harewood Club*.

À trois heures moins vingt, M. Hatherell quitte le *Harewood Club*. Depuis le passage de l'agent Batley, M. Ashley a transporté le cadavre à travers le square jusque non loin de la maison de la victime, suivant ainsi le trajet que M. Cohen eût suivi.

À trois heures moins dix ou douze, M. Hatherell rejoint M. Ashley qui, alors, prend sa course vers le cercle des Beaux-Arts.

À trois heures moins cinq, il y arrive et s'y installe.

À trois heures, M. Hatherell feint à haute voix une altercation, crie : « À l'assassin ! » et tire deux coups de feu en l'air.

Chacun des deux complices a ainsi un net alibi...

— Je ne sais pas ce que vous pensez de ce cas, ajouta le drôle de vieillard en mettant, cette fois, sa ficelle soigneusement pliée dans son gousset, mais il me paraît que les deux jeunes gens — deux débutants, remarquez-le ! — ont fait preuve d'une stratégie merveilleuse. Ils ne laissent pas une seule preuve derrière eux. Ils prévoient tout et chacun joue son rôle avec un sang-froid, un courage, une précision qui, appliqués ouvertement à une bonne cause, leur auraient valu l'admiration de la foule.

Tandis que ces deux étonnants opérateurs, après avoir évité la justice humaine, ne sont appréciés que par moi, vieil amateur de crimes bien faits !

Les crimes bien faits deviennent ensuite des « mystères ».

LE MYSTÈRE D'YORK

I

Le bonhomme dans le coin était très gai, ce midi-là. Il but deux verres de lait et s'aventura jusqu'à l'extravagance de prendre un second gâteau au fromage.

Puis il sortit de sa poche un beau morceau de ficelle neuve et la plaça devant lui. Enfin il prit dans son vieux portefeuille plusieurs photographies. Il m'en montra une.

— Qui est-ce ? demanda-t-il.

Je regardai. C'était une femme peut-être pas nettement jolie, mais dont le visage avait pourtant une expression séduisante et un peu douloureuse.

— C'est le portrait de cette pauvre Lady Arthur Skelmerton, dit-il.

L'histoire de la malheureuse et charmante femme me revint en mémoire.

Lady Arthur Skelmerton ! Ce nom était sensationnel dans les annales du crime !

— Ah ! ah ! vous vous souvenez, dit le bonhomme. Encore un cas qui, sans la sottise de la police, eût paru à tous clair comme le jour !... Et ce fut pourtant la bouteille à encre !... Vous vous rappelez les détails, n'cst-cc pas ?

Sans attendre ma réponse, il continua :

— On était en pleine semaine des courses d'York. Lord Arthur Skelmerton, une figure bien connue dans la société londonienne et sur le turf, avait loué, pour le mois courant, une des plus belles maisons d'York, une de celles qui font face au champ de courses.

Son cheval, *Peppercorn*, par Saint-Amand et Notre-Dame, devait courir le Grand Prix d'York. Il venait de gagner le handicap de Newmarket, aussi se trouvait-il grand favori.

Si vous êtes allée à York, vous devez vous rappeler ces belles villas qui ont leur perron sur la grand-route et dont les jardins descendent jusqu'au champ de courses. On a, de ces demeures, une vue admirable sur tout le turf. C'est dans l'une d'elles, dite « Les Ormes », que Lord Arthur Skelmerton s'était installé pour l'été.

Lady Arthur arriva quelque temps avant la semaine des courses, avec ses domestiques. Elle n'avait pas d'enfant. Elle comptait des parents et amis nombreux à York, étant la fille du vieux John Etty, le plus grand fabricant de chocolat d'York, un rigide quaker qui, à ce que l'on racontait, ne desserrait pas facilement les cordons de sa bourse et qui considérait sans aménité les goûts de luxe et le manque d'économie de son aristocratique gendre.

À la vérité, Maud Etty avait épousé le beau et frivole lieutenant du 11e hussards contre la volonté de son père.

Quoiqu'elle fût sa fille unique et qu'il l'adorât, M. Etty ne céda à son caprice et ne consentit au mariage qu'après beaucoup d'hésitations et de gronderies, disait-on.

C'était d'ailleurs un bien trop vieux renard pour croire complètement désintéressé l'amour qui décidait le fils d'un duc à épouser la fille d'un chocolatier. Il décida donc que puisqu'on épousait sa fille à cause de sa richesse, au moins sa richesse garantirait-elle son bonheur. Il ne donna pas à Lady Arthur une dot qui, en dépit de toutes les précautions, eût fini tôt ou tard par disparaître sur les champs de courses, mais il lui fit une jolie rente de dix mille livres par an : elle pouvait donc tenir son nouveau rang.

Ces faits, bien qu'intimes, furent connus de tous durant cette période d'intense émotion qui suivit le meurtre de Charles Lavender, alors que le regard inquisiteur du public se fixait sur Lord Arthur Skelmerton et examinait les moindres détails de sa futile existence...

Peu après le mariage, Lord Arthur recommença à faire la noce ! Sa pauvre femme ne cessa pas pour cela d'adorer le bel époux. Elle ne lui donnait pas d'héritier, ce qui la désolait, et elle finit par se confiner dans une attitude humble. Elle semblait continuellement s'excuser de son origine plébéienne, elle pardonnait tout à son mari, et elle parvenait à cacher ses fautes, sinon à tout le monde, du moins aux yeux curieux de son père.

Celui-ci croyait avoir pour gendre, contrairement à son attente, le modèle des époux et le parangon des vertus domestiques !...

C'étaient surtout le turf et les cartes qui coûtaient cher à Lord Arthur Skelmerton. Après quelques paris heureux au début de sa vie d'homme marié, il avait pris une écurie de courses grâce à laquelle il espérait gagner beaucoup d'argent. Hélas ! *Peppercorn* ne se tint pas à York à hauteur de ses brillantes performances de Newmarket ! Il échoua complètement dans le Grand Prix, on ignore pourquoi. Cet échec eut pour résultat immédiat de mettre Lord Arthur Skelmerton dans une situation des plus difficiles.

Il avait, en effet, parié sur son cheval tout ce qu'il possédait. Ses pertes devaient s'élever à environ sept mille livres. Ajoutez qu'il avait récemment fait des dettes, et non des moindres, s'imaginant les payer après la victoire, si probable alors, de *Peppercorn*.

La défaite du favori et la victoire d'un outsider avaient rapporté énormément d'argent aux bookmakers. Ils donnèrent, dans tous les hôtels d'York, de copieux dîners et soupers pour célébrer leur chance.

Le lendemain, qui était un vendredi, la semaine devait s'achever avec une course importante ; ensuite la foule, qui depuis huit jours encombrait la vénérable cité et y menait grand tapage, la quitterait, la laisserait seule, endormie, avec son admirable cathédrale et ses vieux murs.

Lord Arthur Skelmerton comptait, lui aussi, quitter York le samedi. Le vendredi soir, il donna aux Ormes un dîner d'adieu. Repas de célibataires auquel Lady Arthur ne parut pas...

Après le dessert et le porto, on se mit à jouer au bridge — et à gros enjeux, vous pouvez me croire.

Onze heures venaient de sonner lourdement à la cathédrale quand les policemen Mac Naught et Murphy, qui faisaient une ronde sur le champ de courses, entendirent soudain crier : « Au secours ! à l'assassin ! »

Ils se précipitèrent à toutes jambes dans la direction des cris et aperçurent, très près de la limite des jardins de Lord Arthur, un groupe de trois hommes, dont deux se battaient tandis que le troisième était étendu face contre terre.

À l'approche des policemen, un des combattants cria avec autorité : « Faites vite, mes braves ! La brute va m'échapper ! » Mais l'individu ainsi désigné ne semblait vouloir rien faire de semblable. D'un violent effort il s'était libéré de l'étreinte de l'autre et il n'essayait pas de s'enfuir.

Les policemen le saisirent, tandis que celui qui avait crié : « À l'assassin ! » déclara :

— Je m'appelle Skelmerton, ma propriété est là. J'étais, avec un ami, dans le jardin en train de fumer un cigare, quand j'entendis des éclats de voix, puis un cri et des gémissements. Je me précipitai et arrivai à temps pour voir ce pauvre diable étendu à terre avec un couteau entre les épaules et pour voir aussi son assassin courbé encore sur le corps de sa victime. Cet assassin, le voici !

— C'est un mensonge ! cria furieusement l'homme arrêté. Je l'ai vu tomber, je me trouvais à quelques centaines de mètres de là et m'empressai vers lui pour lui donner des soins. Je jure que je n'ai pas fait cela !

— Vous vous expliquerez au poste, dit Mac Naught.

L'autre, protestant toujours, se laissa emmener, tandis que l'on ramassait le cadavre — car c'était bien d'un cadavre qu'il s'agissait : un médecin, appelé en hâte, ne put que constater la mort.

Le lendemain, le récit de la tragédie remplissait la presse locale. Une colonne et demie du *York Herald* célébrait la courageuse conduite de Lord Arthur Skelmerton.

L'assassin supposé continuait à se dire innocent : il déclarait qu'il se trouvait dans une situation dangereuse, mais qu'il en sortirait. Il avait dit à la police que le nom de l'homme assassiné était Charles Lavender, un bookmaker. Cette affirmation fut reconnue exacte aussitôt, car beaucoup d'amis et de confrères de la victime se trouvaient encore à York.

Quoique les reporters n'eussent pu obtenir de la police des informations complètes, tout le monde pensait bien que l'homme arrêté, un certain George Higgins, avait tué le bookmaker pour le voler.

Lord Arthur dut rester à York pour témoigner. Sa présence dans l'affaire donnait à celle-ci un certain intérêt.

Une bombe de mélinite éclatant dans la vieille cathédrale n'aurait pas stupéfié les habitants d'York davantage qu'ils ne le furent en apprenant, vingt-quatre heures après, que la police venait d'arrêter Lord Arthur Skelmerton sous l'inculpation d'avoir assassiné Charles Lavender, le bookmaker...

II

Voici ce qui avait amené cette arrestation sensationnelle.

Les détectives, sentant que quelque mystère entourait la mort du bookmaker, et en présence des protestations d'innocence extrêmement vives du meurtrier supposé, amenèrent devant le coroner, le lendemain du crime, toutes les personnes susceptibles de donner des renseignements, même les plus menus.

On entendit donc beaucoup de témoins. Le médecin légiste déclara que la victime avait été frappée par-derrière, entre les épaules, avec un couteau de chasse qui était resté dans la blessure.

Lord Arthur Skelmerton répéta ensuite ce qu'il avait déjà dit aux policemen :

La nuit en question, il avait quelques amis à dîner, ensuite, on fit un fort poker mais contrairement à son habitude il joua peu. Quelques minutes avant onze heures, il alla, en fumant un cigare, jusqu'au pavillon qui se trouve à l'extrême bout de son jardin. Là, lui parvinrent des éclats de voix, des cris et des gémissements. Il se précipita et parvint à maintenir le meurtrier jusqu'à l'arrivée des policemen.

Ensuite on entendit un bookmaker nommé James Terry, grand ami du décédé.

Le soir du Grand Prix d'York, Terry et Lavender se trouvaient au bar du *Cygne noir*.

« Le fiasco de *Peppercorn* m'avait valu un joli bénéfice, expliqua Terry d'un ton vulgaire et en se dandinant, mais ce pauvre Lavender était triste comme un bonnet de nuit car il n'avait recueilli que quelques très petits paris contre le favori et, le reste de la journée, il n'avait pas été plus heureux. Je lui demandai s'il n'avait pas eu quelques paris du propriétaire de *Peppercorn*. "Oui, me répondit-il, un pauvre pari de cinq cents livres." Je me mis à rire et lui dis que, le pari serait-il de cinq mille livres, cela ne changerait rien, attendu que, d'après ce qu'on racontait, Lord Arthur Skelmerton se trouvait complètement ratiboisé. Cette nouvelle effraya Lavender, comme vous le supposez, néanmoins il jura qu'il tirerait ces cinq cents livres de Lord Arthur, même si personne n'en obtenait un penny. "C'est mon seul bénéfice d'aujourd'hui, je tiens à l'avoir, criait-il. — Tu ne l'auras pas. — Je l'aurai. — Eh bien, mon vieux, presse-toi, parce que chacun va tâcher d'obtenir quelque chose et le premier arrivé est le premier servi. — Oh ! sois tranquille, je serai servi tout de suite, déclara-t-il en ricanant. S'il ne veut pas me payer, j'ai dans ma poche de quoi l'embêter rudement, de quoi ouvrir les yeux de sa femme et de son beau-père. — Quoi donc ?" demandai-je. Mais il ne voulut plus rien me dire.

« Le lendemain, je le vis sur le turf et lui demandai s'il avait palpé sa galette. "Non, mais ce sera pour aujourd'hui", répondit-il. »

C'était tout ce que savait James Terry.

Lord Arthur Skelmerton ayant quitté la salle après sa déposition, il fut donc impossible de lui demander des explications et de le confronter avec ce témoin. On s'étonna qu'il n'eût pas, spontanément, parlé de ce pari.

Si le bookmaker James Terry, vulgaire, bavard, le teint fleuri, n'était pas séduisant, George Higgins — toujours sous l'accusation de meurtre — l'était encore moins. Malpropre, gauche, obséquieux, athlétique et insolent, il représentait pleinement le type équivoque qui vit sur les champs de courses et qui accepte toutes les besognes malpropres.

Il déclara que le vendredi, à environ six heures du soir, après la dernière course, alors que la foule commençait à s'écouler, il se trouvait par hasard contre la haie qui limite le jardin d'Arthur Skelmerton.

« Il y a là un pavillon, expliqua-t-il, presque à la fin du jardin, à un endroit peu élevé : des dames et des messieurs y prenaient le thé. Un escalier conduit de ce pavillon à travers le bout du jardin, vers le champ de courses. »

Il remarqua, au bout de cet escalier, Lord Skelmerton et Charles Lavender parlant ensemble. Ils ne pouvaient le voir, car la haie le cachait. Malgré lui (?) il entendit une partie de la conversation.

— Ceci est mon dernier mot, Lavender, disait avec calme Lord Arthur, je n'ai pas d'argent, il faudra que vous attendiez.

— Attendre... Je ne peux pas attendre, répliqua le vieux Lavender, j'ai mes engagements, moi aussi, je ne peux pas risquer de passer pour failli tandis que vous avez cinq cents livres à moi. Vous feriez mieux de me payer tout de suite, ou bien...

— Ou bien ?... ou bien quoi ?

— Ou bien je montrerai à M. John Etty cette petite facture que j'ai entre les mains depuis deux ans. Si vous vous souvenez, elle porte, au bas, *la signature de votre beau-père imitée par vous*. Peut-être que lui ou votre femme me paieraient sérieusement ce papier ; quant à la police, elle le lirait avec grand intérêt. J'ai tenu ma langue assez longtemps et...

— Attention, Lavender ! dit Lord Arthur, vous savez que votre petit jeu a un nom dans le code.

— Je m'en moque. Si je n'ai pas mes cinq cents livres, je suis ruiné. Eh bien, si vous me ruinez, je vous ruinerai aussi. Voilà mon dernier mot.

« Ils parlaient très haut, et il me sembla que les amis de Lord Arthur pouvaient entendre. Celui-ci eut sans doute la même impression car il dit très vite :

« — Si vous continuez, je vous fais arrêter pour chantage !

« — Vous n'oseriez pas ! dit Lavender, et il se mit à ricaner.

« Juste à ce moment une dame dit, du haut de l'escalier :

« — Votre thé refroidit, Arthur.

« Et Lord Arthur s'en alla. Mais Lavender eut le temps de le prévenir de ceci :

« — Je reviendrai ce soir et j'entends que vous ayez la somme.

« Voilà tout ce que j'entendis. »

Certainement George Higgins, après tout cela, s'était demandé comment tirer quelque profit de la situation : des renseignements de ce genre constituent sa principale source de revenus ! En tout cas, il décida de ne pas perdre de vue Lavender ce soir-là, et reprit :

« J'allai dîner au bar du *Cygne noir*. Après le repas, j'attendis au-dehors. À environ dix heures, je vis Lavender traverser le hall et sauter dans un cab. Je n'entendis pas l'ordre qu'il donna au cocher, mais la direction prise par la voiture était certainement celle du champ de courses. Cette petite affaire m'intéressait beaucoup. N'ayant pas l'argent nécessaire pour prendre une voiture, je me mis à courir. Je piquai droit, le plus rapidement possible et par un raccourci, vers le champ de courses, puis vers la haie derrière laquelle j'avais entendu le dialogue en question.

« La nuit était très noire, il bruinait et je n'y voyais pas à plus de cinquante mètres devant moi. Comme j'allais arriver à la haie, il me sembla entendre Lavender parler haut à quelque distance. Je me précipitai et discernai dans l'obscurité deux vagues silhouettes. Je les vis à peine, car la seconde d'après l'une était tombée et l'autre avait disparu. Je courus et parvins jusqu'au corps étendu sur le sol. Je m'inclinai sur lui et à ce moment je fus saisi par Lord Arthur. »

Vous pouvez vous imaginer quelle était l'émotion dans la salle à ce moment-là !

En elle-même, cette déposition n'avait peut-être pas une importance considérable, mais venant après celle de James Terry, elle prenait un sens grave.

L'interrogatoire le plus serré n'amena pas Higgins à se contredire. Il fut emmené par la police.

M. Chipps, premier valet chez Lord Arthur Skelmerton, déposa ensuite que le vendredi, à dix heures et demie du soir, un individu arriva en voiture aux Ormes et demanda à voir Lord Arthur. On lui répondit que celui-ci se trouvait en société : il sembla furieux.

— Je le priai de me donner sa carte, continua Chipps, car je ne savais pas si, peut-être, mon maître ne désirait pas lui parler, mais je le laissai attendre à la porte du hall car je n'aimais guère son allure... Mon maître et ses invités jouaient aux cartes dans le fumoir. Aussitôt que cela fut possible, je remis la carte.

— Quel nom portait-elle ?

— Je ne me le rappelle pas. Un nom certainement que je n'avais jamais vu auparavant. En une semaine de courses je passe tant de cartes de visite à mon maître que je ne saurais me rappeler les noms.

— Enfin, après quelques minutes d'attente, vous avez remis la carte, et qu'arriva-t-il alors ?

— Mon maître sembla mécontent, mais enfin il me dit : « Introduisez-le dans la bibliothèque, Chipps, je vais y aller. » Et il se leva de la table de jeu en disant aux gentlemen : « Continuez sans moi, je reviens dans quelques minutes. »

« J'ouvrais la porte pour mon maître quand Lady Arthur entra dans la bibliothèque par l'autre porte et alors mon maître changea soudain d'avis et dit : « Informez cet homme que je suis occupé, que je ne peux pas le recevoir. » Et il se rassit à la table de jeu. Je m'en retournai au hall et donnai la réponse à l'individu. Étant donné l'air qu'il avait pris en apprenant que mon maître était en société, je m'attendais un peu à le voir se mettre en colère. Au contraire, il dit sur un ton très poli : « Cela va bien, bonsoir. » Et il s'en alla tranquillement.

— Quelle heure était-il à ce moment-là ? demanda le coroner.

— Pendant que j'attendais pour remettre la carte, la pendule marquait dix heures vingt.

Vous comprenez que cette déposition ne contribua pas à diminuer l'émotion du public yorkais. Mais la minute d'après nous impressionna davantage encore.

Le couteau avec lequel Charles Lavender avait été tué et qui, vous vous en souvenez, était resté dans la blessure, fut montré à Chipps et celui-ci, pâle, tremblant, *dut reconnaître que cette arme appartenait à son maître, Lord Arthur Skelmerton* !

Le résultat était prévu. George Higgins fut aussitôt élargi. En effet, il n'y avait contre lui que le témoignage de Lord Arthur et, de déposition en déposition, pendant toute la séance, les soupçons avaient grandi dans l'esprit de chacun. Unanimement, on pensait que le meurtrier ne pouvait être que Lord Skelmerton lui-même.

Une heure après, celui-ci était mis en état d'arrestation.

III

Le jour où le jeune lord comparut devant le coroner, la salle était bondée. Tous ses amis et un grand nombre de dames désiraient ardemment voir comment le brillant mondain se tiendrait dans une situation aussi difficile.

La plus grande sympathie entourait Lady Arthur. La pauvre femme était tombée très gravement malade dès l'arrestation. On savait combien elle adorait son mari et on ne s'étonnait pas de l'effet qu'avait eu sur elle cet événement.

Le prisonnier était très pâle, mais avait tout à fait grand air. Son avocat, Sir Marmaduke Ingersoll, l'accompagnait et lui parlait de temps à autre sur un ton rassurant.

L'accusation était certainement très grave.

Selon elle, l'accusé, par colère et peut-être par crainte, avait tué le maître chanteur qui le menaçait de révélations dangereuses. Puis, comprenant que les agents qui faisaient la ronde pouvaient l'apercevoir s'enfuyant, il avait profité de la présence imprévue de George Higgins pour l'accuser bruyamment de meurtre.

Lord Arthur niait, complètement. Jamais il n'avait commis le faux dont Lavender se targuait de posséder la preuve. Pour le reste, il s'en tenait à sa précédente déposition devant la police.

Sir Marmaduke Ingersoll ne procéda à aucun contre-interrogatoire de témoins. Il les regardait tranquillement à travers ses lunettes d'or.

Quand tous eurent déposé, il fit appeler les témoins à décharge cités par la défense.

Le colonel Mac Intold — une figure bien connue et sympathique de notre armée — parut d'abord.

Il assistait à la soirée d'adieu donnée par Lord Arthur, la nuit du meurtre. Son témoignage corrobora celui de Chipps, le valet de pied, en ce qui concernait l'ordre donné par Lord Arthur d'introduire le visiteur dans la bibliothèque, et l'ordre contraire donné aussitôt que Lady Arthur eut été aperçue dans la bibliothèque.

— N'avez-vous pas trouvé étrange, colonel, demanda le magistrat, que Lord Arthur ait changé si brusquement d'avis, en apercevant sa femme ?

— Mais non, pas étrange du tout, dit le colonel, dont la noble et mâle allure de soldat se dressait bellement à la barre. Il arrive souvent aux gens qui font courir d'avoir certaines relations qu'ils désirent laisser ignorer à leur famille !...

— N'avez-vous pas pensé que Lord Arthur Skelmerton avait quelque raison de ne pas vouloir que sa femme fût au courant de la présence de ce visiteur dans la maison ?

— Je n'ai pas accordé la moindre importance à cet incident.

Le magistrat n'insista point et le témoin continua :

— Je venais de terminer une partie de bridge et j'étais sorti fumer un cigare dans le jardin. Lord Arthur Skelmerton me rejoignit. Quelques minutes après, alors que nous étions tous deux assis dans le pavillon, j'entendis une voix haute et, me sembla-t-il, menaçante, qui partait d'en bas. Je ne pus distinguer les paroles. Lord Arthur me dit : « Il me semble qu'on se querelle en bas, je vais voir ce dont il s'agit. » En vain essayai-je de le dissuader de se mêler à cette dispute. Je ne le suivis pas, mais il ne m'avait pas quitté depuis une demi-minute quand j'entendis un cri et un grand gémissement. *Ensuite, j'entendis encore les pas de Lord Arthur se hâtant sur les marches de bois qui mènent au champ de courses…*

— Vous ne pouvez imaginer, ajouta l'homme dans le coin, à quel contre-interrogatoire serré le vaillant colonel fut aussitôt soumis. Avec une précision militaire et un calme rigide il recommença sa déposition parmi un grand silence. Il avait entendu la voix en colère alors que Lord Arthur Skelmerton était assis à côté de lui, puis vinrent les cris et gémissements, ensuite, *après cela*, le bruit des pas de Lord Arthur sur les marches. Il avait lui-même essayé d'aller voir ce qui arrivait, mais la nuit était très sombre et il connaissait mal l'endroit. Tandis qu'il trébuchait sur l'escalier de bois, il entendit Lord Arthur crier : « Au secours ! », la patrouille des policemen arriver et naturellement il assista à toute la scène entre Lord Arthur, George Higgins et les policemen.

Le témoin avait ce calme et cette belle allure qu'on avait tant admirés au Transvaal une année auparavant.

L'accusation commençait à s'effondrer. Il n'y avait pas l'ombre de l'apparence d'une preuve que l'accusé eût vu Lavender et lui eût parlé après la visite nocturne de ce dernier à la grande porte des Ormes. À ce moment, il avait dit à Chipps qu'il ne voulait pas le voir et Chipps avait mis Lavender à la porte. Aucun rendez-vous direct ou indirect n'avait pu être donné par la victime à Lord Arthur, et celui-ci ignorait absolument que le bookmaker allait se rendre derrière sa maison.

Deux autres invités de Lord Arthur attestèrent qu'après que Chipps eut annoncé le visiteur, leur hôte n'avait abandonné la table de jeu qu'à onze heures moins le quart. À ce moment, pour la première fois de la soirée, il la quitta et alla rejoindre le colonel Mac Intold dans le jardin.

... La plaidoirie de Sir Marmaduke fut extrêmement adroite. Point par point, il démolit la puissante tour qu'avait édifiée un instant l'accusation. Il s'appuyait surtout sur les dépositions des invités de Lord Arthur Skelmerton. Jusqu'à onze heures moins le quart, Lord Arthur joue aux cartes, ensuite il fume dans le jardin avec le colonel Mac Intold et ne quitte celui-ci que lorsque le meurtre a été commis. L'innocence du jeune lord est donc évidente et il ne reste qu'à regretter que la police ait cru devoir arrêter un gentleman de si haute naissance sur des preuves aussi insignifiantes.

Restait bien, aussi, la question du couteau... Sir Marmaduke s'en débarrassa en la plaçant dans la catégorie de ces inexplicables coïncidences qui abusent les détectives les plus adroits et les amènent à commettre des gaffes aussi impardonnables que l'arrestation de Lord Arthur.

Après tout, le valet pouvait, de bonne foi, se tromper. Ce couteau était d'un modèle très courant, et Sir Marmaduke n'hésitait pas à nier formellement qu'il eût jamais appartenu à son client.

IV

— Naturellement, le noble prisonnier fut mis en liberté, dit le bonhomme dans le coin avec une sorte de gloussement qu'il avait dans ses instants d'animation. Tout de même il serait exagéré de dire que son nom sortit indemne de l'affaire. Bien des gens hochaient soupçonneusement la tête en se rappelant qu'après tout Charles Lavender avait été tué avec un couteau qui, selon un témoin mieux informé que quiconque à ce sujet, appartenait bel et bien à Lord Arthur.

D'autres en revinrent à croire que George Higgins était le meurtrier et qu'il avait purement et simplement inventé, avec James Terry, l'histoire de la tentative de chantage de Lavender sur Lord Arthur. En tout cas, la police n'a pu recueillir de preuves suffisantes ni contre Higgins ni contre Terry. Le crime est devenu pour la presse et pour le public un de ces prétendus « mystères impénétrables ».

....

Ici le lecteur est prié d'interrompre sa lecture, de réfléchir, et de tâcher d'expliquer lui-même cette énigme.

....

Le vieux dans le coin demanda un autre verre de lait et le but lentement.

— Maintenant Lord Arthur vit presque toujours à l'étranger, reprit-il. Sa pauvre femme mourut le jour même où il fut mis en liberté. Elle se trouvait dans le coma depuis la veille et ne put avoir le bonheur d'apprendre que l'homme qu'elle aimait tant était acquitté... Un mystère ? Allons donc ! Le meurtre de cet homme ne fut jamais un mystère pour moi ! Je ne peux comprendre comment tout le monde a été assez aveugle pour ne pas voir que les témoins et de l'accusation et de la défense désignaient sans cesse la personne coupable... Quelle est votre opinion ?

— Je trouve cette affaire absolument incompréhensible.

— Incompréhensible ! répéta-t-il en m'imitant et en ricanant, pendant que ses doigts défaisaient fiévreusement les nœuds admirables qu'il avait accumulés sur son inévitable ficelle pendant tout le récit... Lavender fut assassiné, n'est-ce pas ? *Premier point.* Et, *second point*, Lord Arthur n'est pas l'assassin, la déposition du colonel Mac Intold l'établit nettement. Nous ne pouvons douter de la parole de ce galant soldat. Et pourtant Lord Arthur essaye délibérément de faire condamner quelqu'un qui est aussi innocent que lui ! Pourquoi donc cela ? Sans doute essayait-il de couvrir la retraite d'une personne qu'il savait coupable.

— Je ne comprends pas...

— Quelqu'un dont le désir était aussi grand que celui de Lord Arthur d'arrêter tout scandale atteignant le nom de Skelmerton. Quelqu'un qui, à l'insu peut-être du jeune lord, entendit sa conversation avec Lavender, à six heures du soir, au bas de l'escalier, conversation que George Higgins raconta, vous vous en souvenez, à la police et aux magistrats. Quelqu'un qui, alors que Chipps portait la carte de Lavender à son maître, eut largement le temps de donner rendez-vous au bookmaker à l'arrière de la maison et de lui promettre sans doute de l'argent en échange du papier compromettant.

— Mais vous ne voulez pas dire...

— *Point numéro trois* : George Higgins déclara qu'à l'instant le plus animé de la conversation de Lavender avec Lord Arthur, l'après-midi, alors que la voix menaçante du bookmaker commençait à s'élever, une voix de femme, au sommet de l'escalier, avait interrompu cette conversation en disant : « Votre thé refroidit, Arthur. »

— Oui, mais...

— Attendez un instant... *Point numéro quatre* : je suis allé examiner cet escalier ; quelqu'un qui se tenait au milieu des marches, ou même en haut, a pu entendre tout ce que Lavender a dit en élevant la voix.

Notez qu'il y a, entre le pavillon où on prenait le thé et cet escalier, une bonne cinquantaine de mètres, mais qu'au sommet de cet escalier plusieurs arbres permettent à quelqu'un de se cacher et d'écouter ! Ah ! la police n'a pas tiré de cela toutes les déductions qu'il eût fallu. Maintenant, notez que lorsque Chipps, le valet de pied, dit tout d'abord à Lavender que Lord Arthur ne pourra sans doute pas le recevoir, le bookmaker semble furieux ; quelques minutes se passent et quand le valet de pied revient lui dire que son maître ne peut pas lui parler, à la grande surprise du valet, il répond tranquillement : « Cela va bien, bonsoir » et fait preuve d'une complète indifférence.

Donc, quelque chose est survenu qui a changé l'état d'esprit de Lavender. Quoi ? Attendez !... Toutes les dépositions nous parlent de Lady Arthur Skelmerton entrant dans la bibliothèque. Pour parvenir dans cette pièce, elle a dû traverser le hall, et y a vu Lavender. Or elle est au courant de la situation, ayant suivi du haut des marches la tentative de chantage. Cet homme est un vivant danger pour son mari qu'elle adore. Elle lui donne rendez-vous près de la haie. Sans doute n'a-t-elle pas d'argent alors elle lui demande d'attendre. Elle prie, supplie, mais l'autre refuse et s'emporte. Elle a sans doute prévu ce refus, puisque, sous son manteau, elle tient le couteau de chasse. Et quand le bookmaker veut se retirer, plus menaçant que jamais, elle le frappe. Vous vous rappelez comment le coup fut donné : entre les deux épaules, par-derrière.

À ce moment, Lord Arthur arrive : il comprend tout, il entend les policemen qui accourent, et, délibérément, il se précipite sur Higgins pour qu'il ne puisse, comme c'eût été possible, suivre et reconnaître la silhouette vaguement aperçue. Et il n'hésite pas à l'accuser. On verra ensuite. À tout prix, il veut d'abord sauver sa femme.

— Celle-ci ne risquait-elle pas d'être rencontrée dans sa retraite par le colonel Mac Intold ?

— Peut-être bien qu'elle le fut ! Qui sait ? Le brave colonel avait à prouver l'innocence de son ami. Il l'a prouvée aisément et en toute conscience, mais à cela se bornait son devoir ! Nul innocent ne souffrirait pour la coupable puisque le fait que le couteau avait appartenu à Lord Arthur suffisait à disculper George Higgins.

D'autre part, un coup de couteau entre les épaules ne pouvait avoir été donné ni par Lord Arthur ni par

Higgins, qui sont tous deux extrêmement robustes, beaucoup plus grands, plus lourds et plus musclés que ce chétif vieillard de Lavender. L'un ou l'autre pouvait tuer le bookmaker en l'attaquant de face, avec la plus grande facilité et sans même qu'il y eût lutte. Voilà un point auquel ni les policiers ni les avocats n'ont fait attention et qui me semble important. Je vous défie de trouver une autre solution à l'affaire ! La mienne est la bonne…

Le bonhomme s'en alla, oubliant entre le sucrier et sa tasse la photographie de Lady Arthur Skelmerton. La meurtrière de Charles Lavender y ouvrait ses grands yeux pathétiques en souriant d'un air enfantin ; il y avait un charme infini dans l'ovale de son visage.

Et comme le bonhomme ne m'a jamais réclamé cette photographie, elle est sur ma table de travail, dans un cadre. Je suis presque amoureuse de cette morte, de cette merveilleuse amante...

LE MYSTÈRE DE LIVERPOOL

I

— Rien de plus utile pour les voleurs, les escrocs, les tricheurs au jeu et autres gentils individus qu'un titre étranger, me dit le bonhomme dans le coin, après avoir pris son lait par petites gorgées, ainsi qu'il convient à un savant végétarien. Les vols les plus beaux des temps modernes furent accomplis récemment à Vienne par un homme qui se faisait appeler là-bas Lord Seymour, simplement ! Mais quand il venait en Angleterre, la meilleure société le connaissait comme un comte en *o*, ou en *i*, ou un prince en *off* ou en *ski*...

Heureusement, les patrons d'hôtels de Londres commencent à respecter un peu moins ces titres-là. Les nobles étrangers qui parlent un mauvais anglais leur paraissent même, tout d'abord, des escrocs et des voleurs possibles. Les résultats, d'ailleurs, sont quelquefois des plus déplaisants pour les vrais *seigneurs* qui honorent notre pays de leur visite.

Tenez, par exemple, le prince Semionicz, auquel le Gotha accorde seize quartiers de noblesse, qui avait avec lui assez de bagages pour répondre des frais de tout l'hôtel, si on l'avait mis entièrement, sans en excepter une chambre, à son service pendant une semaine, lui qui, ayant perdu un étui à cigarettes en or, orné de diamants et de turquoises, n'essaya même pas de le retrouver, eh bien, il fut attendu très soupçonneusement par le manager de l'hôtel *Wellington*, à Liverpool, lorsque son secrétaire — un petit Français un peu vulgaire et arrogant — eut retenu en son nom la meilleure suite ! On avait l'air de se demander quel escroc allait survenir !...

Mais cela changea dès l'arrivée du prince Semionicz.

Le petit secrétaire déposa alors en garde dans la caisse du manager une pile considérable de billets de banque et un grand nombre de bijoux — de quoi acheter l'hôtel à son propriétaire ! En plus, M. Albert Trombert, c'était le nom du secrétaire, expliqua que le prince, qui ne resterait à Liverpool que quelques jours, s'en allait à Chicago voir sa sœur, la princesse Anna Semionicz, femme de M. Girwan, le multimillionnaire « roi du cuivre ».

Mais cela n'empêcha pas les commerçants de Liverpool auxquels le prince eut affaire de prendre des précautions. Les titres étrangers n'en imposent même plus aux commis de boutique !

Le prince était depuis deux jours à l'hôtel *Wellington* quand il envoya son secrétaire chez MM. Winslow et Vassall, les grands bijoutiers de la rue Bold, pour leur demander d'envoyer à l'hôtel, portés par un de leurs employés, quelques très beaux bijoux, parmi lesquels il choisirait un présent pour sa sœur.

M. Winslow accueillit la démarche très aimablement, puis il alla consulter son associé, M. Vassall, dans l'arrière-magasin. Tous deux désiraient ne pas manquer ce bon client possible et ne pas désobliger M. Pettitt, le manager de l'hôtel *Wellington*, qui les avait recommandés au prince.

Mais ce titre étranger et ce petit secrétaire français donnaient à penser à ces deux solennels bijoutiers de province et ils convinrent non seulement de n'accorder aucun crédit, mais qu'au cas où un chèque serait offert en paiement, de ne remettre les bijoux à l'acheteur qu'après l'encaissement dudit chèque.

Qui porterait les bijoux à l'hôtel ?

Pas l'un des deux associés, c'eût été contraire à toute étiquette commerciale. Et puis, il serait plus facile à un employé d'expliquer que, selon le règlement de la maison, l'encaissement d'un chèque devait précéder la livraison des bijoux.

D'autre part, il faudrait sans doute parler une langue étrangère : le principal employé, Charles Needham, depuis douze ans dans la maison, ignorait toute autre langue que la sienne. On décida donc d'envoyer M. Schwarz, un jeune Allemand récemment arrivé en Angleterre, et très polyglotte.

M. Schwarz était le neveu et le filleul de M. Winslow. Une sœur de celui-ci avait épousé le directeur de la grande marque allemande Schwarz et C°, orfèvres à Hambourg et à Berlin. Ce jeune homme était très aimé de son oncle — un célibataire — et on présumait qu'il en serait l'héritier.

D'abord M. Vassall hésita à envoyer M. Schwarz avec tant d'objets précieux à travers une ville qu'il n'avait pas encore eu le temps d'étudier complètement, mais enfin il se laissa persuader par son associé et il fut décidé que M. Schwarz, muni d'un bon choix de colliers, bracelets et bagues — d'une valeur de plus de seize mille livres —, irait à l'hôtel *Wellington* dans un cab, le lendemain jeudi, à environ trois heures de l'après-midi.

Or ce lendemain, à cinq heures de l'après-midi, M. Schwarz n'était pas encore de retour au magasin ! Et cela parut un peu étrange à M. Winslow qui fit part de ses inquiétudes à M. Vassall.

Celui-ci offrit d'aller à l'hôtel s'informer auprès de M. Pettitt, ajoutant qu'il commençait, lui aussi, à ne pas être rassuré.

M. Vassall s'en alla donc à l'hôtel et interrogea le portier du hall. Ce dernier se rappelait très bien qu'un M. Schwarz avait fait passer sa carte au prince Semionicz.

— À quel moment était-ce ? demanda M. Vassall.

— Environ trois heures dix, monsieur, et il est reparti un peu moins d'une heure après.

— À quelle heure s'en alla-t-il ?

— Un peu avant quatre heures.

— Vous êtes sûr ?

— Tout à fait sûr. M. Pettitt était dans le hall et lui a demandé si l'affaire était bonne. M. Schwarz a répondu en souriant qu'elle n'était pas mauvaise. J'espère que rien de fâcheux ne lui est arrivé ?

— Euh !... Oh ! rien... merci !... Puis-je voir M. Pettitt ?

M. Pettitt, le manager de l'hôtel, partagea l'anxiété de M. Vassall en apprenant que le jeune Allemand n'était pas encore de retour.

— Je lui ai parlé vers quatre heures. Nous venions d'allumer l'électricité dans la maison, ce que nous faisons toujours à cette heure-là en hiver. Mais ne vous inquiétez pas, monsieur Vassall ! Sans doute le jeune homme s'est-il arrêté en chemin pour quelque affaire.

M. Vassall remercia le manager et revint au magasin. M. Schwarz ne s'y trouvait toujours pas. Et huit heures allaient sonner !

M. Winslow était si hagard, si déprimé, qu'il aurait été cruel d'ajouter des reproches à ses soucis et même de lui dire simplement que la disparition de son neveu, avec seize mille livres de bijoux et d'argent était maintenant un fait acquis.

Il restait pourtant une chance, bien légère : l'habitation de M. Winslow se trouvait à l'autre extrémité de la ville et le jeune Schwarz y vivait depuis son arrivée à Liverpool. Malade ou pour toute autre raison, peut-être y était-il parti sans passer au magasin.

Vain espoir ! À neuf heures, le jeune homme demeurait encore introuvable !...

M. Winslow alla alors à l'hôtel *Wellington* et demanda à voir le prince Semionicz, mais celui-ci était au théâtre avec son secrétaire et ne devait pas revenir avant minuit. Le malheureux bijoutier, ne sachant que penser et que craindre, alla faire sa déclaration au bureau de police.

Les nouvelles de ce genre se répandent vite dans une ville comme Liverpool. Les journaux du lendemain matin contenaient des articles sensationnels sur la « mystérieuse disparition d'un commerçant bien connu... ».

M. Winslow reçut, en même temps que son journal habituel, une longue lettre de son neveu — lettre qui avait été mise à la poste centrale de Liverpool.

II

M. Winslow remit cette lettre à la police. Elle devint bientôt publique, et l'étonnant récit qu'elle contenait mit Liverpool en émoi. Je le résume :

Le jeune homme fut introduit chez le prince à trois heures un quart, le 10 décembre. Le prince admira le beau choix de bijoux qu'on lui apportait et, finalement, choisit un collier, une rivière et un bracelet : le prix du tout était de dix mille cinq cents livres.

Au sujet du paiement le prince fut net :

« Vous désirez un règlement immédiat, dit-il en parfait anglais, et vous préférez de l'argent liquide à un chèque, n'est-ce pas ? Oui, je sais vos préoccupations, parfois légitimes, vis-à-vis des étrangers... J'ai justement beaucoup de billets de banque anglais. Vous en serez content, je suppose, car dix mille cinq cents livres en or ne seraient peut-être pas très commodes à porter !... Si vous voulez prendre la peine de faire le reçu, mon secrétaire, M. Trombert, va finir cette affaire avec vous. »

Il prit les bijoux qu'il avait choisis et les enferma dans une petite valise. Le jeune bijoutier écrivit alors le reçu, tandis que M. Trombert lui comptait cent cinq beaux billets de cent livres.

Après un dernier salut à ce remarquable client, M. Schwarz quitta l'appartement. Dans le hall, il échangea quelques mots avec M. Pettitt.

Il n'avait fait que quelques pas dans la rue, quand un monsieur, revêtu d'une magnifique pelisse, descendit d'un cab qui stationnait là, s'approcha du jeune homme et lui dit avec beaucoup d'autorité en lui tendant une carte :

« Voici mon nom, il faut que je vous parle aussitôt. »

M. Schwarz regarda le fin bristol et, à la lueur d'un réverbère, il lut le nom de Dimitri Slavianski Burgreneff, chef de la troisième section de la police impériale de Sa Majesté le Tsar.

Le possesseur de ce nom imprononçable et de ces titres significatifs désignait du geste le cab d'où il venait de descendre. M. Schwarz, en qui tous les soupçons vis-à-vis de son récent et princier client venaient de renaître, saisit son sac et suivit l'imposant interlocuteur. Ce dernier, aussitôt qu'ils furent assis confortablement dans le cab, commença, avec beaucoup de courtoisie, dans un anglais peu correct mais aisé :

— Excusez-moi, monsieur, de vous dérober un peu de votre temps. Je n'aurais certainement pas pris cette liberté si les intérêts que j'ai en main ne croisaient les vôtres. Il s'agit, en effet, de démasquer un adroit bandit.

Une terrible appréhension saisit M. Schwarz qui plaça la main sur son portefeuille gonflé.

— Ah ! je vois, dit l'aimable russe en souriant, il a employé avec vous son procédé des faux billets de banque.

— Des faux billets de banque ! s'écria le malheureux employé.

— Je ne me trompe pas souvent vis-à-vis de mes compatriotes, continua M. Burgreneff. Rappelez-vous que j'ai une grande expérience et je ne crois pas faire à monsieur... comment s'appelle-t-il ici ?... le prince, quoi... Semionicz ?... une injustice en assurant, sans même les avoir vus, que les beaux billets que vous avez dans votre poche ne seraient changés pour de l'or par aucune banque.

Se rappelant de plus en plus les soupçons de son oncle et les siens, M. Schwarz s'accusa mentalement et furieusement de folie pour avoir accepté ces billets si aisément, sans s'imaginer un seul instant qu'ils pussent être faux. Il sortit son portefeuille avec des doigts tremblants, tandis que le Russe faisait craquer une allumette.

— Regardez ici, dit ce dernier en désignant un des billets : voyez ce W à la signature du caissier en chef. Je ne suis pourtant pas un agent anglais, mais je distinguerais ce faux W parmi dix mille vrais.

Le pauvre jeune Schwarz n'avait jamais vu beaucoup de billets de la Banque d'Angleterre. Mais quoiqu'il ne parlât pas aussi bien l'anglais que son interlocuteur, il comprenait pourtant l'effrayante affirmation...

— Alors, ce prince n'est pas...

— Non !... Pas plus prince que vous et moi ! ricana le gentleman de la police de Son Impériale Majesté.

— Mais... et les bijoux de M. Winslow ?

— Les bijoux ? Il peut y avoir une chance de les reprendre. Oh ! une simple chance. Ces faux billets, que vous avez si naïvement acceptés, peuvent servir à recouvrer votre propriété.

— Comment ?

— Le crime de fabriquer des faux billets et de les mettre en circulation est lourdement puni, vous savez cela, et une peine minimale de sept ans de travaux forcés peut agir puissamment sur votre prétendu prince. Il renoncera aux bijoux si l'on sait s'y prendre. Je suis chargé d'obtenir qu'il quitte l'Angleterre sans bruit, mais il me faut pour cela l'occasion d'un méfait commis dans ce pays. Vous voyez que nos intérêts sont identiques... Voulez-vous m'aider ?

— Oh ! mais certainement ! dit le jeune Allemand. MM. Winslow et Vassall ont eu confiance en moi et j'ai été un tel idiot ! J'espère qu'il n'est pas trop tard.

— Je l'espère aussi, dit M. Burgreneff. Tout en vous parlant j'ai gardé les yeux sur la porte de l'hôtel, et notre ami le prince n'est pas encore sorti (nous sommes habitués à avoir les yeux partout, nous autres agents de la police secrète russe). Je crois qu'il vaut mieux que vous ne soyez pas présent à mon entrevue, car la restitution de vos bijoux n'est qu'une petite formalité. Je vais faire allusion à des affaires politiques extrêmement importantes. Le drôle sera heureux, je crois, de restituer les bijoux et de prendre immédiatement le premier bateau. Ainsi ma mission sera remplie et une grosse perte vous sera épargnée, mais je dois vous demander votre parole d'honneur de ne parler de mon intervention à personne. Vous me donnez cette parole ? Entendu. Maintenant, attendez-moi dans le cab. Voulez-vous me remettre ces admirables billets ? Merci. D'ailleurs, je ne serai pas long.

Il glissa les billets dans la poche intérieure de sa magnifique pelisse. Ce mouvement permit à M. Schwarz d'apercevoir un riche uniforme et une large ceinture qui, sans aucun doute, allaient impressionner vivement le faux prince.

Puis l'agent de la police de Son Impériale Majesté sauta rapidement hors du cab et M. Schwarz resta seul.

— Oui, bien seul, définitivement seul ! continua le bonhomme dans le coin avec un ricanement.

Un quart d'heure après, M. Schwarz, ne voyant pas revenir l'officier russe en splendide uniforme, commença à s'inquiéter et à se demander si, peut-être, il n'avait pas été trop prompt à prendre le prince Semionicz pour un menteur et une canaille.

D'ailleurs, il l'avoua plus tard, dès le départ du prétendu agent, il ne s'était plus senti à son aise !

... Les auteurs de ces vols à l'américaine ont une autorité, une fascination presque magnétique. Ils arrivent à en imposer à des personnes intelligentes et prudentes qui, ensuite, ne peuvent comprendre comment elles se sont à ce point laissé rouler. Je dirai même que la vraisemblance du prétexte employé importe peu car c'est la personnalité plus ou moins grande du voleur qui décide du succès. Si cette personnalité est vraiment supérieure, n'importe quel truc sera bon !...

Le portier du hall de l'hôtel, interrogé enfin par M. Schwarz, déclara que la personne que celui-ci décrivait n'était pas entrée dans l'hôtel !... Le jeune homme demanda alors à voir le prince Semionicz, espérant encore que tout n'était pas perdu. Le prince le reçut très cordialement : il était en train de dicter des lettres à son secrétaire, tandis que le valet préparait l'habit de soirée de son maître.

M. Schwarz expliqua difficilement ce qu'il désirait.

Là, devant lui, il voyait le sac où le prince avait enfermé les bijoux, et le portefeuille d'où le secrétaire avait tiré les billets !

Après beaucoup d'hésitations, il finit par lâcher toute l'histoire et par montrer la carte du prétendu agent de la police russe. Le prince accueillit cette confession avec urbanité. Il montra au malheureux M. Schwarz le reçu et aussi une grosse liasse de billets de banque pareils à ceux que le pauvre M. Schwarz avait si follement remis au coquin du cab et il ajouta que s'il pouvait aider en quelque chose à la poursuite et à la capture du voleur, il le ferait avec grand plaisir.

M. Schwarz, désespéré, quitta l'hôtel. Il n'osa pas rentrer. Il alla le lendemain trouver un inspecteur de police qu'il connaissait. Celui-ci lui déclara qu'il serait d'autant plus difficile de retrouver les billets de banque qu'on n'en avait pas les numéros.

Voilà ce qu'expliquait la lettre !...

M. Winslow, quoique très courroucé contre son neveu, ne voulut pourtant pas l'abandonner. Il parvint à retrouver le pauvre hôtel meublé où l'infortuné s'était logé et où il comptait demeurer jusqu'à l'arrestation du voleur.

Cet heureux événement, inutile de le dire, n'arriva jamais, quoique la police ait fait tous ses efforts.

L'aspect du prétendu agent russe n'était pourtant pas commun. L'admirable pelisse, la longue barbe, l'uniforme aussi, devaient attirer l'attention, même à quatre heures d'un après-midi brumeux de décembre ! Mais toutes les recherches demeurèrent vaines, personne n'avait rencontré dans Liverpool quelqu'un qui correspondît à la description donnée par M. Schwarz.

Les journaux continuèrent à désigner cette affaire comme le « Mystère de Liverpool ». Scotland Yard, à la requête de la police locale, envoya le célèbre détective Ward, mais il ne trouva rien.

Quand le prince Semionicz quitta Liverpool avec sa suite, celui qui, en le calomniant, avait réussi à voler dix mille livres à MM. Winslow et Vassall était considéré comme absolument introuvable.

III

Naturellement, bien des théories furent échafaudées : par exemple, on disait que le jeune Schwarz avait raconté une histoire inventée de toutes pièces et que le voleur n'était autre que lui-même.

Mais M. Schwarz père, qui était, je vous l'ai dit, un très riche marchand, ne laissa pas l'insouciance de son fils avoir de si graves conséquences. Il s'empressa d'envoyer un chèque de dix mille cinq cents livres à MM. Winslow et Vassall. D'autre part, le fils Schwarz, jeune Allemand vertueux, n'avait pas de goûts dispendieux, loin de là. Il mène encore en ce moment-ci la vie la plus modeste et la plus retirée. Son honnêteté est certaine, absolue.

On jasa aussi au sujet du prince et de sa suite. Je crois qu'il y eut beaucoup de gens à Liverpool pour déclarer que le superbe policier russe était un complice, théorie d'ailleurs plausible. MM. Winslow et Vassall dépensèrent alors beaucoup d'argent pour monter un dossier d'accusation contre le prince.

Mais bientôt encore cette théorie s'effondra. M. Ward, en interviewant les principaux agents de change de Liverpool et de Londres, apprit que le prince Semionicz avait récemment changé une grosse somme d'argent russe et français en argent britannique : plus de trente mille livres ! Il semblait donc improbable qu'un homme aussi évidemment fortuné eût risqué les travaux forcés pour augmenter son opulence de dix mille cinq cents livres.

Néanmoins, la théorie de la culpabilité du prince avait pris fermement racine dans les cerveaux épais de certains de nos policiers officiels. Ils ont donc pris des informations en Russie, d'où on leur a répondu que le caractère, la position et l'extrême richesse du prince Semionicz le plaçaient au-dessus de tout soupçon.

Je crois pourtant que ces idiots n'ont pas cessé de le soupçonner. Ils ont écrit à son sujet à toutes les capitales de l'Europe — et pendant ce temps-là, ils permettaient au coupable de jouir tranquillement du fruit de son vol audacieux.

....

Ici le lecteur est prié de se recueillir et de tâcher de trouver quel est le coupable.

....

— Le coupable ! dis-je, qui donc a...

— Qui donc savait qu'à cet instant le jeune M. Schwarz avait de l'argent en sa possession ?

— Mais... le prince et son secrétaire... et vous venez de dire que...

— Quand je vis la police bafouiller lamentablement dans cette affaire si intéressante, je pris la peine de me livrer à quelques investigations. Oh ! c'était bien simple. Le fait qu'il fallait absolument être au courant : 1°) du déplacement du jeune Schwarz ; 2°) de l'achat des bijoux, me guida.

Quels étaient les gens prévenus ? le prince et son secrétaire. Mais ceux-là se trouvaient hors de cause... Pour avoir l'idée de ce vol audacieux, il fallait connaître, en outre, les soupçons qui s'étaient élevés d'abord dans l'esprit des deux bijoutiers associés. Ces soupçons préalables avaient décidé le jeune Allemand à livrer les billets au prétendu policier. Je sais à n'en pas douter que les divers employés de la maison ne sont pas encore au courant des hésitations préalables de leurs patrons et ils accusent ceux-ci de puérile négligence.

En outre, tous, sans exception, se trouvaient dans le magasin à l'heure où le vol s'accomplissait et tous continuent à mener une existence extrêmement modeste. Je les ai fait surveiller et j'en suis sûr.

L'après-midi du vol, une seule personne a quitté le magasin : M. Vassall. Il sortit pour aller, paraît-il, voir un dessinateur de bijoux art nouveau et il ne rentra que vers quatre heures trente-cinq. Cela me donna l'éveil. Je découvris aisément que M. Vassall n'était qu'un petit associé. Il n'avait que vingt pour cent sur les bénéfices.

— Alors vous voulez dire que...

— *Que dans tous les cas où un vol atteint deux personnes, la première chose à savoir c'est si l'une de ces personnes n'est pas, en réalité, beaucoup moins atteinte que l'autre*. Ce procédé m'a déjà mené, ne vous en souvenez-vous pas, à éclaircir le mystère de Phillimore Terrace. Là comme ici je pus établir que l'une des deux parties en cause perdait très peu.

Poussant un peu plus loin mes faciles investigations, j'appris que M. Vassall, sans en avoir l'air, menait grand train. Il n'a pas de manies spécialement ruineuses, mais il fréquente les coulisses, suit les courses, fait partie de plusieurs cercles, et il s'arrête souvent autour des tables de baccara. Tout cela sans scandale et tout en étant un commerçant exact et travailleur. Il avait des dettes assez lourdes qui, depuis le vol, se sont trouvées peu à peu éteintes. Il tient un rang de plus en plus brillant et il a maintenant dans une banque de Londres un gros compte qui lui fut ouvert un an après l'affaire.

— Mais comment a-t-il pu accomplir ce vol ?

— Rien de plus simple : il avait vingt-quatre heures pour tout préparer... Mais, d'abord, prenez note de ce détail : M. Vassall est un acteur amateur de grand talent. Sans l'opposition systématique de sa famille, il serait maintenant un professionnel de la scène. On l'applaudit souvent, en divers salons de Liverpool.

La carte de visite m'a donné à supposer que cet escroc n'en était pas à son coup d'essai. En effet, on n'a pu retrouver l'imprimeur. L'associé de M. Winslow possédait, selon moi, une petite presse portative et cela à l'exemple de tous les grands escrocs internationaux qui ont besoin constamment de changer de nom et de personnalité et ne veulent laisser aucune trace à la police. Je sais où, à Londres, se confectionnent ces presses, véritables petites merveilles, assez coûteuses, d'ailleurs, mais grâce auxquelles, sans beaucoup d'expérience, il est possible d'obtenir de remarquables cartes.

La pelisse et l'uniforme, l'acteur amateur les avait sans doute dans sa garde-robe. Il a suffi d'ajouter à cela une barbe, une perruque et un peu de maquillage, pour ne pas être reconnu du jeune Schwarz. Celui-ci n'était en Angleterre que depuis à peine quinze jours. D'autre part, M. Vassall est des deux associés celui qui restait le moins au magasin, car il était chargé de faire les achats et de rendre visite aux fabricants. Donc M. Schwarz le connaissait relativement peu.

Bien grimé, déguisé par la perruque, la barbe, la pelisse et l'uniforme, parlant un mauvais anglais avec la facilité d'un acteur, rien d'étonnant à ce qu'il n'ait pas été reconnu du jeune employé... Je suis d'ailleurs sûr que, sans les soupçons idiots de son oncle contre le prince, M. Schwarz n'aurait pas cru si aisément à la malhonnêteté de celui-ci... Il serait vraiment bien utile aux commerçants anglais d'étudier un peu plus le Gotha.

Je ne peux m'empêcher de trouver le tour extrêmement bien joué ! C'était simple, clair, pratique. Ce M. Vassall est un artiste : je n'aurais pas mieux fait moi-même.

LE MYSTÈRE DE BRIGHTON

I

— Aimez-vous le bord de la mer ? demanda de son coin le bonhomme, tout en grignotant son dessert ordinaire : des raisins secs. Je ne parle pas d'Ostende ou de Trouville, mais de l'honnête plage anglaise avec des ménestrels chantant devant les portes, des excursionnistes à trois shillings l'aller et retour, et des appartements meublés, sales et coûteux, où l'on vous compte la lumière du hall un shilling le dimanche et douze sous les autres soirs. Aimez-vous ces petites plages ?

— Je préfère autre chose... n'importe quoi !

— Moi aussi. Pourtant j'ai bien aimé un de nos « petits trous pas chers » pendant une semaine, alors qu'Edward Skinner comparaissait devant le coroner sous une grave accusation.

Je ne sais si vous vous rappelez cette affaire, celle où M. Francis Morton, l'un des plus notables résidents de Brighton, disparut. Oui, disparut aussi complètement qu'une muscade sous le gobelet d'un escamoteur. Il était riche, heureusement marié, avait une belle demeure et de jolis enfants, et il disparut...

M. Francis Morton vivait avec sa femme dans l'une des grandes maisons du square de Sussex à Brighton. Mme Morton était connue pour son « américanisme », ses dîners élégants et ses belles robes de Paris.

Elle appartenait à l'une de ces familles américaines multimillionnaires qui fournissent si aimablement de riches épouses aux gentlemen d'Angleterre. Elle avait épousé M. Francis Morton quelques années auparavant, par pur amour. Pourtant il n'était ni beau ni distingué : il avait simplement le type d'un honnête et solide industriel.

Les habitudes de M. Morton étaient très régulières : il partait à Londres chaque matin et revenait à la fin de l'après-midi « par le train des maris ». Aussi, ce fut, en sa demeure, une stupéfaction lorsque, le vendredi 17 mars, il ne rentra pas dîner. Hales, l'intendant, constata que Mme Morton semblait très anxieuse et qu'elle mangea peu. Le soir, toujours pas de M. Morton.

À dix heures et demie, un groom fut envoyé à la gare pour savoir si l'on avait vu son maître l'après-midi ou si un accident n'avait pas eu lieu sur la ligne. Le jeune homme interrogea plusieurs porteurs, le sous-chef de gare et deux policemen. Tous déclarèrent que M. Morton ne s'était pas rendu à Londres. À aucun instant, on ne l'avait vu à la gare. Nul accident n'était signalé sur la ligne.

Le matin du 18 parut, mais le facteur n'apporta aucune lettre de M. Morton. Mme Morton, en larmes, défigurée par une nuit sans sommeil, télégraphia à Londres, au portier de la grande maison de Cannon Street, où se trouvait le bureau de son mari. Deux heures plus tard, la réponse arrivait. « Pas vu M. Morton hier ni aujourd'hui. » L'après-midi, tout le monde dans Brighton était au courant de cette extraordinaire disparition.

Trois jours passèrent, et toujours aucun signe de M. Morton.

Ce gentleman était si connu dans Brighton qu'il fut facile d'établir nettement qu'il n'avait pas quitté cette ville balnéaire. En effet, personne ne l'avait vu à la gare, et, justement, le matin de sa disparition, une grande réunion de jeunes cyclistes de la ville avait eu lieu. Il lui eût été à peu près impossible de passer dans n'importe quel véhicule sur les routes, sans être aussitôt vu et reconnu.

D'abord, les journaux prirent plaisamment la chose. « Où est M. Morton ? » devint une question comique. On se la posait dans des restaurants et sur la plage. C'était quelque chose comme ce : « Avez-vous des homards ? » qui fut si à la mode à Paris, voici quelques années !

Un mari qui fait la fête, voilà tout ce qu'il y avait au fond de cette affaire, de l'avis du public.

Mais quand trois jours se furent écoulés sans que M. Morton réapparût, quand on vit sa femme tomber malade de chagrin, l'émotion remplaça la bonne gaieté. On commença à parler de crime — car on racontait que le gentleman disparu était parti pour Londres avec une grosse somme d'argent. Des rumeurs de scandale couraient — un scandale qui n'épargnait pas Mme Morton et son passé. Dans son désir de retrouver coûte que coûte son mari, elle avait révélé aux détectives chargés de l'affaire des choses très imprévues...

Mais le jeudi suivant, les journaux du soir publièrent l'information suivante :

« La police a perquisitionné aujourd'hui dans les diverses chambres de Russel's House, une maison meublée de l'avenue du Roi, et elle a eu la chance d'y découvrir M. Morton, juste à temps pour le sauver. Notre distingué concitoyen a été volé et enfermé dans cette chambre, vendredi 17 dernier. Quand on enfonça la porte, il se trouvait dans un état effroyable d'inanition. Il était étroitement lié à un fauteuil, un châle épais lui entourait la tête, le bâillonnant et l'étouffant à la fois... Il était temps qu'on vînt à son secours !... M. Morton n'a même dû qu'à son excellent tempérament de pouvoir résister aux privations et aux horreurs de ces six jours d'emprisonnement.

« On l'a transporté à son domicile du square de Sussex, et nous sommes heureux de pouvoir dire que le docteur Mellish, qui le soigne, déclare qu'avec des soins attentifs il reviendra bientôt à la santé.

« Nos lecteurs apprendront avec plaisir que notre police, adroite et active comme d'habitude, a déjà découvert l'auteur de cette épouvantable séquestration. »

II

— Je ne sais vraiment pas, continua le bonhomme dans le coin, en ajoutant du soda à son habituel verre dc lait, pourquoi cette affaire m'attira dès le début. Elle n'offrait rien d'extrêmement mystérieux : un simple cas de vol ! Mais j'en espérais, j'y sentais, quelque chose de plus subtil, si bien que je pris le train pour Brighton.

La police déclarait tenir une piste. Elle savait à qui la chambre meublée avait été louée. En réservant la chambre une quinzaine de jours auparavant, le locataire s'était inscrit sous le nom d'Edward Skinner.

Vingt-quatre heures après mon arrivée, on apprenait que cet Edward Skinner venait d'être arrêté à Londres, sous l'inculpation d'avoir séquestré M. Francis Morton et de lui avoir volé dix mille livres.

Mais ce qui ajouta soudain un intérêt sensationnel à l'affaire fut ceci : contrairement aux prévisions les plus élémentaires, M. Morton refusait de poursuivre !...

Naturellement, le ministère public, comme on dit en France, poursuivit, lui, et cita M. Morton comme témoin.

Ce gentleman ne gagna donc rien à refuser, mais vous comprenez comme la curiosité du public s'excita !

On se demandait pourquoi M. Morton voulait faire le silence sur toute cette affaire. Était-ce parce que le nom de sa femme avait été prononcé, ou bien se trouvait-il, comme certains l'affirmaient, accablé de terribles menaces ?

Je vous avoue que j'étais assez intrigué quand, le jour de l'audience, je pénétrai dans la salle.

L'accusé était d'un aspect banal : blond, rougeaud, le nez camus, légèrement chauve, il avait, comme M. Morton, l'air d'un brave homme d'affaires de la Cité.

Près du coroner, M. Reginald Pepys, on se montrait une femme très belle et de haute élégance, qui était Mme Morton. La partie féminine du public jasait tout bas sur sa beauté, son grand chapeau et la magnificence de ses bagues.

La police raconta comment on avait découvert M. Morton, dans la chambre de Russel's House, et arrêté M. Skinner à l'hôtel *Langham*, à Londres. L'accusé s'était laissé emmener très tranquillement, mais en protestant de son innocence et en déclarant que, malgré ses quelques relations d'affaires avec M. Francis Morton, il ne connaissait rien de sa vie privée.

« L'accusé, déclara l'inspecteur Buckle, prétendit ne pas même savoir que M. Francis Morton vécût à Brighton, mais je peux prouver qu'il fut vu en compagnie de M. Morton à neuf heures trente, le matin de la séquestration. »

Contre-interrogé par M. Matthew Quiller, avocat de M. Skinner, l'inspecteur finit par admettre que l'accusé avait seulement dit ignorer que M. Morton fût un résident de Brighton, mais qu'il n'avait jamais nié l'y avoir rencontré.

Les témoins auxquels l'inspecteur faisait allusion étaient deux commerçants de Brighton qui connaissaient M. Morton de vue et l'avaient aperçu le vendredi 17 au matin, se promenant avec l'accusé.

M. Quiller ne posa aucune question aux témoins. On comprit que le prisonnier ne contredisait pas du tout leur affirmation.

L'inspecteur Hactick raconta comment on avait retrouvé enfin l'infortuné M. Morton, après six jours de recherches. Sur certains renseignements donnés par Mme Chapman, la propriétaire de Russel's House, le directeur de la Sûreté de Brighton envoya Hactick et quelques hommes à la maison meublée. La porte de la chambre habitée précédemment par M. Skinner étant fermée, ils l'enfoncèrent. M. Morton s'y trouvait presque sans connaissance dans un fauteuil, ligoté avec plusieurs mètres de corde. Un châle de laine épais entourait sa tête de manière à étouffer tous les cris du pauvre gentleman. Mais l'inspecteur déclara qu'à son avis M. Morton avait dû d'abord absorber quelque stupéfiant et qu'ensuite, s'éveillant faible et malade dans ses liens, bâillonné, il n'avait pu se faire entendre ni se délier, quoique les cordes eussent été ajustées hâtivement. Le médecin légiste et le docteur Mellish dirent qu'ils avaient trouvé M. Morton sous l'influence certaine d'un anesthésique, et, aussi, terriblement épuisé par le manque de nourriture.

Le premier témoin important fut Mme Chapman, la propriétaire de Russel's House, aux renseignements de laquelle la police devait la découverte de M. Morton :

— L'accusé se présenta chez moi le 1er mars. Il voulait une chambre meublée peu coûteuse. Il la loua à la quinzaine et me prévint qu'il aurait souvent des absences de deux ou trois jours. Il me dit voyager pour une maison de thé. Je lui montrai une chambre au troisième étage, car il ne voulait pas payer plus de douze shillings par semaine. Comme je lui demandais des références, il me glissa trois pièces d'or dans la main et me dit en riant que le paiement d'un mois d'avance suffisait à cet égard. Il ajouta que s'il ne me plaisait pas, après ce laps de temps, j'en serais quitte pour lui donner ses huit jours.

— Vous n'avez pas songé à lui demander le nom de la maison pour laquelle il voyageait ?

— Mon Dieu non ! Il ne présentait pas mal et il m'avait payé un mois d'avance !... Le jour suivant, il apporta ses bagages et prit possession de la chambre. Il me parut travailler beaucoup. Il restait toujours à Brighton le samedi et le dimanche. Le 16, il m'apprit qu'il allait partir à Liverpool pour plusieurs jours. Il dormit à la maison cette nuit-là et s'en alla de bonne heure, le 17, emportant sa valise avec lui.

— À quelle heure partit-il ?

— Je ne peux pas le dire exactement, répondit Mme Chapman avec hésitation. Nous ne sommes pas en « saison » et la chambre de M. Skinner était la seule louée chez moi. L'été et l'automne, j'ai quatre domestiques mais en ce moment je n'en ai qu'une. Il me sembla entendre M. Skinner s'en aller vers neuf heures. Mais environ une heure plus tard, la bonne et moi nous nous trouvions au rez-de-chaussée quand nous entendîmes la porte d'entrée s'ouvrir et se fermer assez violemment, puis un pas dans le hall. « C'est M. Skinner, me dit Mary. — Oui, c'est lui : je le croyais parti depuis une heure, répliquai-je. — Il est sorti à ce moment-là, en effet, dit Mary. Il a même laissé sa chambre à coucher ouverte, si bien que j'ai pu la faire. — Allez voir si c'est lui, Mary. » Elle traversa le hall — mon appartement se trouve au-delà du hall —, monta l'escalier et revint me dire qu'en effet c'était bien M. Skinner. Il était allé droit à sa chambre sans d'ailleurs que Mary le vît, mais un autre gentleman se trouvait avec lui et on les entendait converser dans la chambre.

— Enfin vous ne pouvez dire à quelle heure l'accusé quitta définitivement la maison ?

— Hélas non ! car après cela je sortis et ne revins qu'à midi. Je montai alors au troisième étage et constatai que M. Skinner avait fermé sa porte et emporté la clé, mais comme Mary avait fait la chambre, je ne m'occupai plus de cela.

— Et, naturellement, vous n'entendîtes aucun bruit dans la chambre.

— Aucun, ni ce jour ni les suivants. Mais le jeudi matin, il nous sembla, à Mary et à moi, entendre dans la chambre de singuliers sons. Je pensai d'abord que c'était le volet qui grinçait contre la vitre, mais en écoutant mieux nous entendîmes le bruit en question se renouveler : c'étaient certainement des gémissements. Terrifiée, j'envoyai Mary chercher la police.

Mary, la servante, confirma la déposition de sa maîtresse :

— Dame ! je crus ben que c'était lui. Je l'ons pas vu, mais j'ons monté à son étage et resté un moment derrière la porte, on entendait de grosses voix dans la chambre, des voix de messieurs !

— Je suppose que vous n'avez pas osé écouter, Mary ? demanda M. Pepys en souriant.

— Oh si, monsieur, répondit Mary innocemment, mais je n'ai pas saisi ce que les gentlemen ils disaient : l'un d'eux parlait fort et semblaient ben se disputer !

— M. Skinner était seul à posséder et la clé de sa chambre et la clé de la porte d'entrée, donc personne n'aurait pu pénétrer dans la maison sans sonner ?

— Oh non, monsieur !

L'affaire s'annonçait mal pour l'accusé. L'accusation, naturellement, était celle-ci : M. Skinner rencontre M. Morton, l'emmène chez lui, l'assaille, le met dans l'impossibilité de se défendre, le drogue, le lie et le bâillonne, et finalement le vole de tout l'argent qu'il possédait, c'est-à-dire, d'après certains documents que les magistrats verraient bientôt, de dix mille livres en billets de banque.

Mais le point très mystérieux de l'affaire, et que le magistrat cherchait à éclaircir discrètement, était celui-ci : Pourquoi donc M. Morton ne poursuivait-il pas cet individu qui, non seulement, l'avait volé, mais avait presque réussi à lui faire endurer une terrible mort ?

M. Morton était trop malade pour déposer personnellement et le docteur Mellish lui avait absolument interdit la fatigue et l'émotion de comparaître en personne devant le tribunal, mais sa déposition avait été prise légalement à son chevet et elle se trouvait entre les mains du magistrat. Les faits qu'elle révélait étaient remarquables et énigmatiques.

M. Pepys commença à lire la déclaration faite sous serment par M. Francis Morton :

« Je me trouvais contraint de payer une grosse somme d'argent à un homme que je ne connaissais pas et que je n'avais jamais vu. Cette affaire concernait ma femme, uniquement. Je n'étais qu'un simple intermédiaire mais il nous sembla qu'il valait mieux, en effet, que ce fût moi qui accomplisse les démarches nécessaires. Elle me laissa ignorer les demandes de l'individu en question aussi longtemps que cela fut possible. Quand elle se décida enfin à me les apprendre, nous pensâmes qu'il valait mieux payer. J'écrivis donc, sous la dictée de ma femme à cet individu, que j'étais prêt à lui remettre dix mille livres au lieu et à la date qu'il désignerait. Je reçus une réponse, portant le timbre de Brighton, qui m'avertissait qu'on m'attendait devant le magasin de draps Furnival, dans la rue de l'Ouest, à neuf heures trente du matin, le 17 mars. On me priait aussi d'apporter les dix mille livres en billets de banque.

« Le 16, ma femme me remit un chèque de dix mille livres que j'allai encaisser à Londres, à la banque Bertson, dans le Strand. À neuf heures et demie, le lendemain matin, je me trouvai à l'endroit désigné. Un individu portant un pardessus gris, un chapeau melon et une cravate rouge m'aborda en disant mon nom et me demanda de venir jusque chez lui, dans l'avenue du Roi. Je le suivis. Nous n'échangeâmes pas un mot. Il s'arrêta devant une maison qui portait le nom de Russel's House, ouvrit la porte avec une clé qu'il sortit de sa poche et me pria de le suivre dans sa chambre, au troisième étage. Je remarquai qu'aussitôt que nous fûmes dans cette chambre il en verrouilla la porte. Cela ne pouvait m'inquiéter, puisque je n'avais rien de précieux sur moi, sauf les dix mille livres que j'étais prêt à lui remettre. Aucun de nous deux ne parla.

« Je lui donnai les billets, il les plia et, sans un mot, les mit dans son portefeuille. Je me dirigeai ensuite vers la porte. Je posais la main sur le bouton quand je me sentis saisi à la gorge par-derrière et en même temps un mouchoir saturé de chloroforme était appliqué sur mon nez et ma bouche. Je me défendis de mon mieux, mais malgré moi je respirai l'anesthésique et bientôt je perdis conscience.

« Il me semble toutefois me rappeler que l'homme me dit, tandis que je me défendais encore faiblement : "Quel idiot il faut que vous soyez, mon cher monsieur ! Croyez-vous vraiment que j'allais vous laisser tranquillement vous rendre au bureau de police ? Je connais les trucs qu'on emploie vis-à-vis d'un homme qui vend son silence ! On lui remet l'argent et ensuite on le fait arrêter pour chantage. Peut-être bien que c'est la police elle-même qui vous a conseillé de me remettre cette petite somme, mais cette fois-ci le truc est raté. Je peux être à Newhaven à temps pour le bateau de midi. Vous aurez à vous tenir tranquille jusqu'à ce que je sois de l'autre côté du continent, mon ami. D'ailleurs vous ne souffrirez pas longtemps. À un moment donné, ma propriétaire vous entendra geindre, vous délivrera, et tout sera pour le mieux. Là, maintenant buvez ! Très bien !" Il m'entra de force quelque chose d'amer dans la gorge et bientôt je perdis complètement conscience.

« Quand je revins à moi, j'étais assis dans un fauteuil, ligoté et bâillonné, je n'avais même pas la force de crier, je me sentais affreusement malade et faible. »

M. Reginald Pepys avait achevé de lire et personne dans la grande salle comble et silencieuse ne dit un mot, même tout bas.

Tous les yeux étaient fixés sur la belle dame en robe admirable qui s'épongeait les yeux avec un mouchoir de dentelle.

L'extraordinaire récit fait par la victime même avait porté presque à son comble l'intérêt de l'affaire. Seule la déposition de Mme Morton pouvait encore y ajouter.

Appelée à la barre, elle s'y rendit lentement et gracieusement, mais son visage tourmenté indiquait combien elle avait ressenti les tortures endurées par son mari et aussi l'humiliation de voir leur nom sali par le scandale.

Adroitement questionnée par M. Reginald Pepys, elle dut reconnaître que l'homme en question avait été jadis mêlé à sa vie d'une façon susceptible de jeter le discrédit sur elle et sur ses enfants.

Le récit qu'elle fit en sanglotant dans son beau mouchoir de dentelle fut extrêmement pathétique :

À dix-sept ans, elle avait épousé secrètement un aventurier qui disait s'appeler le comte Armand de la Trémouille, une canaille de bas étage, d'ailleurs, car après lui avoir extorqué deux cents livres de son argent de poche et un certain nombre de bijoux, il l'avait quittée un beau jour en l'avertissant par une lettre qu'il partait en Europe sur le paquebot *Argentina* et qu'il ne reviendrait pas de quelque temps.

La pauvre petite aimait cette brute, puisque, la semaine suivante, quand elle apprit que l'*Argentina* avait fait naufrage et que probablement tous les passagers avaient péri, son chagrin fut vif. Heureusement son père, un opulent usinier de Chicago, ignorait tout de sa coupable histoire ! Quatre ans plus tard, elle le suivait à Londres et elle y épousait M. Francis Morton. Elle menait, depuis six ou sept ans, une vie complètement heureuse, quand, un jour, elle reçut une lettre rédigée à la machine à écrire et signée *Armand de la Trémouille*, lettre qui, après des protestations d'amour sans fin, racontait une émouvante histoire.

Le comte avait souffert des années sur une terre presque déserte où il avait pu aborder lors du naufrage de l'*Argentina*. Parvenu, après de longues privations, à atteindre des rivages plus hospitaliers, il lui avait fallu travailler longtemps pour gagner son passage. Enfin parvenu en Amérique, il avait pu retrouver trace de sa chère femme et il se disait prêt maintenant à lui faire oublier tout le passé et à la serrer dans ses bras.

Ce qui suivit fut conforme à ce que l'on pouvait attendre ! D'une part, une femme assez sotte, et de l'autre un froid coquin. Les résultats ne pouvaient qu'être tout à l'avantage de celui-ci !...

Pendant quelque temps son mari ignora tout.

Elle correspondit avec le comte de la Trémouille. Elle le suppliait, en souvenir du passé, de ne pas essayer de la revoir. Il se laissa d'ailleurs aisément mettre à la raison — grâce à plusieurs gros envois d'argent qu'il reçut par l'intermédiaire de la poste de Brighton !

Enfin, un jour, par hasard, M. Morton trouva une des anciennes lettres du comte de la Trémouille... Mme Morton se jeta aux pieds de son mari et lui avoua tout. M. Francis Morton envisagea l'affaire en *businessman*, froidement, pratiquement. Il aimait beaucoup sa belle et riche femme, il tenait à la garder et le comte de la Trémouille semblait disposé à la laisser tranquille moyennant un dédommagement. Mme Morton, d'autre part, qui avait l'absolue direction de sa fortune, était prête à payer ce qu'il faudrait pour arrêter le scandale. Elle s'imaginait qu'on pouvait la mettre en prison pour bigamie...

M. Francis Morton écrivit donc au comte de la Trémouille que sa femme consentait à lui payer la somme de dix mille livres, à condition qu'il disparût pour toujours. Toute nouvelle demande de sa part, on l'en prévenait, le mènerait devant les tribunaux, quelles que fussent les conséquences. M. Morton ajoutait même que l'affaire se dénouerait sans doute plus mal encore pour le maître chanteur et qu'il n'hésiterait pas, lui, le mari, à défendre à coups de revolver la tranquillité de son foyer — sûr qu'il était d'obtenir, après une exécution de ce genre, la complète indulgence du jury.

Le rendez-vous fut pris, et M. Morton quitta sa demeure à neuf heures du matin, le 17 mars, avec dix mille livres en poche.

Le magistrat et le public avaient suivi anxieusement ces paroles. La sympathie était unanime pour cette belle personne qui avait si courageusement recommencé sa vie après une faute de jeunesse et qui donnait à Brighton l'exemple de toutes les vertus conjugales.

Mais je ne me souviens pas d'avoir vu, dans aucune affaire, éclater une surprise pareille à celle que provoqua soudain une réponse de Mme Morton.

Le président, après avoir écouté son récit, lui demanda :

— Madame, voulez-vous maintenant regarder l'accusé et me dire si vous reconnaissez votre premier mari ?

Elle répondit tranquillement :

— Oh non ! En aucune façon ! Cet homme n'est pas le comte de la Trémouille.

III

En réponse à d'autres questions du magistrat, elle persista à déclarer qu'elle n'avait jamais vu l'accusé.

Peut-être n'avait-il été que l'intermédiaire...

Les lettres en question étaient toutes écrites à la machine, mais signées Armand de la Trémouille et la signature était *absolument identique* à celle des lettres reçues par elle du même individu des années auparavant et qu'elle avait conservées.

— Il ne vous est jamais venu à l'idée, demanda le magistrat avec un sourire, que ces lettres puissent provenir d'un faussaire ?

— Pardon, mais cela est impossible, répliqua-t-elle d'un ton net, car *personne* n'était au courant de mon union avec le comte de la Trémouille. Comment, si loin de l'endroit où a eu lieu ce mariage, aurait-on pu être aussi informé ? En outre, si quelqu'un avait connu le comte assez intimement pour imiter sa signature à s'y méprendre, et pour faire allusion à cent détails connus de nous deux seulement, pourquoi ce quelqu'un aurait-il attendu plus de dix ans avant de pratiquer ce chantage ?

Ce raisonnement était, en effet, très juste !

La première audience s'en tint là. Le docteur Mellish, sur la vive insistance du magistrat, déclara que son patient pourrait venir déposer le surlendemain à condition qu'on ne le gardât pas dans la salle d'audience plus d'une demi-heure.

… Vous vous imaginez aisément quelle fut l'affluence, le surlendemain !

Acteurs, auteurs dramatiques, romanciers, gens de loi, etc., s'étaient battus pour obtenir des places.

Mme Morton était absente quand l'accusé entra, absolument tranquille, et s'assit.

M. Morton, pâle, amaigri et les yeux cernés, appuyé au bras de son médecin, arriva bientôt. On lui donna un fauteuil, et le magistrat, après quelques mots de bienvenue, lui demanda s'il avait quelque chose à ajouter à sa déposition écrite.

Sur la réponse négative de M. Morton, il ajouta :

— Veuillez regarder l'accusé et me dire si vous reconnaissez la personne qui vous conduisit à la chambre meublée et vous y laissa ligoté et bâillonné.

M. Morton se tourna vers le prisonnier, le regarda, lui fit un petit signe de reconnaissance, et répondit :

— Non, ce n'est certainement pas lui. Je connais ce gentleman, je l'ai rencontré parfois à Brighton et dans la Cité, mais ce n'est pas mon agresseur.

— Vous êtes sûr ? demanda le magistrat, tandis qu'un murmure de stupéfaction courait dans la foule.

— Je jure que ce n'est pas lui, déclara M. Morton.

— Vous jurez que ce n'est pas lui !... Comment donc est l'homme qui vous a attaqué ?

— Grand, mince, basané, brun avec de gros sourcils et une barbe courte, parlant anglais avec un très léger accent étranger.

Le prisonnier, gros, court et rougeaud, ne répondait en aucune façon à ce signalement. L'accusation chancelait...

Elle s'écroula tout à fait quand M. Matthew Quiller, l'avocat de M. Skinner, fit comparaître quatre témoins qui déclarèrent, sous serment, qu'à neuf heures quarante-cinq le matin du 17 mars, l'accusé se trouvait dans le train express de Brighton à Victoria. Cet alibi précis, venant après la déposition de M. Morton, eut pour résultat la mise en liberté immédiate de M. Edward Skinner.

....

Ici le lecteur est prié d'interrompre sa lecture et de chercher lui-même le coupable.

....

IV

Le bonhomme dans le coin sortit de sa poche sa ficelle qu'il n'avait pas encore tripotée.

Sans doute avait-il déjà raconté ailleurs quelque récit, car elle se trouvait pleine de nœuds. Il se mit tranquillement à en défaire un : cela signifiait que j'allais bientôt connaître le mot de l'affaire.

— Eh bien, que pensez-vous de tout cela ? me demanda-t-il.

— J'hésite. Il me semble que le fond de l'histoire du prétendu M. Armand de la Trémouille peut être vrai. Sans doute, n'ayant pas péri sur l'*Argentina*, a-t-il pu revenir chez lui faire chanter sa première femme et duper tout le monde.

— Ne voyez-vous pas qu'il y a deux points très forts contre cette théorie ? demanda le bonhomme entre ses dents — qu'il joignait à ses longs doigts maigres pour venir à bout d'un nœud rétif.

— Quels points ?... Je ne les vois pas.

— Tout d'abord, si le maître chanteur avait été le comte de la Trémouille revenu à la vie, pourquoi se serait-il contenté de dix mille livres, alors qu'il pouvait exiger beaucoup plus d'une personne qui, après tout, était son épouse légitime, qui est extrêmement riche et qui pouvait lui assurer une forte rente pour le restant de ses jours... Cet aventurier était certainement un séducteur professionnel, un beau gars sachant décider les femmes à tout !

Tous les amis de M. Morton savent que sa femme tient serrés les cordons de sa bourse. Pourtant elle déclara elle-même que lors de son premier mariage elle faisait pour ce la Trémouille les plus gros sacrifices d'argent qu'il lui était possible de faire !... Et puis celui-ci, conscient de son pouvoir, ne se serait pas tenu à distance, il aurait fait en sorte de rencontrer Mme Morton, de lui faire les yeux doux, d'essayer de la reprendre, corps, âme et biens... Rappelez-vous qu'elle avait l'absolue direction de sa fortune !...

Il est même probable qu'elle n'eût pas revu sans émotion cet homme qui avait été son premier amour — d'autant plus que M. Morton, je vous l'ai dit, est tout le contraire d'un don Juan, avec sa figure et son aspect de gros commerçant de la Cité !... Il fût peut-être arrivé pire... En tout cas, Mme Morton se fût trouvée mal défendue contre ce retour du passé... Et puis, pourquoi écrire ces lettres à la machine ?

— Probablement pour une raison sans importance... Peut-être parce que la Trémouille exerçait l'emploi de sténodactylographe ?

— La police ne s'est pas souciée de cela. Mon expérience personnelle me permet d'affirmer que lorsque, dans des affaires de ce genre, figurent des lettres écrites à la machine, elles sont presque toujours des faux. Il est très facile d'imiter une signature et extrêmement difficile d'imiter une écriture...

— Alors, vous pensez que...

— Ce que vous penserez vous-même en suivant la ligne déductive formée par les points certains de l'affaire :

D'abord, M. Morton disparaît et est retrouvé comme vous le savez. Un homme appelé Skinner est accusé. M. Morton, quoique capable de mettre M. Skinner aussitôt hors de cause, en déclarant, comme il l'a fait ensuite, qu'il ne ressemble même pas à son assaillant, se contente de refuser de poursuivre. Pourquoi ?

— Il était souffrant, tenu dans l'ignorance de ce qui se passait exactement. Ou peut-être voulait-il éviter tout scandale, à cause de ses enfants et de sa femme ?

— Il se portait pourtant assez bien pour refuser de poursuivre et pour déposer par écrit, dans son lit. Il ne pouvait non plus ignorer que le gouvernement poursuivrait directement... Il me semble qu'il a un peu « fait le malade » ! Et puis, comment se fait-il que *personne* ne l'ait vu en compagnie de l'étranger basané ?

— On ne l'a vu qu'en compagnie de M. Skinner.

— Oui, à neuf heures vingt, dans la rue de l'Ouest, ce qui donnait largement le temps à M. Edward Skinner de prendre le train de neuf heures quarante-cinq, après avoir reçu les dix mille livres et donné en échange les clés de Russel's House.

— Impossible !

— Impossible ! protesta le vieil homme en se débattant de plus en plus violemment avec les nœuds de sa cordelette. La police a déclaré que les liens avaient été serrés « hâtivement »... Comme si un véritable bandit n'avait pas pu ficeler mon M. Morton comme un saucisson et d'une façon digne d'exciter l'admiration des détectives !... Tenez, ce fut cet adverbe « hâtivement » qui, dès le début de l'audience, me donna la clé de tout !...

Au contraire, il est extrêmement facile à n'importe qui de s'asseoir dans un fauteuil, de se lier et de se bâillonner d'une façon vraisemblable, mais qui, tout de même, semblera « hâtive » à la police.

— Mais pourquoi un homme dans la position de M. Morton aurait-il joué cette extravagante comédie ?

— Le motif est très simple. Quelle est la « position » de M. Morton ? Il est le mari d'une femme plusieurs fois millionnaire, mais sans son consentement il ne peut obtenir un penny de cette fortune. Elle, après la terrible épreuve de son premier mariage, a évidemment épousé un homme qui n'est pas très séduisant par peur d'être encore exploitée. Elle entretient la maison sur un pied brillant, mais elle ne fournit à son mari que très peu d'argent de poche. Il sent là, près de lui, rageusement, une fortune à laquelle il ne peut toucher, et si les policiers avaient observé d'un peu plus près sa vie privée à Londres, surtout depuis cette affaire, ils auraient sans doute reconnu au brave commerçant des goûts dispendieux et peu avouables...

Un jour, il découvre dans quelque vieux secrétaire la correspondance du « comte Armand de la Trémouille ». Il n'est pas long à voir quel parti il en peut tirer. Il dresse ses plans. Il écrit à la machine une lettre, et il imite la signature. Le poisson mord à l'hameçon. Le bon mari trouve à la poste restante diverses sommes d'argent. Il recommence. Grâce aux détails que lui fournit l'ancienne correspondance, et auxquels il fait allusion, il sait rendre ses lettres vraisemblables.

Ces succès le rendent audacieux, alors il cherche un complice, un homme adroit et sans scrupules, et trouve M. Edward Skinner. Il se décide à frapper un grand coup.

Le plan est vraiment simple. M. Skinner loue la chambre de Russel's House et étudie les habitudes de la propriétaire et de sa domestique. Puis, pour détourner l'attention de la police vers lui, il fait quelques pas dans la rue de l'Ouest avec M. Morton, lui donne les clés et reçoit l'argent qu'il mettra en lieu sûr. Ensuite il se précipite à la gare, afin d'avoir un alibi.

Pendant ce temps, M. Morton se rend à Russel's House. Grâce aux indications très précises de son complice, il gagne sans encombre la chambre. Il y parle à voix haute, imitant une conversation... et vous savez le reste.

— Mais son état de faiblesse était ensuite très réel.

— Eh ! cela ne fut pas le moins adroit de l'affaire. Après avoir attendu vingt-quatre heures (il savait qu'on ne pouvait venir le chercher là plus tôt), il a lui-même pris une forte dose d'opium ou de chloral. Du *bromidia*, sans doute, cette affreuse et puissante drogue que les pharmaciens ont le tort de vendre sans ordonnance. Peut-être, sur un estomac aussi à jeun, la drogue a-t-elle produit un effet un peu plus violent qu'il ne l'eût souhaité, peut-être a-t-il failli y rester et eut-il juste la chance de pouvoir tout de même gémir assez fort pour être entendu. On ne sait. En tout cas, cette idée de drogue était des plus heureuses.

... Il continue maintenant à jouer son rôle à merveille. Sous le prétexte que sa femme, quoique incondamnable pour bigamie par la loi anglaise, a tout de même un premier mari vivant, il habite dans un appartement de Londres et ne visite Mme Morton que l'après-midi. Mais bientôt il retournera dans la belle villa de Brighton, et je vous garantis qu'on n'entendra plus jamais parler du comte de la Trémouille !...

Le bonhomme était déjà parti.

Vainement cherchai-je une autre solution à ce que la police appelle encore « le mystère de Brighton ».

LE MYSTÈRE D'ÉDIMBOURG

I

Ce jour-là le bonhomme se tenait dans son coin, silencieux et mélancolique. Il regardait dans le vague et répondit peu à mon salut.

Pour le décider à parler, je lui dis soudain quelle admiration j'avais pour sa façon simple, précise, irréfutable, d'éclaircir des faits qui, jusqu'alors, avaient paru incompréhensibles.

Il sembla s'éveiller un peu, mais continua de se taire.

J'avais près de moi un paquet de livres noués par une ficelle rouge. Je l'ouvris et je fis tomber, comme par hasard, la ficelle sur la table du bonhomme.

Quand je le regardai, après avoir discrètement feuilleté un volume, les longs doigts maigres s'occupaient déjà à accumuler nœud sur nœud au long de la ficelle, et il avait son air ordinaire, humble et ironique.

— Vous souvenez-vous du mystère d'Édimbourg ? demanda-t-il.

— Oui, mais pas dans tous les détails.

— Les voici.

Il s'accouda et commença à me narrer l'affaire.

Exposer un fait nettement, minutieusement, lui plaisait autant que d'en donner la solution, de même qu'il éprouvait certes autant de plaisir à faire des nœuds sur sa ficelle qu'à les défaire.

— Avez-vous été à Édimbourg ? Si oui, vous avez sans doute entendu parler de la Banque Graham, dont le directeur, M. Andrew Graham, est certainement une des plus hautes notabilités de la moderne Athènes.

Il sortit de son portefeuille deux photographies et les plaça devant moi.

— La première, dit-il, est cellc de M. Henry Graham, le fils aîné de la maison, un jeune Écossais, typique, comme vous voyez, et celle-ci vous montre M. David Graham, le plus jeune.

Je vis un jeune visage triste et délicat, aux traits irréguliers, aux yeux anormalement saillants et larges.

— Il était vilainement déformé, commenta le bonhomme et, comme tel, un objet de pitié et même de répugnance. On racontait aussi que son esprit était loin d'être sain.

L'existence du pauvre être manquait vraiment de gaieté. Il avait perdu sa mère tout enfant et son père semblait avoir une invincible antipathie pour lui. Tout le monde connaissait la situation presque misérable de M. David Graham dans la maison familiale — et aussi l'immense affection qu'avait pour lui sa tante et marraine, Lady Donaldson, une sœur de M. Graham. Cette bonne dame tenait de son mari, le regretté Sir George Donaldson, le grand dessinateur, une fortune considérable. Elle était assez excentrique et venait de stupéfier toute sa famille — de rigides presbytériens — en annonçant son intention d'embrasser la religion catholique romaine et de se retirer au couvent de Sainte-Augustine, à Newton Abbot, dans le Devonshire.

Elle avait tous les droits sur la fortune que son mari lui avait léguée et aurait même pu la donner au couvent. Mais telle n'était pas son intention. Je vous ai dit combien elle aimait son filleul et neveu contrefait, David. Or son idée fixe était de ne pas se retirer du monde avant d'avoir marié le pauvre jeune homme. Cette idée semblait à tout son entourage une excentricité de plus.

Il se trouva que David Graham, laid, contrefait et à moitié toqué comme il était, se mit à adorer désespérément la magnifique Miss Edith Crawford, fille d'un médecin décédé. Cette jeune personne ayant mal accueilli cette flamme, David Graham en devint de plus en plus morose. Il dépérissait. Il ne mangeait plus et restait des journées entières sans parler.

Lady Donaldson résolut alors de décider coûte que coûte Miss Crawford à épouser son malheureux neveu.

Le 2 octobre, à un dîner de famille donné par M. Graham dans sa belle maison de Charlotte Square, Lady Donaldson annonça que, de son vivant, dès à présent, elle donnait à son neveu David Graham, en or, obligations, actions et billets de banque, la somme de cent mille livres et aussi ses magnifiques diamants, valant cinquante mille livres et qui seraient portés par la femme de David.

Keith Mac Finlay, l'avoué bien connu, reçut ordre, dès le lendemain, de préparer l'acte. La bonne tante promit d'y ajouter sa signature le jour du mariage de son filleul. La semaine suivante, le *Scotsman* contenait le paragraphe ci-dessous :

« On assistera prochainement à la célébration du mariage de David, fils cadet d'Andrew Graham esq., de Charlotte Square, à Édimbourg, et Edith-Lillian, fille unique de feu le docteur Canneth Crawford, de Prince's Gardens. »

Les commentaires sur ce mariage ne furent pas très favorables aux deux familles qu'il concernait. La race écossaise n'est pas particulièrement sentimentale, mais cette union ressemblait tellement à un marché que l'esprit chevaleresque du pays se hérissait. Les trois personnes en cause se disaient, naturellement, des plus heureuses. David Graham paraissait transformé. Il était gai, gentil, affectueux, et semblait même avoir recouvré toute sa raison dans ce bonheur immense et imprévu. Miss Edith Crawford préparait son trousseau et parlait des diamants avec ses amies. Quant à Lady Donaldson, elle attendait impatiemment la célébration du mariage — le plus cher désir de son cœur ! — pour se retirer du monde.

L'acte de donation était prêt et la signature finale y serait apposée le jour du mariage, c'est-à-dire le 7 novembre.

Lady Donaldson vint alors passer quelques jours dans la maison de son frère. M. Graham donna un grand bal le 23 octobre et Lady Donaldson insista pour que la future femme de David y portât les magnifiques diamants qui devaient bientôt être à elle.

Ils étaient en vérité superbes et convenaient merveilleusement à la hautaine beauté de Miss Crawford. Le bal fut un grand succès : la ville ne cessa d'en parler toute la journée suivante.

... Or Édimbourg, en dépliant les journaux du lendemain soir, apprit avec horreur et stupéfaction qu'on avait trouvé Lady Donaldson assassinée dans sa chambre, le matin, et que les diamants avaient disparu !

Mais la belle petite cité n'en avait pas fini avec les nouvelles sensationnelles !

Quelques jours plus tard, les gazettes annonçaient une imminente arrestation qui étonnerait tout le monde.

Le soir on apprenait que cette sensationnelle arrestation était celle de Miss Edith Crawford, accusée de meurtre et de vol.

On l'avait arrêtée à Londres, à l'hôtel *Midland*, et conduite à Édimbourg.

II

Quand Edith Crawford parut devant les tribunaux, protestant de son innocence et défendue par James Fenwick, l'un des plus grands avocats de l'Écosse, l'opinion du public était complètement contre elle.

Il n'y avait qu'une infime minorité pour s'étonner qu'une jeune fille née et élevée dans le meilleur des milieux pût avoir conçu et exécuté un crime si affreux.

Car le grand public, toujours emballé et illogique comme un enfant, disait que puisque Miss Crawford avait accepté d'épouser un arriéré, un contrefait, à cause des cent mille livres qu'il possédait, elle pouvait aussi bien avoir assassiné et volé une vieille femme pour cinquante mille livres de bijoux, c'est-à-dire pour une jolie fortune et qui ne s'accompagnait pas, celle-là, d'un mari infirme.

Et puis, peut-être la grande sympathie qui s'était élevée pour David Graham dans l'esprit public causait-elle ces préventions vis-à-vis de l'accusée. Le pauvre garçon perdait par ce meurtre la personne qui l'aimait le plus au monde — peut-être la seule personne qui l'aimât ! — et il perdait aussi l'opulence que Lady Donaldson voulait lui donner.

L'acte de donation n'avait pas été signé et la grande fortune de la vieille dame, au lieu d'enrichir son neveu favori, allait revenir — puisqu'elle n'avait pas fait de testament — à ses héritiers légaux. Et pour comble d'infortune, David Graham voyait accuser de cet horrible crime la jeune fille qu'il adorait !...

L'affaire m'intéressa énormément, poursuivit le vieil homme, et je m'empressai de partir pour Édimbourg afin de voir de près les acteurs de cet horrible drame. Je réussis à m'assurer une bonne place et j'étais déjà confortablement assis quand l'accusée fit son entrée. Elle était très convenablement vêtue de noir et son maintien sembla parfait. M. James Fenwick, son éminent avocat, lui serra les mains chaudement et je pus l'entendre lui dire des paroles de réconfort.

Le procès dura six jours pleins pendant lesquels plus de quarante témoins parlèrent. Les plus intéressants furent certainement les deux médecins, la femme de chambre Blanche, le bijoutier Campbel et David Graham.

Les deux médecins parlèrent peu. La pauvre Lady Donaldson avait été trouvée étranglée : un mouchoir de soie lui enserrait étroitement le cou. D'autre part, à l'autopsie, une lésion au cœur avait été constatée, une lésion que la terreur peut suffire à produire chez un être âgé et nerveux.

Ensuite, Blanche, la femme de confiance de Lady Donaldson, parut à la barre :

« Le soir du 23, avant le bal, j'aidai Miss Crawford à ajuster la tiare de diamants sur ses cheveux et ma maîtresse lui mit elle-même les deux colliers : il y avait aussi d'admirables broches, des bracelets et des boucles d'oreilles.

« À quatre heures du matin, le bal terminé, Miss Crawford rapporta les bijoux dans la chambre de ma maîtresse qui était déjà dans son lit, et j'avais éteint l'électricité car j'étais sur le point de monter me coucher aussi. Une seule bougie se trouvait dans la chambre, près du lit. Miss Crawford enleva tous les diamants et demanda à Lady Donaldson la clé du coffre-fort pour les y remettre. Ma maîtresse lui donna la clé et me dit : "Montez donc vous coucher, Blanche, vous devez être affreusement fatiguée." Je ne me fis pas prier, car je pouvais à peine me tenir debout. Je souhaitai une bonne nuit à ma maîtresse et aussi à Miss Crawford, qui était occupée à mettre les bijoux dans le coffre-fort. Comme je sortais de la chambre, j'entendis Lady Donaldson dire : "Avez-vous tout bien rangé, ma chérie ?" et Miss Crawford répondre : "Oui, tout est en ordre." »

En réponse à une question de l'avocat, M. James Fenwick, Blanche dit que Lady Donaldson portait toujours la clé de son coffre-fort à un ruban attaché autour de son cou et qu'elle ne s'était pas départie de cette habitude pendant les jours qui avaient précédé sa mort.

« Le soir du lendemain 24, continua-t-elle, Lady Donaldson paraissait encore fatiguée, elle monta dans sa chambre aussitôt après dîner, tandis que toute la famille restait dans la salle à manger. Elle mit une robe de chambre et s'assit dans un fauteuil avec un livre. Elle me dit qu'elle se sentait étrangement nerveuse et mal à l'aise, et cela sans raison.

« Pourtant, elle n'accepta pas mon offre de rester avec elle... Je crus utile d'avertir M. David Graham que sa marraine ne semblait pas en très bonne santé. Elle aimait tant M. David ! Cela la rendait toujours heureuse de l'avoir près d'elle. Je me rendis ensuite dans ma chambre. À huit heures et demie, M. David Graham vint me dire : "Votre maîtresse ne me paraît pas bien ce soir, allez donc dans une heure écouter à sa porte, et, si elle n'est pas encore couchée, j'irai lui tenir compagnie."

« À environ dix heures, je fis ce que M. David m'avait conseillé et j'écoutai à la porte. Je n'entendis rien, la chambre était silencieuse. Pensant que ma maîtresse dormait, je remontai chez moi. Le matin, à huit heures, en apportant le thé dans la chambre, je vis Lady Donaldson étendue sur le plancher, sa pauvre chère figure violette et convulsée... Je me mis à crier, et les autres domestiques accoururent... Alors M. Graham envoya chercher le médecin et la police. »

La pauvre femme de chambre déposait avec beaucoup d'émotion. Sir James Fenwick lui posa quelques questions, mais elle n'avait plus grand-chose à dire.

— Quand vous avez écouté à la porte, à dix heures, avez-vous essayé de l'ouvrir ?

— Oui, mais elle était fermée.

— Lady Donaldson fermait-elle d'ordinaire sa chambre à coucher le soir ?

— Presque toujours.

— Bien. Et le lendemain matin, quand vous avez apporté le thé ?...

— La porte était ouverte, je suis entrée directement.

— Vous en êtes absolument certaine ?

— Je le jure !

Après cela, nous apprîmes par divers témoins que Miss Crawford était venue à Charlotte Square, à l'heure du thé, dans l'après-midi du 24 et qu'elle avait annoncé à tout le monde son intention d'aller par le train de nuit à Londres pour y faire quelques achats. MM. Henry et David Graham essayèrent vainement de la garder à dîner. Elle aurait pu prendre le train de neuf heures six à la gare de Calédonie. Elle refusa, objectant qu'elle préférait partir de la gare de Waverley, plus proche de son logis.

Mais les témoins déclarèrent avoir vu l'accusée près de Charlotte Square beaucoup plus tard dans la soirée. Elle portait un sac qui semblait lourd et se dirigeait vers la gare de Calédonie !

... Le moment le plus émouvant fut celui où, le second jour, David Graham, hagard, les vêtements en désordre, l'air malade, comparut à la barre.

Un murmure de sympathie passa dans l'audience à sa vue, car il était une deuxième et peut-être plus pitoyable victime de la tragédie de Charlotte Square.

Il raconta ainsi son dernier entretien avec Lady Donaldson :

— Blanche vint me dire qu'elle semblait fatiguée et anxieuse. Je montai donc pour bavarder avec elle. Bientôt elle s'égaya et...

À cet instant l'infortuné jeune homme hésita visiblement et il ne put continuer que grâce à un effort.

— ... et elle parla de mon mariage, et de la donation qu'elle allait me faire. Elle dit que les diamants seraient pour ma femme et après cela pour ma fille, si j'en avais une. Elle se plaignit aussi que Mac Finlay eût préparé un acte aussi compliqué et elle ajouta que c'était grand dommage que ces cent mille livres n'aient pu simplement passer de ses mains dans les miennes sans tant d'histoires. Je restai à causer avec elle environ une demi-heure. Alors, comme elle semblait disposée à se coucher, je la quittai, mais je dis à la femme de chambre de venir écouter à la porte une heure plus tard.

Le coroner se leva. Un grand silence s'étendit sur l'assemblée : on aurait dit que la question qui allait être posée voltigeait déjà dans l'air, et que chaque oreille en avait entendu les mots avant qu'ils fussent prononcés.

— Vous avez été fiancé à Miss Crawford, n'est-ce pas ?

On devina plutôt qu'on n'entendit l'imperceptible « oui » qui échappa des lèvres livides de David Graham.

— À la suite de quelles circonstances cet engagement fut-il rompu ?

Sir James Fenwick se levait pour protester, mais David Graham avait déjà dit :

— Je ne puis répondre à cette question.

— Je la poserai alors sous une forme différente, dit le coroner, sous une forme qui la fera accepter et de vous et de mon savant ami Sir James Fenwick : *Avez-vous ou n'avez-vous pas reçu, le 27 octobre, une lettre de l'accusée dans laquelle elle se dégageait de sa promesse de mariage ?*

Cette fois encore, David Graham ne voulut pas parler et certainement il ne donna aucune réponse perceptible, mais tout le monde lut, dans la contenance désolée et les grands yeux pleins de douleur, le sinistre « oui » que n'avaient pas prononcé les lèvres tremblantes.

III

Les quelques sympathies conservées jusqu'alors par la jeune fille dans une partie du public furent certainement refroidies par cette déposition de M. David Graham.

Qu'Edith Crawford fût coupable ou non de meurtre, la brutale simplicité avec laquelle elle avait accepté un fiancé infirme mais riche pour le « balancer » ensuite, lorsqu'il était devenu pauvre, ne pouvait que lui valoir l'animosité unanime !

C'était M. Graham aîné qui avait mis la police au courant de la lettre de rupture. Cette information avait aussitôt dirigé les recherches vers Miss Crawford et les preuves ne devaient pas tarder.

... Ce fut encore une déposition sensationnelle que celle de M. Campbel, bijoutier de la rue Pitt.

Il déclara que le 25 octobre une dame était venue dans son magasin lui offrir, en achat, une paire de boucles d'oreilles. Ses affaires ayant mal marché depuis quelque temps, il refusa quoique le prix demandé fût extraordinairement bas, en comparaison de la beauté des pierres. Ce fut même à cause du désir manifesté par cette dame de vendre à tout prix qu'il l'avait regardée avec une attention spéciale. Il était prêt à jurer que l'accusée et la dame qui avait voulu lui vendre des boucles d'oreilles ne faisaient qu'une seule et même personne.

À ce moment, l'accusée parut à tous absolument destinée à finir sur la potence !... Elle seule resta calme.

Depuis deux jours, de nombreux témoins déclaraient que le vieux docteur Crawford, en mourant, avait laissé sa fille sans le sou, et que celle-ci, orpheline, avait été élevée par ses tantes pour devenir gouvernante. Personne ne lui avait jamais connu de boucles d'oreilles en diamant !

L'accusation semblait avoir là une base extrêmement solide, mais Sir James Fenwick, qui, pendant tout le jour, avait semblé se désintéresser de l'audience, se leva, et je vis de suite qu'il allait combattre sérieusement.

Exceptionnellement grand et maigre, le nez pareil à un bec, il est vraiment impressionnant quand il entreprend un témoin.

Et il entreprit celui-là fortement, je vous assure ! En une minute, le petit bijoutier, tout à l'heure si solennellement pénétré de son importance, « n'existait plus ».

— M. Campbel a-t-il inscrit sur ses livres quelque note relative à la visite de cette dame, le jour même de cette visite ?

— Non.

— Le lendemain ?... le surlendemain ?

— Non.

— A-t-il quelques moyens spéciaux de désigner le jour où cette visite eut lieu ?

— Non... mais...

— Quels documents peut-il produire au sujet de cette visite ?

M. Campbel n'en offrit aucun !

En fait, après environ vingt minutes de contre-interrogatoire, il dut reconnaître n'avoir accordé, après tout, que peu d'attention à cette dame, et que certainement cette visite ne lui avait nullement fait penser au meurtre de Lady Donaldson, mais qu'ensuite, ayant lu dans les journaux l'arrestation d'une jeune fille, son employé et lui s'étaient rappelés qu'une personne leur avait offert d'acheter de belles boucles d'oreilles un jour qui *devait* être le lendemain du meurtre.

Des murmures coururent dans l'assemblée. L'avocat avait complètement réussi à discréditer cette déposition. M. Campbel quitta la salle déconcerté et rouge de colère. Sir James Fenwick se rassit, pareil, comme le fit remarquer gaiement un journaliste, à « un vautour décharné attendant une nouvelle proie ».

Celle-ci se présenta en la personne de M. Macdarlane, l'employé de M. Campbel, qui avait fait à la police la même déclaration que son patron.

Le pauvre homme arrivait nullement préparé aux pièges de l'avocat, et il y tomba la tête la première. Il s'empêtra dans ses souvenirs incertains, balbutia, et il quitta la barre sans avoir du tout pu indiquer à quelle date la dame aux boucles d'oreilles s'était présentée au magasin.

— A moi, continua le bonhomme dans le coin, l'adroit contre-interrogatoire de Sir James Fenwick me semblait très à côté de la question. M. Campbel et son clerc étaient prêts à jurer que la dame aux boucles d'oreilles et l'accusée ne faisaient qu'une. Leur incertitude au sujet de la date, la façon embarrassée dont ils avaient répondu aux questions sarcastiques de l'avocat, ne changeaient rien à la conviction qu'ils avaient tout d'abord exprimée. À ce moment, je compris tout le plan de la défense !

Quand M. Macdarlane, cette seconde victime de la causticité de l'éminent avocat, quitta la barre, je pouvais lire, claire comme dans un livre, toute l'histoire de ce crime. Je voyais les recherches et les erreurs commencées par la police et continuées par le coroner.

Sir James Fenwick plaçait un doigt sur chacune, démolissant, comme un enfant qui souffle sur un château de cartes, tout l'échafaudage établi par l'accusation.

En ce qui concerne les dépositions de MM. Campbel et Macdarlane, la défense produisit différents témoins qui déclarèrent que le 25, le lendemain du meurtre, l'accusée se trouvait à Londres, et que, le jour précédent, la boutique de M. Campbel se trouvait fermée avant l'heure approximative à laquelle Lady Donaldson avait été assassinée.

Certainement, le bijoutier et son employé avaient vu quelque autre dame ! Leur imagination aidant, cette dame quelconque était devenue l'accusée ! Sir James Fenwick sut faire remarquer cela avec autant de logique que d'esprit...

Puis vint la grande question de temps. M. David Graham avait été le dernier à voir Lady Donaldson vivante : il lui parlait encore *à huit heures trente du soir*. Or deux porteurs de la gare de Calédonie vinrent affirmer que Miss Crawford se trouvait dans une voiture de première classe au train de *neuf heures six*, quelques minutes avant le départ.

Est-il concevable, donc, arguait Sir James Fenwick, que dans l'espace d'*une demi-heure* l'accusée — une jeune fille ! — ait pu :

1°) Pénétrer secrètement dans la maison à une heure où toute la famille et toute la domesticité étaient encore debout, et cela sans attirer l'attention de personne ?

2°) Étrangler Lady Donaldson ?

3°) Forcer le coffre-fort, prendre la fuite avec les bijoux, se rendre à pied — on l'a rencontrée ! — à la gare, qui est fort éloignée, et s'installer dans un compartiment ?

Même un homme, même un bandit expérimenté, n'eût pu faire cela.

— Quant à l'engagement rompu, conclut l'éminent avocat en souriant, on peut y voir un certain manque de cœur, mais le manque de cœur n'est pas, aux yeux de la loi, un crime. D'ailleurs, à l'instant où l'accusée avait écrit cette lettre, elle ignorait absolument la tragédie d'Édimbourg. Elle se trouvait, en effet, à Londres et les journaux de la capitale racontaient très brièvement le crime. L'accusée les avait à peine parcourus, très occupée qu'elle était à faire des achats. Elle ne savait rien de la nouvelle situation de David Graham.

Cette rupture d'engagement ne prouvait en aucune façon que Miss Crawford eût tué Lady Donaldson et volé les bijoux.

— Il m'est impossible, continua le bonhomme dans le coin, de vous donner une idée, même approximative, de l'éloquence de l'avocat. Chacun se sentait peu à peu convaincu qu'il n'y avait absolument aucune preuve contre l'accusée.

Après quarante minutes de délibération, le jury revint avec un verdict d'acquittement « faute de preuve ».

... Certainement, en l'esprit de beaucoup, la conviction demeura que Miss Crawford s'était parfaitement débarrassée dc Lady Donaldson pour lui prendre les diamants et que, malgré les contradictions du solennel petit bijoutier, elle était fort bien venue lui offrir d'acheter certains de ces diamants.

Mais il n'y avait de cela aucune preuve nette, certaine. Le bénéfice du doute lui revenait.

....

Ici le lecteur est prié de se recueillir et d'essayer de solutionner cette énigme.

....

IV

Le bonhomme se tut quelques instants. Je ne le harcelai pas avec les questions que j'avais tant envie de lui poser.

Mais bientôt je le vis qui commençait, comme d'habitude, à dénouer les nœuds compliqués qu'il avait accumulés sur sa chère ficelle pendant le récit.

— Je penche fort pour la culpabilité d'Edith Crawford, commençai-je, mais elle n'a pas, selon moi, commis cette horrible action elle-même. Quelqu'un, dans la maison de Charlotte Square, a pu être son ou sa complice et tuer Lady Donaldson tandis que Miss Crawford attendait les bijoux dehors.

« M. David Graham quitte sa marraine à huit heures et demie du soir. Si le complice est un des domestiques de la maison, il — ou elle — a largement le temps nécessaire pour l'assassinat et le vol et Edith Crawford peut prendre le train à neuf heures six à la gare de Calédonie.

— Qui donc, selon vous, demanda le bonhomme en inclinant de côté sa drôle de petite tête d'oiseau déplumé, qui donc a proposé des boucles d'oreilles à M. Campbel ?

— Edith Crawford, naturellement, répliquai-je, le bijoutier et l'employé l'ont tous deux reconnue.

— Quand essaya-t-elle de vendre les boucles d'oreilles ?

— Ah ! voilà ce qui me stupéfie ! Le 25 elle était à Londres, et certainement elle ne serait pas revenue « laver » ces bijoux à Édimbourg où cette opération comportait beaucoup plus de risques ! D'autre part, le jour de son départ pour Londres, Lady Donaldson vivait encore. Alors ?

Le bonhomme sourit et répliqua sur un ton d'impertinente vanité :

— Eh bien, qu'est-ce que cela fait que Lady Donaldson ait été vivante ?

— Mais cela fait... cela fait tout !

— Croyez-vous ?... Vraiment mon enseignement ne semble pas avoir beaucoup amélioré votre façon de raisonner ! Vous déduisez aussi mal que la police !... Lady Donaldson a été volée et tuée, et vous en concluez aussitôt qu'elle fut volée et tuée par la même personne.

— Mais...

— Il n'y a pas de mais. Voyez comme tout cela est simple : Miss Edith Crawford porte les diamants une nuit, puis elle les retire dans la chambre de Lady Donaldson. Rappelez-vous les paroles que prête à celle-ci la femme de chambre : « Avez-vous bien tout rangé, ma chérie ? » Qu'est-ce que cela signifiait ? Que Lady Donaldson ne pouvait pas voir si Miss Edith Crawford remettait vraiment les diamants dans le coffre-fort. Elle ne *pouvait pas* le voir, puisqu'elle posait cette question.

— Alors vous prétendez...

— Je ne prétends pas, j'établis des faits indéniables. Miss Edith Crawford, qui voulait voler les bijoux, choisit là une excellente occasion. Pourquoi aurait-elle attendu ? Lady Donaldson était couchée et Blanche, qui s'en allait, lui tournait le dos.

Le lendemain, c'est-à-dire le 25, elle propose sans succès une paire de boucles d'oreilles à M. Campbel. Elle se décide alors à aller à Londres, où l'opération sera plus facile. La police ne s'est pas assez occupée de ses faits et gestes pendant ce séjour en notre capitale. On s'est borné à présenter aux grands bijoutiers de Londres sa photographie et à demander : « Cette dame est-elle venue vous proposer des diamants ? » Eh bien, quoique je ne possède pas les puissants moyens d'investigation de Scotland Yard, mon humble et rapide enquête m'a appris que le 27 octobre, trois jours avant son arrestation, Miss Crawford passa en Belgique et revint à Londres dans la même journée. Les diamants de Lady Donaldson, dessertis, furent certainement l'objet d'une vente où vendeur et acheteur trouvèrent leur compte ! D'ailleurs, ce renseignement n'était *pas nécessaire* pour tout comprendre, loin de là ! Il a confirmé mes déductions, voilà tout. Et Miss Edith eût pu tout aussi bien bazarder les bijoux à Londres !

— Mais alors quel est l'assassin et quel mobile le guida ?

— Ce fut un meurtre brutal et audacieux, souvenez-vous. Eh bien, cherchez donc celui qui, sans être le voleur, avait pourtant le plus violent motif de protéger ce voleur et qui ne pouvait en aucune façon être un complice ?... Pensez à une singulière nature, infirme physiquement et moralement — vous savez comme ces natures-là *ressentent* tout intensément... mille fois plus intensément que les gens ordinaires !... Croyez-vous qu'un homme assez malheureux pour avoir une telle nature hésiterait un instant devant un crime, même le plus audacieux, pour sauver un être adoré ?...

Je ne prétends pas que David Graham ait eu l'intention d'assassiner Lady Donaldson. Certes non !

Blanche lui dit que celle-ci semblait étrangement bouleversée. Il monte dans sa chambre. Elle vient de découvrir le vol et suspecte naturellement Edith Crawford, rassemble divers indices, et, vite en fureur comme toutes les personnes un peu excentriques, elle parle de poursuites, de scandale, de prison...

Et lui, affolé, la saisit à la gorge... Je crois que l'infirme voulait, dans sa naïveté de malade, simplement *effrayer* sa tante. Il serra trop... Et sa stupeur dut être atroce quand il s'aperçut qu'il l'avait tuée... D'ailleurs, cela est encore sans importance.

Rappelez-vous aussi que l'assassin est entré dans une maison pleine de monde et en est sorti comme par miracle. Personne ne l'a vu, personne ne l'a entendu !

Qui donc ferma et rouvrit la porte de Lady Donaldson ? Qui donc commit le crime ? Quelqu'un qui, étant de la maison, n'avait ni à entrer ni à sortir, et qui ne laissa nulle trace, quelqu'un qu'on ne pouvait soupçonner, quelqu'un qui tua sans la plus légère préméditation et même sans motif, car sa tante n'eût certainement pas porté plainte...

Il tua sa vieille tante qu'il adorait, pour Edith Crawford.

Et dites-moi si ce meurtre ne vous semble pas aussi héroïque qu'horrible ?

Et le voyez-vous, le malheureux, maintenant, privé des deux seuls êtres qu'il aimait : 1°) ayant tué l'un ; 2°) lâchement quitté par l'autre, une voleuse !...

LE MYSTÈRE DE DUBLIN

I

— J'ai toujours trouvé prodigieusement intéressante cette histoire de testament apocryphe !... Regardez ces photographies : voici le vieux Brooks, le millionnaire Brooks, comme on l'appelait, et voilà ses deux fils, Percival et Murray, dit le bonhomme dans le coin, ce matin-là.

« Ce fut un cas curieux. Personnellement, je ne m'étonne pas que la police ait tant bafouillé !... Si un seul membre de cet estimable corps était aussi intelligent que l'auteur de ce faux testament, il y aurait bien peu de crimes impunis en notre pays !... Et ce serait dommage, car de quoi causerions-nous, en déjeunant ?

— C'est pour cela que j'essaye toujours de vous persuader d'accorder à notre pauvre police ignorante le bénéfice de votre coup d'œil et de votre sagacité, dis-je poliment.

— Elle y trouverait grand bénéfice, répondit-il avec calme. Mais je suis un amateur trop délicat ! Le crime ne m'intéresse que quand il ressemble à un jeu d'échecs et que tous les mouvements savants et compliqués des pièces tendent vers un seul but : mettre en échec la police du pays. Confessez que dans le meurtre de Dublin cette intéressante police fut complètement ridicule.

— En effet.

— Le public aussi, d'ailleurs. Il y eut même en cette affaire non seulement un crime, mais deux crimes qui déroutèrent également les recherches : le meurtre de Patrick Wethered, l'avoué, et le testament apocryphe du millionnaire Brooks.

.. Rares sont les millionnaires en Irlande ! Rien d'étonnant donc que le vieux Brooks y ait été célèbre, puisque sa maison de commerce valait environ deux millions de livres.

Son fils cadet, Murray, un homme de brillante éducation et de manières extrêmement raffinées, était le préféré de son père et le « chouchou » de la société de Dublin. Beau garçon, danseur splendide, cavalier parfait, remarquable à tous égards, il représentait un parti superbe. Plus d'une demeure aristocratique recherchait en lui et l'homme élégant et le fils favori du millionnaire.

Naturellement, la plus grande partie de la fortune personnelle du vieillard et de la maison devait, selon l'usage anglais, revenir à Percival Brooks, le fils aîné. Lui aussi était beau garçon, davantage même que son frère, et lui aussi montait à cheval, dansait et parlait bien, mais depuis des années les mères de famille ne fondaient plus d'espoir sur lui... La liaison du jeune homme avec Maisie Fortescue, une personne extrêmement séduisante mais d'antécédents douteux et qui avait étonné les music-halls de Londres et de Dublin avec ses danses extravagantes, était trop connue et trop ancienne pour ne pas décourager les mamans.

Pourtant on doutait fort que Percival Brooks épousât jamais Maisie Fortescue. Le vieux Brooks n'était pas commode et Percival se serait mal trouvé d'introduirc dans la famille une épouse de ce genre. Les choses en étaient là quand, avec grande consternation, la société de Dublin apprit un jour — le 1er décembre — que le vieux Brooks venait de mourir chez lui après quelques heures de maladie. Le pauvre homme avait activement travaillé ce jour-là comme tous les autres. On parlait d'une attaque d'apoplexie.

Les journaux du 2 décembre n'eurent pas à annoncer que cette regrettable nouvelle ! En effet, le jour même où mourait le millionnaire irlandais, M. Patrick Wethered, son vieil avoué, était assassiné dans Phœnix Park, à cinq heures de l'après-midi, à l'instant où il retournait chez lui, arrivant de chez son client.

M. Patrick Wethered était extrêmement connu et aimé : sa mort tragique consterna Dublin. Le pauvre vieillard, assommé par un terrible coup de canne sur la nuque, avait été ensuite volé.

Ni son argent, ni sa montre, ni son portefeuille ne furent retrouvés. Pourtant, en quittant son domicile, à deux heures, ce même après-midi, il les avait sur lui.

Dublin n'avait pas encore épuisé toutes les émotions que cette semaine lui réservait. Dès le magnifique enterrement du vieux M. Brooks, on ouvrit son testament et cette nouvelle stupéfiante se répandit dans la ville : toute la fortune, et aussi la maison de commerce, allaient à Percival Brooks, le fils aîné ! Le plus jeune, Murray, qui avait consacré les meilleures années de sa vie à être pour son père un ami et un compagnon, tandis que Percival courait les danseuses et les courses, Murray, le favori du vieux millionnaire, n'avait qu'une misérable rente de trois cents livres par an et aucune part dans la maison !

Certes, quelque chose, que le public et la société de Dublin cherchèrent à deviner, était certainement survenu dans le castel des Brooks !

Les mères et les rougissantes jeunes filles se demandaient déjà comment éviter le jeune Murray Brooks qui, après avoir été un superbe parti, devenait ainsi un fiancé impossible.

Tout cela aboutit à un gigantesque scandale, de quoi alimenter pendant des mois les bavardages de tous les salons de Dublin...

En effet, on annonça bientôt que M. Murray Brooks venait de déposer une action judiciaire tendant à ce qu'un testament fait par son père, en 1891, fût déclaré seul valable. Il soutenait que le plus récent, écrit le jour même de la mort de son père, celui qui établissait son frère comme héritier presque universel, était apocryphe !

II

Les faits qui peu à peu parvinrent à la connaissance du public étaient assez confus.

Les amis de M. Brooks n'avaient pas compris que le vieillard eût laissé relativement sans ressources, ou presque, celui de ses fils qu'il préférait. Percival avait toujours été « une épine dans la chair » du vieux commerçant. Les courses, le jeu, les théâtres, les music-halls, constituaient pour le brave commerçant des péchés mortels que son fils commettait quotidiennement.

Toute la domesticité se rappelait les nombreuses et violentes querelles qui s'étaient élevées à ce sujet entre le père et le fils.

Bien des gens affirmaient hautement que M. Brooks aurait plutôt légué son argent à des institutions charitables que de risquer de le laisser aller à des étoiles de music-halls. Mais que ne disait-on pas !

L'affaire vint devant les tribunaux au printemps.

À ce moment, Percival Brooks avait « acheté une conduite » : plus de courses, plus de jeu, presque plus de coulisses. Il dirigeait la grande maison de commerce de son père avec beaucoup d'énergie et d'intelligence.

Murray, on le comprendra aisément, n'habitait pas dans la vieille maison familiale. Il avait pris pension chez M. Wilson Hibbert, l'ex-associé de ce pauvre M. Patrick Wethered, l'avoué assassiné : c'étaient d'aimables gens qui vivaient dans un gracieux cottage faubourien. Tout de même, le malheureux Murray ressentait avec amertume le changement. Après avoir vécu dans un somptueux castel, il est pénible d'habiter une petite chambre, fût-elle poétique, et de s'asseoir à une humble table.

On critiquait assez vivement M. Percival Brooks qui, malgré ses cent mille livres de revenus annuels, s'en tenait à la lettre stricte du testament de son père et ne payait à Murray que ses pauvres trois cents livres annuelles : les miettes d'un somptueux festin !

L'issue de ce procès fut donc attendue avec le plus grand intérêt.

Sur ces entrefaites, la police, qui tout d'abord avait été très loquace au sujet du meurtre de M. Patrick Wethered, soudain se mit, énigmatiquement, à se taire. Cette réticence provoqua un malaise dans l'esprit public.

Bientôt l'*Irish Times* publia le paragraphe suivant :

« Nous apprenons de source certaine que l'horrible meurtre de notre concitoyen M. Wethered ne restera vraisemblablement pas impuni. La police essaye en vain de cacher qu'elle suit une piste aussi importante que sensationnelle et que sans doute une arrestation extrêmement imprévue aura lieu dans la salle même du tribunal, au cours d'un procès imminent . »

— Vous pensez si on s'entassa dans la salle, le jour de ce procès !

Moi-même je m'étais rendu à Dublin et je parvins à m'assurer une place convenable. J'examinai avec attention les deux frères Brooks, deux beaux garçons, en deuil, et qui s'efforçaient de paraître élégamment indifférents.

M. Percival avait pour avocat M. Henry Oranmore, une des lumières du barreau irlandais, et M. Murray était assisté par le fils de M. Wilson Hibbert, un jeune avocat de grand talent.

Le testament dont le frère cadet réclamait l'exécution datait de 1891. Il avait été fait par M. Brooks au cours d'une très grave maladie. Or, par ce testament, déposé à cette époque entre les mains de MM. Wethered et Hibbert, avoués du décédé, M. Brooks divisait sa fortune personnelle *également* entre ses deux fils, mais il donnait sa maison de commerce à son cadet. Celui-ci devant d'ailleurs, à ce propos, faire une rente de deux mille livres par an à son frère.

Vous voyez que M. Murray Brooks avait plutôt intérêt à faire annuler le second testament !...

M. Walter Hibbert prit la parole : il saurait prouver, déclara-t-il, que le testament du 1er décembre 1900 ne pouvait, en aucune façon, avoir été fait par M. Brooks, car il se trouvait en contradiction absolue avec les intentions bien connues de celui-ci, et que si M. Brooks avait fait, le jour en question, un nouveau testament, en tout cas cet écrit n'était pas celui que produisait M. Percival Brooks. Ce testament-là *était un faux du commencement à la fin*. Divers témoins viendraient donner des preuves irréfutables de tout cela.

M. Henry Oranmore répondit avec une courtoise fermeté qu'il serait établi par d'autres témoignages que M. Brooks avait certainement fait un testament le jour en question et que les intentions qui avaient pu être autrefois les siennes s'étaient aussi certainement trouvées modifiées. Il suffisait pour s'en convaincre de lire le testament produit par M. Percival Brooks et qui avait été trouvé sous l'oreiller de son père après la mort de celui-ci. Ce testament, dûment signé par le testataire et divers témoins, était indiscutablement légal.

Le premier témoin à comparaître fut John O'Neill, intendant de la famille Brooks depuis trente ans.

« J'étais en train de ranger la vaisselle du déjeuner quand j'entendis la voix de mon maître dans le cabinet de travail voisin. Mon Dieu, qu'il était donc en colère ! J'entendis des mots comme « misérable, honte, menteur » et encore trois ou quatre autres que je ne saurais répéter. Tout d'abord, je ne m'en souciai pas, ayant depuis longtemps l'habitude d'entendre mon pauvre cher maître se quereller avec M. Percival. Je descendis à l'office emportant une partie de la vaisselle et des couverts. Je m'étais à peine mis à nettoyer l'argenterie quand la sonnette du cabinet de travail résonna violemment et j'entendis la voix de M. Percival qui me criait : "Vite, John, votre maître n'est pas bien. Faites prévenir le docteur Mulligan et montez m'aider."

« J'envoyai un des grooms chercher le docteur, continua John très impressionné, et je montai voir M. Brooks. Je le trouvai étendu sur le parquet du cabinet de travail, la tête reposant dans les bras de M. Percival. "Mon père vient de tomber sans connaissance, dit mon jeune maître, qui était très pâle et bouleversé, aidez-moi à le porter dans sa chambre avant l'arrivée du docteur Mulligan."

« Bientôt M. Brooks fut dans son lit et le docteur arriva. Quand je le reconduisis, celui-ci me prévint que la fin n'était pas éloignée. Mon pauvre maître, quelques minutes après, m'ordonna d'envoyer chercher M. Wethered, son avoué. "Je n'ai que quelques heures à vivre, John, me dit-il, il y a quelque chose de cassé dans mon cœur, le docteur me l'a dit. Un homme ne devrait pas se marier et avoir des enfants, car tôt ou tard ils lui brisent le cœur." J'étais bouleversé, je ne pouvais parler. J'envoyai aussitôt un mot à M. Wethered, qui arriva exactement à trois heures de l'après-midi. Je fis aussi avertir M. Murray, qui était à la maison de commerce. L'avoué était depuis une heure avec mon maître quand, soudain, il ouvrit la porte et m'appela. Il me dit que M. Brooks désirait qu'un des autres domestiques et moi nous servions de témoins et signions un papier qui se trouvait sur la table, près de son lit. Je fis venir Pat Mooney, le valet de pied. Alors M. Wethered me donna la plume, me dit de signer comme témoin et dit la même chose à Pat. Ensuite on nous pria de nous retirer. »

John était présent, le lendemain, quand les employés des pompes funèbres trouvèrent un papier sous l'oreiller. Il reconnut le papier comme étant celui qu'il avait signé la veille et le remit à M. Percival.

En réponse à une question de M. Walter Hibbert, John répéta avec force qu'il avait pris le papier des mains de l'employé des pompes funèbres et qu'il l'avait porté aussitôt à M. Percival dans la chambre de celui-ci.

— Je lui remis le papier, il le regarda rapidement et sembla très étonné, mais il ne fit aucune observation.

— Comment avez-vous pu reconnaître et comment pouvez-vous affirmer que ce papier était bien celui que votre maître et vous-même aviez signé la veille ? demanda M. Hibbert au milieu d'un grand silence.

J'observais très attentivement la figure du témoin.

— Dame, cela me parut tout à fait le même papier ! répondit-il.

— Avez-vous lu ce qu'il y avait d'écrit ?

— Non, monsieur, certainement non !

— Et la veille ?

— Non plus, monsieur, je n'avais vu que la signature de mon maître.

— Alors, c'est seulement l'aspect extérieur du papier qui a créé en vous cette opinion ?

— Oui, cela m'a paru absolument le même papier.

— Vous voyez, continua mon interlocuteur en se penchant avec animation par-dessus l'étroite table de marbre, la thèse de l'avocat de Murray était celle-ci : Le testament fait par le vieux Brooks et placé par lui-même sous son oreiller avait été détruit par Percival et remplacé par un autre, apocryphe, celui-là.

Bien entendu, cet autre testament attribuait tous les millions paternels à Percival. Une accusation vraiment audacieuse et terrible contre ce gentleman qui, en dépit de ses nombreux défauts, occupait une place si importante dans la haute société irlandaise !

L'assistance n'en revenait pas d'entendre de telles choses. Aux commentaires qui se murmurèrent autour de moi, je pus juger que le public ne partageait pas l'opinion de M. Murray Brooks.

Mais M. Walter Hibbert tenait encore quelque chose de sensationnel en réserve. Il fit montrer au témoin le testament produit par M. Percival Brooks et demanda s'il le reconnaissait.

— Certainement, monsieur, dit John sans la moindre hésitation, c'est celui que le croque-mort trouva sous l'oreiller de mon pauvre maître et que j'ai porté aussitôt à M. Percival.

— Maintenant, voulez-vous nous dire si c'est bien là votre signature ?

John regarda en hésitant, et dit : « Excusez-moi, monsieur. » Il sortit de sa poche une paire de lunettes qu'il ajusta soigneusement sur son nez, puis il examina le document à nouveau.

Les sourcils froncés, il répondit :

— Cela n'a pas l'air de mon écriture, monsieur, ou plutôt cela a l'air de mon écriture, mais ce n'est pas du tout mon écriture.

À ce moment, la physionomie de M. Percival Brooks me révéla tous les événements de cette affaire, la maladie de M. Brooks, le testament et même l'assassinat de M. Patrick Wethered !...

Ce qui me stupéfia, ce fut qu'aucun des savants avocats n'aperçut ce que je voyais si clairement et que tous deux continuèrent à discourir, à arguer, à contre-interroger pendant près d'une semaine, jusqu'à ce que l'on parvînt à cette conclusion inévitable, à savoir que le testament était un faux, un faux évident, grossier, idiot, puisque John O'Neill et Pat Mooney, les deux témoins, reniaient absolument leur prétendue signature.

Le seul morceau de calligraphie réussi par le faussaire était la signature du vieux M. Brooks.

L'avoué, M. Wethered, voyant que celui-ci agonisait, avait employé pour le testament une de ces feuilles imprimées que l'on trouve chez tous les papetiers. Cela avait certainement beaucoup aidé le faussaire.

M. Percival Brooks protestait de toutes ses forces contre l'accusation véhémente portée contre lui.

Oui, l'intendant lui avait apporté le document en question le lendemain de la mort de son père. Oui, en y jetant un coup d'œil, il avait été très surpris de se trouver de cette façon en présence du testament de son père, mais sa surprise n'avait pas d'autre cause, car depuis longtemps il connaissait les intentions paternelles. Seulement il croyait que le mourant avait confié son testament aux soins de M. Wethered.

— Je n'ai pas examiné minutieusement les signatures, conclut-il d'une voix forte et calme. Vous comprenez aisément que je ne pensais guère qu'il pût s'agir d'un faux ! D'autre part, la signature de mon père, si elle n'est pas la sienne — opinion à laquelle je suis loin de me rallier —, est en tout cas merveilleusement imitée. Quant aux signatures des deux autres témoins, je ne les avais jamais vues auparavant !... Je portai le testament à MM. Barkston et Maud, avoués, et ils m'assurèrent qu'il était parfaitement en règle.

— Et pourquoi ne l'avez-vous pas confié aux avoués de votre père ?

— Pour la raison très simple qu'à l'instant où ce testament me parvint, je venais de lire que M. Patrick Wethered avait été assassiné la veille... Et M. Hibbert, son associé, ne m'était pas personnellement connu.

Des experts en écriture furent ensuite entendus, pour la forme, au sujet de la signature du défunt.

La conclusion n'était pas douteuse : le testament de décembre 1900 fut annulé et celui de 1891 reprit toute sa vigueur.

Aussitôt après l'audience, un détective arrêta M. Percival Brooks pour crime de faux et usage de faux...

III

Il comparut deux jours après, l'air parfaitement tranquille, dédaigneux même, en homme conscient de son innocence et qui se fie à la justice comme si elle ne se trompait jamais.

Le fils du millionnaire, possesseur lui-même d'une fortune encore considérable, grâce au premier testament, avait vraiment une belle allure à la barre, ce mémorable jour de mai 1901.

On en revint naturellement aux derniers moments de M. Brooks et au testament trouvé sous son oreiller. Selon l'accusation, ce testament se trouvait si nettement en faveur de l'accusé que seul le bénéficiaire de ce faux avait pu le faire !

Un peu pâle et un pli de colère entre ses grands yeux irlandais, M. Percival Brooks écouta sans mot dire.

Son avocat était froid comme un concombre. Avez-vous jamais vu M. Oranmore ? C'est un personnage digne de Dickens. Sa grosse face de curé toute rasée, son nez retroussé, ses petits yeux et ses immenses mains pas toujours très propres ont souvent tenté les caricaturistes.

Il apparut bientôt que sa défense s'appuierait sur deux points.

Le premier était la question de temps : John O'Neill, contre-interrogé par lui, déclara sans hésitation avoir remis le testament à M. Percival Brooks à onze heures du matin.

Aussitôt, l'éminent avocat fit comparaître les avoués dans les mains desquels l'accusé avait déposé le testament.

M. Barkston, l'avoué bien connu de la rue du Roi, déclara positivement que M. Percival Brooks se trouvait dans son bureau à midi moins un quart. Son associé, M. Maud, et deux de leurs clercs firent la même déposition.

M. Oranmore, avec grande logique, plaida alors qu'il était impossible *qu'en trois quarts d'heure* M. Percival Brooks ait pu aller chez un papetier acheter une formule de testament, imiter l'écriture de M. Wethered, la signature de son père, celles de John O'Neill et de Pat Mooney, et faire le trajet qui, à lui seul, demande bien vingt minutes.

Un faux de cette importance exige non seulement une grande préparation, mais beaucoup de temps pour son exécution. Même le faussaire professionnel le plus entraîné eût été incapable d'accomplir ce qu'on reprochait à M. Percival Brooks.

Pourtant le juge restait indécis. L'adroit avocat avait ébranlé, mais non détruit, sa croyance en la culpabilité du prisonnier.

Il restait un autre point, le plus frappant, celui que M. Oranmore, avec l'habileté d'un auteur dramatique, avait réservé pour la chute du rideau.

Il demanda la comparution de Mary Sullivan, une des femmes de chambre du castel de la famille Brooks.

Elle était venue dans la chambre de son maître, le 1er décembre, porter dc l'eau chaude que le garde-malade avait demandée. Au moment où elle allait frapper à la porte, M. Wethered l'ouvrait pour sortir. Mary s'arrêta, son plateau dans les mains, et elle entendit nettement M. Wethered dire à haute voix, en se retournant vers le lit : « Maintenant, ne vous agitez pas, ne soyez pas anxieux, tout va bien, votre testament est dans ma poche et parfaitement en règle. Sans votre volonté, aucun mot ne peut y être changé. »

Témoignage frappant !... Mais, tout de même, cette femme de chambre rapportait les paroles dites à un mort par un autre mort !

Certes, s'il n'y en avait pas eu d'autres, la déposition de Mary Sullivan aurait compté pour peu — mais il y avait eu déjà celle de M. Barkston, et il y eut celle du docteur Mulligan.

Ce médecin était âgé, d'un caractère irréprochable, et à la tête de sa profession à Dublin. Son témoignage corrobora celui de Mary Sullivan :

« Je me suis rendu chez M. Brooks, le 1er décembre à quatre heures et demie. Son avoué venait de le quitter. Quoique extrêmement faible, il était calme et possédait toute sa connaissance. Je diagnostiquai aisément une grave lésion du cœur : la mort ne devait pas tarder. Il me dit : "Je suis bien tranquille, maintenant, docteur, j'ai fait mon testament ; *M. Wethered l'a dans sa poche*, et il est à l'abri de ce..." Les mots moururent sur ses lèvres. Il entrait dans le coma. Je ne crois même pas qu'il ait ensuite reconnu ses fils. »

IV

— Vous voyez, conclut le bonhomme, que l'accusation s'écroulait. M. Oranmore ne lui laissait pas un seul appui : le testament était un faux, oui ; un faux en faveur de M. Percival Brooks, oui. Mais non seulement rien ne *prouvait* que celui-ci fût au courant de ce faux et qu'il y eût collaboré, mais rien ne permettait même de le *soupçonner* ! Le témoignage du docteur Mulligan et de Mary Sullivan était irréfutable. Ces deux témoins affirmaient que le testament du vieux Brooks était dans la poche de M. Wethered qui sort du castel à quatre heures un quart, et qu'on trouve mort dans Phœnix Park vers cinq heures.

M. Percival Brooks, lui, n'est pas sorti une seconde pendant l'après-midi et la soirée (différents témoins secondaires auxquels je n'ai pas fait allusion l'avaient établi). Aucun moyen n'avait pu lui mettre dans les mains le testament authentique.

Puisque le testament était apocryphe, où se trouvait l'autre, le vrai, celui que M. Wethered portait dans sa poche ?

....

Ici le lecteur est prié de se recueillir et de chercher le mot de cette énigme judiciaire.

....

— Volé, naturellement, par les assassins, dis-je. Sans doute l'ont-ils tout bonnement détruit, car il ne pouvait leur être d'aucune utilité.

— Alors, vous croyez qu'il n'y avait là qu'une simple coïncidence ? Moi, j'y vois autre chose. Écoutez bien, continua le bonhomme en défaisant les nœuds de sa chère ficelle, fébrilement, car il en avait accumulé une si grande quantité pendant le récit qu'elle ne formait plus qu'une petite boule. Représentez-vous ce vieillard multimillionnaire et ses deux fils : l'un qui est son favori et l'autre avec qui il se dispute continuellement. Un jour, voici encore une querelle mais plus violente qu'aucune des précédentes, si bien que le père est atteint d'une soudaine et terrible lésion au cœur. Avant de mourir, il fait un nouveau testament, mais ce testament tel qu'on le produit n'est qu'un faux. Et tout le monde, police et public, en concluent aussitôt que M. Percival Brooks ne peut pas ne pas être le faussaire puisqu'il bénéficie de ce faux !

— Cherchez à qui le crime profite est un de vos axiomes, répétai-je.

— Que voulez-vous dire ?

— Que M. Percival Brooks héritait de deux millions de livres.

— À ce moment, oui, mais il y avait eu un premier testament et le second, l'apocryphe, était si grossièrement exécuté, les signatures y étaient de si évidentes imitations qu'il devait certainement apparaître tôt ou tard comme un faux. Cela ne vous a-t-il pas frappée ?

— Si, mais...

— Il n'y a pas de mais. Tout cela, dès le début, me fut aussi clair que le jour. La querelle qui brisa le cœur du vieillard n'était pas une querelle, il eut simplement un accès de fureur en présence de M. Percival, mais *à propos de son second fils*, en qui il croyait tant !

M. Percival Brooks n'avait jamais déçu le vieillard : ses fautes étaient connues de tous et il ne s'en cachait pas. Murray, lui, menait une vie tranquille, cajolait et adulait son père, mais, comme beaucoup d'hypocrites, il finit par être démasqué. Qui sait quelle honteuse affaire, quelle grosse faute contre l'honneur, soudain révélée au vieux Brooks, lui apprit la vie en partie double menée depuis longtemps par son fils préféré et lui valut cette crise de colère dont il mourut ?

Peut-être, depuis un certain temps, savait-il déjà, dans une certaine mesure, à quoi s'en tenir, sur la moralité et la sincérité de Murray et apprit-il seulement le 1er décembre quelque chose qui porta son indignation à son comble.

J'opine certainement en faveur de cette dernière supposition...

Murray devait savoir, à n'en pas douter, qu'il aurait juste de quoi vivre après la mort de son père. Il apprend l'attaque de celui-ci et que M. Wethered vient d'être appelé à son chevet. Pour quoi faire ? un testament, cela va sans dire, et tout en faveur de Percival !...

Il n'hésite pas. Il attend ce pauvre M. Wethered dans Phœnix Park, un endroit exquis mais très peu fréquenté et que l'on doit forcément traverser pour aller du castel chez l'avoué. Il le tue d'un coup de canne plombée sur la nuque et le dépouille de son argent et de ses bijoux pour faire croire à une agression banale.

Le voici en possession du vrai testament. Va-t-il brûler ce papier ? Non ! car diverses personnes peuvent en connaître l'existence (ainsi d'ailleurs que l'expérience l'a montré !). Donc un testament doit être découvert après la mort du vieillard.

Que va-t-il faire ? Il se sent incapable d'exécuter un faux vraisemblable. Il lui faudrait pour cela des mois d'exercice. Il se contente donc de recopier, sans y changer un mot, le testament fait quelques heures plus tôt. Il transforme le document authentique en un *faux* grossier.

Le reste alla tout seul, car si la conception de ce crime supposait de merveilleuses facultés, son exécution était aisée. Le criminel avait plusieurs heures devant lui. Glisser, la nuit, ce papier sous l'oreiller du mort était tout simple. Vous connaissez la fin.

— Et qu'advint-il de M. Percival Brooks ?

— Il fut acquitté. Quant à Murray, son crime ne lui porta pas chance. Deux mois après ce procès il mourut, ayant oublié de faire son testament. Son frère rentra en possession de l'héritage complet. Le jugement du bon Dieu semble quelquefois donner, par ironie, une prompte leçon à la justice des hommes ! conclut le bonhomme, qui ricanait.

Et il me dit : « Au revoir ! » avec bien moins de déférence que d'ordinaire — comme si, lui, le vieux maniaque, il avait été le bon Dieu !

LE MEURTRE DE BIRMINGHAM

I

Ce déjeuner-là, je causais avec le bonhomme des appointements des avocats et des avoués.

Avec une mémoire prodigieuse, il me citait certains cas qui avaient procuré aux gens de loi des bénéfices absolument inouïs.

— Hélas, depuis quelques années, ces mines d'or semblent en baisse, ajouta-t-il. Le Klondike s'épuise ! Pourtant la plupart des affaires sont encore d'un bon rapport pour ceux qui s'en occupent. Tenez, le cas Brockelsby ! Je vous assure que beaucoup d'argent fut dépensé à propos de cette bulle de savon, avant qu'elle n'éclatât d'une façon aussi imprévue.

— Je me souviens ! les billets de banque ont dû danser, en effet, avant l'événement terrible qui termina la querelle.

— Nul avocat de bonne réputation n'aurait consenti à plaider cette affaire. Mais maître Timothée Beddingfield, de Birmingham, est un gentleman qui eut... mettons... des malheurs ! Il appartient encore au barreau, mais vraiment je ne crois pas qu'il doive être encore bien utile dans un procès.

Après tout, il n'est que juste de dire que nos vieilles baronnies ont des histoires si embrouillées et des archives si extraordinaires qu'une réclamation vaut toujours la peine d'être lancée — on ne sait jamais si elle n'est pas juste !

On s'est d'abord tordu de rire devant les prétentions de Robert Ingram de Genneville aux titre et baronnie de Genneville.

Pourtant, ce n'était pas une cause perdue d'avance !...

Cela parut un peu comme un conte de fées, cette réclamation basée sur la prétendue validité d'un document vieux de quatre cents ans. Car c'est il y a quatre siècles qu'un brave baron, plus musclé qu'intelligent, fut un jour extrêmement embarrassé.

Voici pourquoi : sa femme venait de lui donner deux jumeaux et il arriva que, par une étourderie inconcevable, les femmes de chambre, très occupées à soigner la mère, placèrent les deux enfants dans le même berceau et qu'ensuite personne, pas même la mère, ne put dire lequel était apparu le premier en ce monde.

Après des années de réflexion, le baron de Genneville, se sentant près du tombeau, eut recours, pour résoudre la difficulté, à son roi.

En effet, lequel des deux jumeaux était l'aîné ? Impossible de le savoir. Impossible, par conséquent, de désigner celui qui hériterait du titre et de l'argent [1].

1. Rappelons que le droit d'aînesse existe en Angleterre.

Avec l'assentiment du roi, le baron de Genneville dressa un acte suivant lequel ses deux fils partageraient ses titres et revenus après sa mort, mais selon lequel aussi le premier enfant mâle né de l'un ou de l'autre serait le seul et définitif héritier du tout.

Ce document ajoutait que si, dans le futur, un lord de Genneville avait deux jumeaux et que chacun de ceux-ci possédât des droits à être considéré comme l'aîné, la succession serait soumise à la même règle.

Par la suite, un lord de Genneville fut créé comte de Brockelsby par un roi de la dynastie des Stuarts, mais pendant quatre siècles cette extraordinaire clause de testament n'eut pas lieu d'être appliquée, les comtesses de Brockelsby ne montrant aucune prédilection pour les jumeaux.

Mais en 1878, la châtelaine de Brockelsby donna deux fils à son mari. Cette fois, les jumeaux ne se trouvèrent pas mélangés : l'un d'eux fut nommé vicomte Tirlemont [1] et considéré comme l'aîné, c'est-à-dire l'héritier, et l'autre, né deux heures plus tard, devint ce brillant officier bien connu de la société anglaise, Robert Ingram de Genneville.

Ce fut certainement un mauvais jour pour ce dernier que celui où il prêta l'oreille aux conseils de Timothée Beddingfield.

De génération en génération, les Beddingfield étaient avoués des comtes de Brockelsby, mais Timothée, à la suite de certaines « irrégularités », avait perdu la confiance de son client, le dernier comte. Il avait toujours son étude à Birmingham et connaissait

1. Je n'essaierai pas d'expliquer ici le protocole suivi en Angleterre pour la répartition des titres et des noms dans les familles nobles. Rien de plus archaïque et compliqué.

toutes les traditions de la vieille famille — notamment l'histoire que je vous ai contée.

Fut-il poussé par un sentiment de vengeance ou simplement voulut-il se faire de la réclame, ou encore croyait-il au succès de la tentative, je l'ignore. En tout cas, il conseilla à Robert Ingram de Genneville (qui avait plus de dettes et des goûts plus dispendieux que ne peut se le permettre un cadet de famille) de réclamer, à la mort de son père, le partage du titre et des revenus de l'ancienne baronnie de Genneville. Cette réclamation s'appuyait sur les documents du XVe siècle.

Les prétentions de Robert de Genneville étaient évidemment inconcevables puisque la plus grande partie de la petite ville d'Edgbaston est bâtie sur des terrains qui appartenaient jadis à la vieille baronnie ! Mais ce pouvait être un radeau sur un océan de dettes et de difficultés et Beddingfield n'eut pas grand mal à décider Robert à lancer une action judiciaire aussitôt.

L'attitude du jeune comte de Brockelsby fut celle d'un homme absolument sûr de sa situation légale : il avait en sa possession et le document et le titre nobiliaire. C'était à son adversaire à le forcer à produire l'un et à partager l'autre.

Robert reçut alors le conseil de se marier, afin — rappelez-vous la vieille ordonnance royale ! — d'avoir, si possible, le premier héritier mâle de la génération suivante, puisque le jeune comte était lui-même célibataire.

Ses amis lui trouvèrent une fiancée convenable en la personne de Miss Mabel Brandon, fille d'un riche manufacturier de Birmingham, et le mariage fut fixé au jeudi 15 septembre.

Le 13, Robert de Genneville arriva à Birmingham et descendit à l'hôtel *Bruce*, dans la rue Nelson. Tout était prêt pour la noce.

Mais le 14, à huit heures du matin, *on le découvrit assassiné dans sa chambre à coucher !...*

Ce dénouement horrible du procès de Genneville provoqua le plus intense émoi parmi les amis et relations des deux adversaires. Les employés de l'hôtel *Bruce* éprouvèrent de réelles difficultés à repousser la foule qui, avide de détails, encombrait le hall.

D'ailleurs, si ces détails étaient épouvantables, ils étaient peu nombreux : les cris de la femme de chambre, qui venait d'entrer dans la chambre de Robert, à huit heures du matin, avaient attiré les autres domestiques, puis le manager et son secrétaire. Bientôt, la police arrivait... On aurait dit que le jeune homme avait été victime d'un meurtrier maniaque, tant on s'était acharné sur son corps : la tête et le corps avaient subi les coups innombrables et extrêmement violents de quelque canne pesante ou peut-être d'un tisonnier.

On se demandait quelle haine atroce avait causé un pareil acharnement ! Il serait impossible de décrire l'aspect effroyable et de la chambre et du cadavre, tels que la police et le médecin légiste les trouvèrent.

L'assassinat datait de la veille au soir. En effet, la victime portait un habit de soirée et toutes les lampes électriques de la chambre brûlaient encore. Le vol était le motif de l'assassinat, car les tiroirs des armoires, les valises et les sacs à main avaient été bouleversés. On retrouva par terre un portefeuille déchiré qui contenait seulement quelques lettres adressées à Robert de Genneville.

Le comte de Brockelsby, prévenu par télégraphe, arriva aussitôt du château de Brockelsby, qui se trouve à environ sept milles de Birmingham. Cet horrible assassinat parut l'impressionner très vivement, et il promit à la police une grosse récompense si elle découvrait l'assassin.

II

Le comte de Brockelsby, dans la salle de l'enquête, attirait vivement l'attention. Le deuil sévère de ses vêtements contrastait avec son teint rougeaud et ses cheveux clairs.

Il avait déjà accompli le terrible devoir de reconnaître le cadavre de son frère, devoir non seulement pénible, mais extrêmement difficile à cause de toutes les blessures de la face et du corps. Heureusement, les vêtements et quelques bijoux, notamment une bague-cachet, n'avaient pas tenté l'assassin, et ce fut surtout grâce à eux que le comte de Brockelsby put identifier le corps.

Les divers employés de l'hôtel déposèrent quant à la découverte du corps, et le médecin légiste donna son opinion sur la cause évidente du décès : la victime avait été frappée à la nuque avec un gros bâton ou avec un tisonnier, et l'assassin avait ensuite assouvi son aveugle fureur sur le corps en le martyrisant d'une façon qui, vraisemblablement, était celle d'un fou.

Le comte de Brockelsby comparut alors, et le coroner lui demanda quand il avait vu, pour la dernière fois, son frère vivant.

— La veille de sa mort, il vint à Birmingham par un train du matin, et moi je m'y rendis à cheval, de Brockelsby, spécialement pour le voir. J'arrivai à l'hôtel à onze heures, et restai avec lui environ une heure.

— C'est la dernière fois que vous avez vu votre frère ?

— Oui ! répondit Lord de Brockelsby.

Il hésita quelques secondes, puis il se décida soudain à ajouter :

— Je restai tout le jour en ville et ne retournai à Brockelsby que tard dans la soirée. En effet, j'avais des affaires urgentes. Comme d'ordinaire, je descendis au *Grand Hôtel*, et y dînai avec des amis.

— À quelle heure êtes-vous retourné au château de Brockelsby ?

— À environ onze heures du soir.

— Je crois, dit le coroner, après une pause légère, durant laquelle l'attention de toute la salle ne quitta pas le jeune gentleman, je crois ne pas me tromper en disant qu'il y avait un malencontreux désaccord entre votre frère et vous ?

— En effet, cette divergence existait.

Le coroner prit encore un temps, puis demanda :

— Si la réclamation du décédé relative au titre et aux revenus de Genneville avait été acceptée par les tribunaux, une grande importance aurait été attachée, n'est-ce pas, à son mariage qui devait avoir lieu le 15 ?

— Certainement.

— Dois-je comprendre que votre frère et vous, vous vous êtes séparés en termes amicaux après votre entrevue ?

— Il n'y avait aucune inimitié entre nous.

— Quel fut le sujet de votre entretien ?

— Mon frère, abusé par les erreurs ou par l'optimisme exagéré de son avoué, était parti en procès contre moi en se basant sur un vieux document de famille qu'il n'avait jamais vu. Il me sembla plus convenable et plus amical de le laisser juger lui-même de la valeur de ce document. Je ne doutais pas qu'après en avoir pris connaissance, il serait convaincu de la futilité de sa réclamation. Voici pourquoi je résolus d'avoir une entrevue avec lui à ce sujet plutôt que de m'en remettre, comme c'eût été plus correct, à l'intermédiaire de nos avoués respectifs. Cette entrevue fut très simple : je me bornai à lui soumettre le document en question.

Le jeune comte de Brockelsby avait donné ces détails d'une voix tranquille, et avec une digne simplicité de manières. Pourtant, le coroner lui demanda presque sévèrement :

— Vous vous êtes séparés bons amis ?

— En ce qui me concerne, je n'hésite pas à déclarer que oui.

— Mais lui ? insista le coroner.

— Je crois qu'il était ennuyé d'avoir été si mal conseillé...

— Et plus tard, dans la journée, vous n'avez pas tenté de le revoir pour dissiper complètement ce qui pouvait rester du malentendu ?

— Vous me demandez, en somme, si j'ai revu mon frère ce même jour ; ma réponse est simplement : *non !*

— Et vous ne pouvez fournir aucun renseignement susceptible de dissiper le mystère qui entoure la mort de Robert de Genneville ?

— Hélas ! non.

Le magistrat semblait étonné et pensif : visiblement il fut sur le point de pousser davantage le témoin sur ce sujet. On sentait qu'un motif secret avait dirigé cette partie de son interrogatoire.

On se demandait donc avec la plus vive curiosité ce que les prochains témoignages allaient amener.

Le comte de Brockelsby vint s'asseoir à côté de son conseil, Sir Marmaduke Ingersoll. Tout d'abord il écouta distraitement les dépositions du caissier et du portier de l'hôtel *Bruce*, mais bientôt certaines assertions de ces témoins parurent le stupéfier... Son jeune visage pâlit, se contracta...

M. Tremlett, le caissier de l'hôtel, déclara que M. Robert de Genneville était arrivé à l'hôtel le 13 au matin. On lui avait donné la chambre qu'il avait coutume d'occuper, le n° 21. Il s'y rendit aussitôt et on lui monta son déjeuner. À onze heures, le comte de Brockelsby rendit visite à son frère et resta avec lui jusqu'à environ midi. L'après-midi, le défunt sortit et revint dîner en compagnie d'un gentleman que le caissier connaissait de vue, M. Timothée Beddingfield, l'avoué. Ces messieurs dînèrent dans la grande salle à manger et s'en furent ensuite dans la chambre de M. de Genneville, pour le café et les cigares.

« Je ne pourrais pas dire exactement à quelle heure M. Beddingfield s'en alla, mais il me semble bien l'avoir vu dans le hall à environ neuf heures quinze. Il portait un pardessus jaune ouvert sur son habit de soirée et un chapeau haut de forme à bord remarquablement large.

« À ce moment, le hall se trouvait encombré. Il y avait là plusieurs familles américaines qui absorbaient toute l'attention de notre personnel et je ne rent aussi longues que des minutes car l'honneur et la vie d'un homme se jouaient, puis il répéta encore :

— Je ne peux pas dire...

Mais le coroner, le jury et le public avaient vu que pendant ces instants d'hésitation les yeux du témoin fixaient nettement le comte de Brockelsby...

III

Le bonhomme s'interrompit pour parachever un nœud difficile sur sa cordelette, puis il reprit :

— Tout le monde était stupéfait. Il n'y avait que moi pour y voir clair. Je savais déjà comment cet horrible crime avait été commis. Je connaissais les détails et surtout les motifs, vous vous en rendrez compte tout à l'heure... Mais avant de mettre quelque lumière dans cette étrange affaire, je dois vous enterrer dans les ténèbres mêmes où le coroner et le jury piquèrent une tête le jour suivant.

L'affaire avait été ajournée, puisque la comparution de M. Timothée Beddingfield s'imposait. Le public commençait à trouver plutôt étonnante son absence de Birmingham en un moment si critique. On s'attendait pourtant à le voir paraître à chaque audience avec son pardessus jaune et son chapeau haut de forme à large bord, tel que plusieurs témoins l'avaient vu la nuit du meurtre.

Quand le coroner et le jury eurent pris leurs sièges, la première information que la police leur donna fut qu'on ne savait pas du tout ce qu'était devenu M. Timothée Beddingfield : on espérait qu'il n'était pas parti bien loin et qu'on le retrouverait. Il y avait d'ailleurs là un témoin qui pourrait peut-être jeter quelque lumière sur la destination probable de l'avoué. Ce témoin était Mme Higgins, la femme de charge de M. Beddingfield.

Son maître, déclara-t-elle, allait souvent à Londres, surtout depuis quelque temps. D'ordinaire, il partait très tard, par un des derniers trains du soir, et n'était guère absent que trente-six heures. Il emportait une valise qui se trouvait toujours prête car il avait fréquemment à prendre le train à l'improviste.

Mme Higgins ajouta que son maître descendait à l'hôtel *Cecil*, à Londres. En effet, c'était toujours là qu'elle avait ordre de télégraphier si quelque chose d'urgent se trouvait requérir la présence de l'avoué à Birmingham.

« Le soir du 14, continua-t-elle, à neuf heures environ, un commissionnaire vint me trouver avec la carte de mon maître et me dit qu'il avait ordre de rapporter à M. Beddingfield sa valise. Il devait le retrouver à la gare, au train de neuf heures trente-cinq. Je lui remis la valise, naturellement, puisqu'il avait apporté la carte et que plusieurs fois déjà M. Beddingfield avait envoyé chercher sa valise de cette façon. Depuis ce moment je n'ai eu aucune nouvelle de mon maître. »

Questionnée par le coroner, elle ajouta que M. Beddingfield n'était jamais resté absent aussi longtemps sans réclamer son courrier : or une grosse pile de lettres l'attendait chez lui. Elle lui avait écrit à l'hôtel *Cecil*, demandant ce qu'il fallait faire de ces lettres, mais elle n'avait reçu aucune réponse. Elle ne connaissait pas le commissionnaire qui était venu chercher la valise. M. Beddingfield portait un gros manteau jaune sur son habit de soirée quand il était sorti à six heures de l'après-midi. Il avait aussi un chapeau haut de forme à bord très large.

Les recherches les plus actives n'avaient pu faire retrouver ni le commissionnaire, ni aucune trace de M. Timothée Beddingfield.

La police avait questionné les porteurs et les employés qui se trouvaient sur le quai au train de neuf heures trente cinq, le 14, mais la foule était si grande, ce soir-là, que l'on avait dû dédoubler le train et leurs souvenirs n'offraient naturellement aucune précision.

Résumons : M. Timothée Beddingfield est vu pour la dernière fois en compagnie du défunt. Il porte un gros pardessus jaune et un chapeau haut de forme à large bord. Deux ou trois témoins l'ont vu quitter l'hôtel à environ neuf heures quinze.

Alors, le commissionnaire va chercher la valise de l'avoué. Et celui-ci semble disparaître dans l'air !...

Mais — et c'est un grand *mais* ! — le portier de nuit de l'hôtel *Bruce* a vu, une demi-heure plus tard, quelqu'un portant le fameux pardessus jaune et le chapeau haut de forme à large bord monter chez le défunt et y rester environ quinze minutes.

Par conséquent, les soupçons se dirigeaient nettement vers M. Timothée Beddingfield, d'autant plus qu'il s'obstinait à ne pas reparaître.

Mais il y avait une autre thèse...

Vous vous souvenez que lorsqu'on avait demandé au portier de nuit si, parmi les personnes présentes, il pourrait reconnaître le visiteur tardif de Robert de Genneville, ses yeux s'étaient arrêtés avec insistance sur le jeune comte de Brockelsby...

Si ce visiteur tardif avait été M. Timothée Beddingfield, grand, mince, sec, avec un nez pareil à un bec d'oiseau et une figure toute rasée, personne n'aurait pu le prendre pour le jeune Lord de Brockelsby, rougeaud, barbu et de taille courte. Bien que tous deux fussent à peu près roux, leur type physique était si opposé qu'il était absolument impossible de les confondrc. Cctte dernière remarque, que chacun faisait, ajouta le bonhomme en contemplant orgueilleusement son bout de ficelle raccourci par les nœuds, était tout en faveur de M. Timothée Beddingfield. D'autant plus que M. Robert de Genneville était pour celui-ci la poule aux œufs d'or. L'« affaire de la baronnie » avait mis en lumière le nom de Beddingfield et la mort de son client ne pouvait que lui nuire très vivement.

— Tel n'était pas le cas du comte de Brockelsby, et je me rappelle à l'époque avoir soutenu...

— Soutenu quoi ?

— Que le comte de Brockelsby avait changé de vêtements avec M. Beddingfield pour assassiner plus facilement son frère.

— Où et quand ce changement aurait-il pu être effectué, puisque le gros pardessus jaune et le chapeau haut de forme à large bord étaient dans le hall de l'hôtel *Bruce* à neuf heures quinze, et qu'à ce moment et jusqu'à dix heures, le comte de Brockelsby se trouvait au *Grand Hôtel*, finissant de dîner avec ses amis ? Ceci fut, par la suite, absolument prouvé !... Souvenez-vous aussi qu'il était de retour à onze heures précises au château de Brockelsby, situé à sept milles de distance. La visite de l'individu mystérieux eut lieu, elle, un peu après dix heures.

En somme, la police avait contre le comte de Brockelsby : 1°) les hésitations du portier de nuit ; 2°) le fait que la mort de son frère le débarrassait d'un procès où peut-être il n'était pas aussi sûr d'avoir raison qu'il le proclamait.

Contre M. Beddingfield, aucun motif, mais des coïncidences très suspectes et son extraordinaire disparition.

....

Ici le lecteur est prié de se recueillir et de désigner lui-même, si possible, quel est l'assassin.

....

— Ah ! si la police avait considéré le cas comme je l'ai fait, ajouta le bonhomme, et s'était rappelé les dettes de M. Robert de Genneville et sa dernière chance qui, soudain, s'écroulait ! Ce jour même, le comte de Brockelsby, en montrant l'original du vieux document à son frère, lui avait montré la vanité de ses espérances ! Qui sait à combien se montaient les dettes faites, l'argent sollicité et obtenu, sur la foi de cette revendication ?

Rien d'étonnant à ce que Robert se soit senti de mauvaise humeur, moins contre le comte de Brockelsby que contre l'homme dont les fausses promesses l'avaient amené dans une telle fondrière ! Sans doute Robert devait-il à M. Beddingfield beaucoup d'argent que celui-ci comptait recouvrer à taux d'usure et grâce à des menaces de scandale. Il était complètement ruiné et n'avait plus qu'à se suicider. Mais voyez donc : si Beddingfield disparaît, il n'a plus de terrible grosse somme à payer. Il peut réunir ses derniers billets de banque et aller recommencer sa vie en Australie ou ailleurs, sous un faux nom ! Pensez à cela et dites-moi si vous ne voyez pas là un sérieux motif de meurtre ?

— Mais ce que vous suggérez est impossible !

— Permettez, reprit le bonhomme qui défaisait difficilement les nœuds multiples de son agaçante ficelle, c'est très aisé, c'est très simple. Les deux hommes se trouvaient seuls ensemble dans la chambre de M. Robert de Genneville, après dîner. Vous, comme représentant du public et de la police, vous dites que M. Beddingfield s'en alla et revint une demi-heure plus tard pour tuer son client ? Je dis, moi, que ce fut l'avoué qui périt à neuf heures du soir et que Robert de Genneville, l'homme ruiné, le banqueroutier désespéré, était l'assassin !

— Alors... Oui, le visage...

— Ah ! vous vous souvenez, maintenant que je vous ai mise sur la trace !... La figure et le corps étaient si abîmés qu'on n'identifia le défunt qu'à ses vêtements et à ses bijoux. Les deux hommes étaient de même taille, leurs cheveux avaient la même nuance. Le meurtrier habille la victime avec ses propres vêtements. Soigneusement il passe sa bague au doigt du mort et lui met en poche sa propre montre : besogne effrayante, mais indispensable et qu'il accomplit. Combien de fois la police s'est laissé tromper par une semblable substitution de personnages !

Ensuite, il revêt les vêtements de sa victime, le gros pardessus jaune et le chapeau haut de forme à large bord et, alors que les visiteurs encombrent le hall, il se glisse au-dehors, à peu près inaperçu. Il envoie un commissionnaire — qui, si on l'avait retrouvé, aurait donné le signalement de l'avoué — chercher la valise de M. Beddingfield et il prend le train de nuit.

— Mais alors, sa visite de dix heures du soir à l'hôtel *Bruce*, combien dangereuse !

— Dangereuse, oui, mais combien adroite ! Il était, vous vous en souvenez, le frère jumeau du comte de

Brockelsby, et les frères jumeaux se ressemblent toujours beaucoup, d'où l'impression qu'eut le portier de nuit en voyant le comte au tribunal. Il prévoyait avec raison que la ressemblance, qui serait vraisemblablement constatée, établirait une confusion dans l'esprit du coroner et du jury et embrouillerait toute l'affaire. Peut-être aussi, qui sait, avait-il oublié quelque chose sur le lieu du crime, ou revint-il pour perfectionner la mise en scène ?... Mais je crois plutôt qu'il voulut simplement diriger les soupçons sur son frère.

— Cela exigeait un esprit bien calme !

— L'échange de vêtements ne prouve-t-il pas que Robert de Genneville détenait un sang-froid, horrible peut-être, mais prodigieux ? Et puis, vous n'ignorez point que les meurtriers retournent presque toujours au moins une fois, et quitte à se faire prendre, sur la scène du crime.

Deux années se sont écoulées depuis ce crime et l'avoué Beddingfield n'a pas été retrouvé. Il ne le sera jamais, car son corps plébéien gît dans le caveau aristocratique des comtes de Brockelsby.

... Le bonhomme était parti. Sa ficelle, abîmée, plissée, gisait sur la table, et les visages de l'avoué Beddingfield, du comte de Brockelsby et de Robert de Genneville dansaient devant mes yeux comme pour se moquer de la perplexité où ils m'avaient plongée. Puis tous ces visages peu à peu se transformèrent en un seul : mince, pareil à une tête d'oiseau qui aurait sous son bec un constant ricanement et dans sa patte sinistre une ficelle effilochée...

UNE MORT MYSTÉRIEUSE DANS LA RUE PERCY

I

Ce jour-là, je me rendis au restaurant avec l'arrière-pensée de connaître les idées du bonhomme sur la mort mystérieuse de Mme Owen de la rue Percy.

Elle m'avait intriguée au plus haut point, cette mort, et, en m'asseyant à la table ordinaire, je me rappelais toutes les discussions que j'avais eues avec des amis à son sujet — discussions d'ailleurs demeurées aussi vaines que les recherches de la police. Je ne savais pas laquelle choisir des trois solutions possibles : accident, suicide, assassinat.

— Ce n'est pourtant pas malin ! dit une voix aimable et nette près de moi.

Avais-je inconsciemment parlé haut ou bien le vieux à la ficelle avait-il, une fois de plus, deviné ma pensée ?

— Vous avez des lumières spéciales sur le sort de la pauvre Mme Owen ? lui demandai-je.

Il se mit à rire, et sortit de son gousset une cordelette toute neuve.

— Vous voudriez savoir le fin mot de cette affaire ?

— Oui. Et je dois dire que je n'ai aucune opinion préconçue. Le cas m'a stupéfiée.

Bien qu'il eût sa ficelle en main, il ne semblait pas pressé de parler.

Je tentai d'émouvoir sa vanité :

— Votre affirmation sensationnelle qu'en fait de crime il n'existe pas de mystère ne serait-elle pas absolument générale ?... Partageriez-vous, pour une fois, l'avis de la police ?

Il fronça les sourcils.

— Non, mais je proclame que l'organisation de ce meurtre fut d'une finesse très remarquable et très digne, tenez ! de la diplomatie russe, qui est la première du monde. Si j'avais à juger le criminel, eh bien ! au lieu de le condamner à mort, je le prierais respectueusement d'entrer à notre ministère des Affaires étrangères qui a grand besoin d'un tel homme !... Toute la mise en scène de ce crime fut réglée avec un art vraiment remarquable et digne de l'endroit : les ateliers Rubens de la rue Percy. Puisque l'affaire vous intéressa, vous avez dû aller voir cette grande maison qui ne contient que des ateliers. Ateliers ? Ce sont des chambres plutôt, dont les fenêtres et le loyer affectent des dimensions un peu plus grandes que la normale.

Au premier étage se trouve la loge de la concierge qui, moyennant vingt shillings par semaine, le gaz et le charbon, est censée tenir l'escalier propre et renseigner les visiteurs. En juin 1898, la concierge était une femme respectable et tranquille, nommée

Mme Owen. Elle augmentait ses gages en mettant en ordre et nettoyant un certain nombre des ateliers. Elle se faisait ainsi chaque mois des revenus appréciables et réguliers. Elle et son perroquet vivaient avec fort peu de choses. Elle occupait cet emploi depuis des années et ses économies portées trois ou quatre fois l'an à la Banque Bambridge avaient fini par former un capital assez gentil. Les jeunes artistes des ateliers Rubens considéraient leur concierge comme une personne très à son aise.

Personne — rappelez-vous ce détail ! — ne couchait à la maison, sauf Mme Owen et son perroquet. Ceux des locataires qui la prenaient comme femme de ménage lui remettaient leur clé en s'en allant, le soir, afin de retrouver le lendemain leur atelier en ordre et chauffé. Au rez-de-chaussée donnant sur la cour se trouvait un petit magasin de vitrier dont le patron était d'ordinaire le premier arrivé chaque matin. Il entrait avec un passe-partout et, selon la coutume de la maison, laissait la porte de la rue ouverte. Généralement à cette heure-là, c'est-à-dire à environ neuf heures, il trouvait Mme Owen depuis longtemps déjà à la besogne et il bavardait quelques instants avec elle.

Mais le 2 février il ne l'aperçut ni ne l'entendit. Cependant, comme sa boutique se trouvait faite et son feu allumé, il supposa que Mme Owen avait fini sa besogne plus tôt que d'ordinaire et il n'accorda que peu d'attention à son absence.

Les locataires arrivèrent un à un, prirent leur clé à un tableau vitré accroché près de la porte de la concierge, à l'extérieur, dans un coin sombre, et se livrèrent à leurs affaires quotidiennes sans se soucier, et peut-être sans s'apercevoir, de l'absence de

Mme Owen. En effet, les ateliers étaient faits comme à l'ordinaire et les feux allumés.

La nuit avait été terriblement froide et le jour fut pire encore : un vent coupant soufflait du nord-est et durcissait les amas de neige tombés pendant la nuit. À cinq heures de l'après-midi, quand les dernières lueurs du triste jour d'hiver eurent disparu, les peintres quittèrent volontiers leur chevalet et leur palette car même de gros feux de charbon n'arrivaient pas à réchauffer complètement les ateliers. L'un d'entre eux, M. Charles Pitt, voulut laisser à la concierge un paquet qu'un de ses amis devait venir prendre dans la soirée. Il frappa à la porte de la loge et ne reçut pas de réponse. Comptant déposer néanmoins le paquet sur la table avec une note explicative, il poussa la porte. Une rafale glacée le frappa au visage : par les deux fenêtres grandes ouvertes, la neige pénétrait, épaisse, dans la chambre et formait déjà un tapis blanc sur le parquet. La pièce se trouvait complètement obscure. M. Pitt alluma une allumette : sur le plancher, à moitié recouvert par la neige, il aperçut le corps de Mme Owen, en chemise de nuit, les pieds nus et le visage contre terre. Dans un coin gisait le perroquet, mort lui aussi.

II

Toute assistance médicale fut inutile, la malheureuse femme était morte de froid dans sa chambre. Mais on s'aperçut vite qu'elle portait la trace d'un coup violent à la nuque, coup qui devait l'avoir étourdie et fait tomber sans connaissance près des fenêtres ouvertes. La température, de cinq degrés au-dessous de zéro, avait fait le reste.

Le détective chargé de l'affaire, M. Howell, découvrit près de la fenêtre une applique de cuivre destinée à supporter une lampe et qui semblait, à première vue, correspondre exactement à la blessure de Mme Owen.

Un examen plus attentif montra qu'on ne pouvait affirmer avec une absolue certitude que l'applique en question eût produit cette blessure. Cela resta douteux.

... Deux jours après, les vendeurs de journaux du soir criaient par les rues : « Le décès mystérieux de la rue Percy. — Est-ce un suicide ou un meurtre ? — Choquants détails. — Complications étranges. — Arrestation sensationnelle. »

L'enquête policière venait en effet de mettre à jour certains côtés plutôt curieux de la vie de Mme Owen et de diriger de graves soupçons sur un jeune homme d'excellente famille.

D'abord, il semblait que les jours de la concierge, jusqu'alors calmes et monotones, avaient été récemment pleins d'émotion. Tout le monde était d'accord pour reconnaître qu'un certain changement s'était produit en cette pauvre femme depuis le mois d'octobre.

Tenez, j'ai justement une photographie de Mme Owen, prise avant que ce changement se fût produit dans sa petite vie tranquille et ne l'eût menée à une fin si déplorable. La voici, ajouta le bonhomme en plaçant devant moi un carton, la voici cette digne « pipelette », aussi inintéressante, aussi commune qu'il est possible de l'être à un représentant du sexe charmant. Pas une figure, certes, à tenter un jeune homme et encore moins à le conduire au crime !

Pourtant, un jour — quelque temps avant l'assassinat —, les locataires des ateliers Rubens furent plutôt surpris de voir la tranquille et respectable Mme Owen partir en promenade à quatre heures de l'après-midi avec un extravagant chapeau et un manteau revêtu d'une imitation d'astrakan et qui, légèrement ouvert, montrait un médaillon et une chaîne d'or. Vous pensez quels commentaires et quelles plaisanteries cette toilette valut à la pauvre femme, en ce milieu de rapins !

D'ailleurs, elle n'abandonna pas cette bizarre attitude. De jour en jour, au contraire, elle devint plus excentrique. Sans égards pour les rires des locataires et les regards scandalisés des commerçants du voisinage, elle s'habillait de vêtements très voyants. En outre, elle négligeait totalement son service et quand on avait besoin d'elle, elle était toujours sortie.

Les locataires finirent par se rendre compte, après un certain temps, que la démoralisation de la bonne concierge datait de l'installation, dans l'atelier n° 8, du jeune Arthur Greenhill.

En effet, le soir, il restait plus longtemps que tout le monde, et certainement pas pour peindre. Il avait, dans le jour, de longues causeries avec la concierge. Les soupçons devinrent plus précis encore quand des ouvriers de la vitrerie — sise, je vous l'ai dit, au rez-de-chaussée, dans la cour — eurent vu Mme Owen et Arthur Greenhill dînant ensemble dans un petit restaurant voisin.

Ces ouvriers, entrés pour prendre une tasse de thé au comptoir, remarquèrent particulièrement que la note fut réglée par Mme Owen et que le dîner avait été, pour l'endroit, somptueux ! Enfin, quand le couple quitta le restaurant, très gaiement, le jeune Greenhill fumait un cigare de choix.

Tout cela ne pouvait pas ne pas venir tôt ou tard aux oreilles de M. Hallman, le propriétaire des ateliers Rubens, et, un mois après le nouvel an, sans avertissement préalable, il flanqua à Mme Owen ses huit jours.

« Cela ne sembla pas du tout la troubler, déclara M. Hallman. Elle me dit au contraire qu'elle avait largement de quoi vivre et que, même, depuis quelque temps, elle ne conservait sa place que pour s'occuper. Elle ajouta que les amis ne lui manqueraient pas, car elle avait un joli sac à laisser à celui qui saurait s'y prendre avec elle. »

Néanmoins, en dépit de ses joyeuses déclarations, Miss Lynon, locataire de l'atelier n° 6, trouva Mme Owen en larmes quand, le même soir, elle vint accrocher sa clé au tableau. Elle refusa d'être consolée et de dire la cause de son chagrin.

Vingt-quatre heures plus tard, on la trouvait morte.

Le détective Howell fit une enquête minutieuse sur ce Greenhill, dont l'intimité avec la victime avait soulevé tant de commentaires.

Il apprit encore qu'après avoir reçu ses huit jours de M. Hallman, Mme Owen était allée à la Banque Bambridge retirer tous les fonds qu'elle y avait, environ mille livres : le résultat de vingt-cinq années de travail et d'épargne.

Bientôt le détective en sut assez pour faire arrêter et comparaître devant le coroner M. Arthur Greenhill, lithographe.

Je n'étais pas dans la salle pendant les interrogatoires. C'est même une des rares séances intéressantes que j'aie manquées depuis des années, continua le bonhomme à la ficelle. Mais vous vous souvenez combien l'attitude du jeune accusé impressionna défavorablement tout le monde. À mesure que les témoins défilaient à la barre, sa position s'aggravait...

C'était un assez beau garçon, mais bâti en paysan, et qui avait un épouvantable accent *cockney* : il semblait terriblement ému et ne pouvait dire deux mots sans bégayer, quoique d'ordinaire, ainsi qu'on le fit remarquer, il parlât clairement.

Il avait comme défenseur son père, un avoué de Londres qui ressemblait plutôt à un gros fermier de province.

Les rapports médicaux, que l'on entendit d'abord, ne révélèrent rien de bien nouveau. Mme Owen était morte de froid, le coup à la nuque n'étant pas suffisamment violent pour occasionner la mort. Lors de l'examen du médecin légiste, la mort datait déjà de quelque temps, mais de combien au juste ? Il était impossible de le dire.

S'était-elle heurtée à l'applique en tombant ? Ou avait-on employé cette applique, qui était mobile, pour la frapper ? On ne pouvait pas non plus le savoir exactement !

L'état de la chambre, telle qu'elle était lorsque l'infortunée victime y fut trouvée par M. Charles Pitt, avait été minutieusement noté : les vêtements portés par Mme Owen pendant la journée étaient pliés sur une chaise, la clé de l'armoire se trouvait dans la poche du tablier, la porte était légèrement entrebâillée et chacune des deux fenêtres grande ouverte.

En essayant d'ouvrir l'une de ces fenêtres, quelqu'un — mais qui donc ? la concierge elle-même peut-être ? — avait brisé le châssis et, pour pouvoir l'ouvrir tout à fait, avait dû le raccommoder avec une corde très adroitement nouée. La veille, ainsi que divers témoignages précis l'établirent, le châssis était en parfait état et ne portait pas trace de cette réparation.

Au moment de sa chute accidentelle ou provoquée par le meurtrier, Mme Owen était en train de se coucher. La police avait naturellement fait remarquer combien la théorie d'un accident était insoutenable ! Il ne viendrait à l'idée de personne de se déshabiller devant deux fenêtres grandes ouvertes alors qu'il neige et que le thermomètre indique cinq degrés au-dessous de zéro !

Le caissier de la Banque Bambridge narra ainsi la visite de la concierge :

« Il était environ une heure de l'après-midi. Mme Owen me présenta un chèque tiré sur elle-même et qui se montait à neuf cent quatre-vingts livres : elle retirait ainsi tout son avoir. Elle me dit qu'elle allait partir pour rejoindre à l'étranger son neveu et lui tenir sa maison. Je lui recommandai d'être très prudente au sujet de cette somme si forte pour elle, et de ne pas s'en séparer au hasard ainsi que beaucoup de femmes de sa classe le font parfois. Elle me déclara qu'elle y ferait la plus grande attention, non seulement pour le présent, mais aussi pour le futur, car elle allait le jour même passer chez un notaire et faire un testament. »

La déposition du caissier produisit un grand émoi. En effet, on n'avait trouvé aucun argent dans la chambre de la concierge et, en plus, deux des billets remis par la banque à Mme Owen *avaient été changés par le jeune Greenhill*, l'un chez un tailleur, l'autre à un bureau de poste le surlendemain de la mort mystérieuse !

La Banque Bambridge en avait heureusement gardé les numéros.

L'intimité du jeune Greenhill avec Mme Owen fut dès lors le fond de la discussion.

Il écoutait tout avec un air douloureux, les joues presque vertes. Ses lèvres devaient lui sembler parcheminées, car il y passait continuellement la langue.

Il se trouva presque mal lorsque le policeman E 18 déclara qu'à deux heures du matin, le 2 février, il l'avait vu au coin de la rue Percy et lui avait même parlé.

Ses explications ne furent pas très satisfaisantes. Mme Owen était une parente de sa défunte mère. C'est sur ses indications qu'il avait loué un atelier dans la maison dont elle avait la charge. Certes, il ne se cachait pas d'avoir employé quelques-uns des instants que lui laissaient ses études de lithographe à accompagner la vieille femme dans divers endroits d'amusement et il lui avait plus d'une fois conseillé de quitter sa place et de venir vivre avec lui à la campagne et tenir sa maison, car il allait se marier. Elle l'aurait certainement fait sans son neveu, un homme du nom de Owen, qui exploitait de toute façon le bon cœur de la vieille dame, et qui, plus d'une fois, lui avait fait écorner sérieusement ses économies à la Banque Bambridge. D'ailleurs il ne connaissait pas personnellement ce neveu : il savait que son nom était Owen et voilà tout. Ses principales ressources devaient consister dans les carottes qu'il tirait à sa bonne tante. Il ne venait jamais lui rendre visite que le soir ou de grand matin, après le départ des locataires ou avant leur arrivée, quand elle se trouvait seule et en train de faire son ouvrage.

Vous remarquez qu'il y avait contradiction directe entre l'affirmation de l'accusé et celle du caissier de la Banque Bambridge. La malheureuse femme avait dit à celui-ci : « Je vais partir à l'étranger tenir la maison *de mon neveu.* »

Greenhill déclara que, la nuit tragique, il avait reconduit Mme Owen à son domicile après le théâtre et soupé légèrement avec elle dans sa chambre, tout en lui parlant de sa fiancée, la fille d'un ingénieur de Southampton.

Lorsqu'il partit, à deux heures du matin, elle voulut absolument lui faire cadeau de dix livres en disant : « Je suis un peu une mère pour vous, Arthur ! Si vous n'acceptez pas cette somme, Bill la prendra certainement ! »

Après avoir semblé triste une partie de la soirée, elle s'était enfin égayée.

— A-t-elle parlé de ce neveu ou de ses affaires d'argent ? demanda le magistrat.

Le jeune homme sembla hésiter et répondit :

— Non, elle ne mentionna ni Owen ni ses affaires d'argent.

Cet Owen, personne ne l'avait vu et personne, sauf le caissier de la Banque Bambridge, n'en avait entendu parler. La police niait son existence et déclarait que par ces mots « mon neveu » la concierge avait voulu simplement désigner Greenhill.

L'audience fut renvoyée au lendemain.

Greenhill était très affaissé et pourtant tout le monde remarquait que son père semblait, au contraire, fort tranquille, pas le moins du monde inquiet. Pendant le défilé des témoins, il avait essayé, adroitement, de les mettre en désaccord sur l'heure à laquelle on avait vu Mme Owen vivante pour la dernière fois.

Il insista beaucoup sur le fait que les locataires avaient trouvé, en arrivant, la besogne usuelle de la concierge faite.

Mme Owen avait donc fait cette besogne le soir ? Voilà qui n'était ni dans ses habitudes, ni vraisemblable ! Ce soir-là, précisément, elle allait au théâtre et ne devait penser qu'à s'habiller de son mieux. Le temps même pour accomplir la besogne en question lui manquait !

L'accusation répondait à cela qu'après avoir fait sa besogne, elle s'était déshabillée, à neuf heures du matin, devant deux fenêtres ouvertes, presque sous la neige... Bien plus inadmissible !

... L'audience ne fut reprise que plusieurs jours après et cela sur la demande de M. Greenhill père. En effet, celui-ci assurait pouvoir établir en faveur de son fils un net alibi, si après une certaine heure la victime avait été vue vivante par quelqu'un. Il faisait des recherches et s'efforçait de trouver ce quelqu'un.

Les journaux parlaient abondamment de ce cas. La curiosité du public était très émue, on se demandait s'il y avait là :

Un accident, un suicide, un assassinat ?

Aussi la salle fut-elle comble quand on reprit l'affaire.

Le prisonnier semblait, cette fois, beaucoup plus tranquille et son père souriait.

Mme Hall, confiseuse dans la rue Percy, juste en face des ateliers Rubens, déposa que le matin du meurtre, à *huit heures trois quarts*, alors qu'elle arrangeait sa devanture, elle aperçut Mme Owen à genoux, la tête et les épaules enveloppées dans son vieux châle, nettoyant, comme à l'ordinaire, les marches de la porte d'entrée. M. Hall aussi la vit, tout à loisir, et sa femme lui fit remarquer combien elle était contente que leur boutique fût de plain-pied et n'eût pas de satanées marches à nettoyer par un matin aussi glacial.

Un troisième témoin, Mme Martin, dans la même rue, déclara avoir vu de sa fenêtre, vers huit heures et demie du matin, la pauvre concierge secouer des tapis devant la porte. La description qu'elle donna d'elle : son vieux châle habituel enroulé autour de la tête et des épaules, coïncidait point par point avec celle donnée par M. et Mme Hall...

La besogne de Greenhill père devenait très facile. À cette heure où plusieurs personnes voyaient la concierge vivante, son fils était non à son atelier, mais au domicile familial en train de prendre son chocolat... À son témoignage à lui, Greenhill père, s'ajoutaient ceux de deux domestiques et de plusieurs autres personnes.

Le temps était si mauvais qu'Arthur n'avait pas un instant quitté le coin du feu, de tout le jour. Outre les domestiques et les clercs, divers clients de son père pouvaient l'affirmer.

Si Mme Owen avait été assassinée, elle l'avait été après huit heures trois quarts, le jour en question, puisque à ce moment trois personnes l'avaient vue vivante. À huit heures et demie, Arthur déjeunait chez ses parents en compagnie de ceux-ci et de trois clercs, et servi par deux domestiques : tous ces gens l'attestaient.

Ensuite il se mettait à lire et ne sortait pas de la journée. Donc, Arthur Greenhill ne pouvait être le meurtrier, la police devait trouver le criminel ailleurs ou accepter l'opinion émise par une partie du public, à savoir que la défunte avait été prise d'un accès de folie !

Et, pour l'honneur de son fils, M. Greenhill présenta en outre des papiers établissant qu'en effet Mme Owen était bien une cousine de sa femme. Il n'y avait donc rien d'absolument étonnant à ce qu'elle lui eût fait des cadeaux.

L'accusation s'effondrait...

Avant la mise hors de cause du jeune Greenhill, quelques témoins furent encore entendus, notamment le patron vitrier. Il était arrivé à neuf heures précises du matin aux ateliers Rubens et n'avait pas bougé de son magasin pendant toute la journée. Il déclarait n'avoir vu aucun individu suspect *et même aucune personne inconnue de lui* entrer dans la maison. Cependant, occupé à un travail délicat et qui demandait beaucoup de lumière, il avait constamment travaillé près de sa porte, qui était vitrée. En outre, il attendait un client très important et qui ne vint pas. Personne, certainement, pendant toute la journée, ne pénétra dans la maison sans qu'il levât les yeux. L'entrée de l'escalier, au premier étage duquel se trouvait la loge de la concierge, était dans la cour, tout près de sa devanture, et il certifiait absolument que nulle personne inconnue n'avait monté ni descendu cet escalier depuis son arrivée à lui, à neuf heures du matin, jusqu'à l'instant où l'on découvrit le cadavre de la vieille femme.

Cette déposition, faite avec une grande netteté par un homme évidemment intelligent, obscurcissait encore l'affaire.

En effet : Mme Owen est aperçue vivante à huit heures trois quarts. À partir de neuf heures, nulle personne suspecte n'est entrée chez elle ou n'en est sortie. L'assassin présumé n'aurait donc eu qu'un quart d'heure pour : 1°) attirer la concierge dans sa loge, sise au premier étage ; 2°) la tuer ; 3°) la dévêtir avec le plus grand soin ; 4°) la voler (pour cela, fouiller à fond l'armoire et tous les meubles) ; 5°) s'enfuir — sans parler de menues actions : le si adroit raccommodage, avec une ficelle, du châssis de la fenêtre, par exemple, qui avait certainement demandé plusieurs minutes.

Non, il ne pouvait y avoir eu assassinat !

L'hypothèse du suicide n'en restait pas moins invraisemblable, nous l'avons vu.

Un accident ? Aussi invraisemblable ! Que faisait Mme Owen, en chemise, devant ses fenêtres ouvertes, à neuf heures du matin ?

Le mystère restait aussi épais et la police n'est jamais arrivée à l'éclaircir.

J'aurais pu, moi, la renseigner sur ce qui causait l'anxiété du jeune lithographe pendant la première audience, me confia le vieux bonhomme, mais je n'aime pas faire la besogne d'autrui — surtout celle de la police.

D'ailleurs, Arthur Greenhill ne souffrira jamais des soupçons injustes qui se sont abattus un instant sur lui. Son père et lui sont seuls à savoir dans quelle terrible situation il se trouvait.

Le jeune homme n'était rentré à la maison qu'à environ cinq heures du matin. Ayant manqué le dernier train, il voulut revenir à pied, se trompa de chemin et erra dans Hampstead pendant des heures. Pensez à ce que sa position eût été si les braves confiseurs de la rue Percy et l'autre témoin n'avaient pas vu Mme Owen en train de frotter son perron et de secouer des tapis !

Mais il y avait mieux, et on ne le sut que le procès terminé.

L'étude, petite et pauvre, de M. Greenhill père se trouvait dans Belsize Grove. Or, l'après-midi qui précéda l'assassinat, Mme Owen s'était rendue à cette étude et y avait fait son testament. L'avoué eut la bonne idée de ne faire ouvrir l'enveloppe que lorsque l'acquittement de son fils eut été bien dûment prononcé. Supposez que ce testament, *qui était tout en faveur du jeune Greenhill*, se soit trouvé en d'autres mains et qu'il eût été ouvert et lu à l'audience !... Quel effet !

Vous comprenez maintenant que le jeune homme ait pu, pendant la première séance, bredouiller, répondre à rebours et manquer à chaque minute de s'évanouir !...

III

— Vous avez ouvert de grands yeux quand j'employai le mot « assassinat », continua le bonhomme qui devenait de plus en plus nerveux à mesure qu'approchait le dénouement de son histoire.

....

... Ici le lecteur est prié de réfléchir et de tâcher d'expliquer lui-même ce mystère.

....

— Oui, je sais que le public, après l'acquittement d'Arthur Greenhill, fut ravi de penser que le meurtre de la rue Percy se réduisait à un accident ou à un suicide. S'il s'agissait d'un meurtre, on aurait retrouvé trace des billets de banque, disait-on. Or, à l'exception des deux changés par Arthur Greenhill, on n'a jamais pu les retrouver... Ils furent certainement changés à Paris pendant l'Exposition ! Rien de plus simple, à Paris, et d'ailleurs dans n'importe quelle ville française on ne prend pas les précautions usuelles à Londres. Quant à l'amitié de Mme Owen pour le jeune Greenhill, elle était du plus honnête caractère. Et que pensez-vous du neveu ?

— C'était un bandit adroit !

— Vous croyez à l'existence de ce neveu ?

— Oui, car l'assassin devait être un familier de la maison pour pouvoir s'y glisser au milieu du jour sans attirer l'attention de quiconque.

— Au milieu du jour ? dit le bonhomme avec un ricanement ironique.

— En tout cas, après neuf heures moins le quart, le matin.

— Ainsi, vous aussi vous coupez dans la concierge enveloppée dans son châle et nettoyant le perron ?... Alors c'est donc pour rien que, depuis déjà si longtemps, nous causons crime ensemble ?... Cela ne vous a pas donné plus de subtilité !... Vous n'êtes pas encore capable de voir que la personne qui fit soigneusement tout le travail dans les ateliers Rubens, qui monta le charbon et alluma le feu, n'accomplit toute cette besogne que pour gagner du temps, que pour qu'on ne s'aperçût pas de l'absence de la concierge ? Et puis il fallait que le froid fît son effet avant qu'on eût besoin de Mme Owen : peut-être, la mort étant due au seul froid, ne parlerait-on pas d'assassinat... C'est grâce à cette sage précaution que le cadavre ne fut trouvé que le soir : à ce moment le meurtrier était déjà loin.

— Mais...

— Un des plus grands secrets de l'art du crime est de laisser ignorer à la police l'heure à laquelle un meurtre est commis. Cela fut, vous vous en souvenez, un point important dans l'affaire du parc du Régent.

— Enfin, expliquez-moi...

— Comment le meurtre fut commis ? Vous devez bien le savoir maintenant, puisque vous admettez l'existence du chenapan de neveu qui abuse de la générosité de la bonne femme !... Il finit par la terroriser et même la menacer, si bien qu'elle s'imagine que son argent n'est plus en sûreté à la Banque Bambridge. Les femmes de cette classe en arrivent quelquefois à ne plus se fier à la Banque d'Angleterre ! En tout cas elle retire son argent : que comptait-elle réellement en faire, nous n'en saurons jamais rien. Sans doute le placer dans une autre banque que son neveu, avec qui vraisemblablement elle comptait aller vivre, ne connaîtrait pas. Quoi qu'il en soit, elle désire qu'après sa mort cet argent aille à un jeune parent pour lequel elle a de l'affection et de l'estime. Elle fait donc son testament.

Le même après-midi, le neveu vient la voir et essaye de lui extorquer encore quelque argent. La pauvre femme est en pleurs mais se distrait pourtant au théâtre. À deux heures du matin, le jeune Greenhill la quitte. Cinq minutes plus tard, le neveu frappe à la porte. Sans doute avait-il suivi sa tante et compris, en la voyant avec ce jeune parent, qu'il fallait agir. Sous le prétexte plausible d'avoir manqué son train, il demande l'hospitalité pour la nuit. Mme Owen, toujours bonne, lui propose un sofa dans l'un des ateliers. Il accepte, dit bonsoir à sa tante, mais quelques minutes après, il frappe à sa porte, qu'elle entrebâille. Il se précipite sur elle et lui assène une poussée si violente que sa tête heurte l'applique en cuivre et qu'elle reste sans connaissance. Le neveu cherche les clés et s'empare des huit cents livres.

Quant à la mise en scène, elle est vraiment géniale ! Pas de couteau, pas de revolver, pas d'épouvantables mares de sang, aucun des accessoires et des détails hideux qui déshonorent quelquefois les plus beaux crimes, rien que les fenêtres ouvertes, le terrible vent du nord-est et la neige inépuisable, deux silencieux complices, silencieux comme la mort...

Ce doit être un homme âgé que ce neveu. Entre lui et sa tante il ne devait pas y avoir beaucoup d'années de différence. Un gamin n'aurait pas eu ce sang-froid, cette ingéniosité.

Ah ! il n'en est pas à son premier coup ! Il en fera d'autres ! Et on ne l'arrêtera pas ! Ha, ha, ha !...

Mais je disais ?... Ah oui, il vient de régler son compte à la bonne femme... Après cela, très maître de lui, il fait dans la maison tout le travail qu'a coutume d'y faire Mme Owen. Vous pensez qu'il est au courant ! Il s'assure ainsi que l'absence de la vieille concierge ne sera pas immédiatement remarquée et qu'on ne découvrira le crime que plus tard. Il balaye, il époussette, il monte le charbon, il allume les feux. Il avait certainement noté, pendant la préparation de ce crime, les manies mêmes des locataires. Grâce aux bavardages de sa tante et en épiant un peu tout le monde, c'était facile.

Il fait mieux, comme il est certainement maigre, et de visage rasé, il passe la jupe et le corsage de la vieille, s'enveloppe la tête et le corps dans un châle, puis il guette l'instant où des voisins peuvent le voir et alors, très ostensiblement, il vient secouer un tapis et nettoyer le perron. Ensuite il retourne dans la chambre du meurtre, reprend son aspect ordinaire et quitte la maison — sans doute quelques minutes seulement avant l'arrivée du patron vitrier. Je crois que son intention était de rhabiller le cadavre, afin qu'on croie qu'une congestion produite par le froid avait foudroyé la vieille, mais que le temps lui manqua — malheureusement, car le cas eût été bien plus beau : personne n'aurait parlé de crime !... En tout cas, l'étonnant meurtrier s'était assuré ainsi douze heures d'avance au moins ! Douze heures pour s'esbigner !...

— Il risquait qu'on le voie sortir de la maison.

— Il courait cette chance ; on en court toujours une. En tout cas, à cause du froid et de la neige qui tombait épaisse, il était certainement emmitouflé dans un cache-nez et avait rabattu son chapeau sur ses yeux. Ceux qui l'auraient vu alors ne l'auraient pas reconnu ensuite.

— Et a-t-on jamais entendu parler de lui ?

— Il ne s'était guère montré auparavant, et depuis il a disparu. Heureusement ! car la potence l'attendait, et l'Humanité eût perdu l'individu le plus ingénieux de cette époque !...

IV

Méditativement, l'étrange conteur multipliait puis défaisait les nœuds sur sa ficelle...

Quel souvenir vague me hantait donc, me donnait une impression de malaise ?... Je ne regardais plus ce vieil homme paisiblement. Pourquoi ?...

Les doigts osseux de ses mains travaillant cette ficelle me paraissaient comme les pattes nombreuses de deux horribles araignées...

Soudain ce souvenir se précisa — à la façon du dessin sur un cliché photographique qu'on développe : Mme Owen étendue morte, la neige poussée sur elle par le cruel vent d'hiver, la fenêtre maintenue ouverte grâce à un raccommodage opéré impromptu sur le cordon de tirage, un raccommodage, oh ! merveilleusement ingénieux ! Oui, plusieurs nœuds, si bien faits qu'on en avait beaucoup parlé dans la presse et que certains journalistes disaient que si le meurtrier en était par hasard l'auteur, il ne pouvait être qu'un marin... Le poids de la fenêtre serrait davantage ces nœuds remarquables *et accumulés en nombre exagéré* — une quinzaine, alors que deux ou trois eussent suffi...

Plusieurs gazettes illustrées avaient reproduit la photographie de ce raccommodage... Les deux bouts du cordon se trouvaient non liés ensemble, mais réunis par une courte ficelle prodigieusement nouée...

Le marin supposé portait sans doute sur lui ce bout de ficelle et l'habitude lui avait fait exécuter ces nœuds compliqués.

L'habitude !...

Je regardais les nœuds se multiplier sous les griffes d'araignées du fantoche. Et je revoyais — illumination de la mémoire ! — ceux que montraient les photographies, ceux qui réunissaient les deux bouts du cordon de tirage... Quelle abominable analogie !

Sans oser regarder dans le coin, je risquai ces paroles :

— À votre place, je me déshabituerais de faire sans cesse des nœuds sur un bout de ficelle.

Il ne répondit pas.

Quand je m'aventurai à lever les yeux, le coin était vide.

À travers la devanture, j'aperçus les basques fripées de l'habit d'autrefois, l'extraordinaire chapeau, toute la maigriotte silhouette, disparaître en hâte, dans la foule et le brouillard...

TABLE DES MATIÈRES

Si vous désirez être régulièrement tenu au courant de nos publications, remplissez cette page et renvoyez-la à :

Editions 10/18
12, avenue d'Italie
75627 Paris Cedex 13

NOM : _

PRENOM : _

ADRESSE : _

_ _

CODE POSTAL : _ _ _ _ _ _ _ _ _ _ _

VILLE : _

PAYS : _

AGE : _ _ _ _ _ _ _ _ _

PROFESSION : _ _ _ _ _ _ _ _ _ _ _ _ _ _ _ _ _ _

TITRE de l'ouvrage dans lequel est insérée cette page :

_ _

Cet ouvrage a été réalisé par la
SOCIÉTÉ NOUVELLE FIRMIN-DIDOT
Mesnil-sur-l'Estrée
pour le compte des Éditions U.G.E. 10/18
en juin 1996

Imprimé en France
Dépôt légal : juillet 1996
N° d'édition : 2672 - N° d'impression : 34964